【中华美德书系】 乔继堂 主编

美德故事

孙雯 编著

上海科学技术文献出版社
Shanghai Scientific and Technological Literature Press

图书在版编目（CIP）数据

美德故事/孙雯编著. —上海：上海科学技术文献出版社，2019
（中华美德书系/乔继堂主编）
ISBN 978-7-5439-7858-4

Ⅰ.①美… Ⅱ.①孙… Ⅲ.①中华文化—通俗读物 Ⅳ.①K203-49

中国版本图书馆CIP数据核字（2019）第062737号

策划编辑：张　树
责任编辑：王倍倍　杨怡君
封面设计：周　婧
封面插画：张雨欣

美德故事
MEIDE GUSHI

乔继堂　主编　孙　雯　编著
出版发行：上海科学技术文献出版社
地　　址：上海市长乐路746号
邮政编码：200040
经　　销：全国新华书店
印　　刷：常熟市人民印刷有限公司
开　　本：900×1300　1/16
印　　张：23
字　　数：277 000
版　　次：2019年6月第1版　2019年6月第1次印刷
书　　号：ISBN 978-7-5439-7858-4
定　　价：58.00元
http://www.sstlp.com

前 言

一个国家公民尤其是青少年的道德修养状况如何，直接关系着国民的整体素质，关系着国家前途和民族命运。这一点，已经一再被中外历史所书写，并将进一步被未来所证实。

中华民族历来就有重视修身育德的优良传统，并且建立了一套完备的道德范畴和评价体系，涌现出了一大批品德高尚、操守纯洁的楷模。这些，不仅是我们国家宝贵的精神遗产，也是对世界的一份杰出贡献。

新时期以来，伴随着经济繁荣、文化复兴，国家非常重视广大公民尤其是青少年的道德建设，先后颁发了《公民道德建设实施纲要》，提出"爱国守法、明礼诚信、团结友善、勤俭自强、敬业奉献"的基本道德规范；下发了《关于培育和践行社会主义核心价值观的意见》，提出了"富强、民主、文明、和谐，自由、平等、公正、法治，爱国、敬业、诚信、友善"的社会主义核心价值观。

进行思想道德建设，既要立足于当代现实，又要弘扬传统美德。正是基于这样的认识，我们组织编写了这套"中华美德书系"。该书系汲取中华民族传统美德精华，再现中华民族在新时代的新精神、新风貌，比较全面地展示了中华美德。该书系包括故事、诗文和箴言三卷，并配有插图，内容详尽，图文并茂，风格独具，是公民，尤其是青少年思想道德建设的优秀参考书。

《美德故事》从中国历史长河中选取一百六十余则美德故事，讲述古今中华儿女优秀人物的美德，真实而生动。以美德分类，以故事发生时间排序，每个故事结尾部分有一段议论文字，从正面引导人们明辨是非、在现实生活中学习这些人物的精神。这种设计比单纯地讲故事更具教育启发意义。

《美德诗文》从浩如烟海的中国古代、近现代诗文中选取近百篇有关美德方面的诗文，加以注释和简析，使读者在欣赏这些含义隽永、文笔优美的诗文的同时，受到潜移默化的美德熏陶。

《美德箴言》从中华民族世代传承的美德箴言中选取约三百条内涵丰富、易懂易记的箴言，其中既有中国古代的格言，也有现代的名人名言。每条箴言均有注释和白话翻译，部分还链接了一些背景资料；同时，每条箴言都附有一两段引发思考的文字，对于读者深入理解箴言内涵、培养良好的道德品质和行为习惯极为有益。

在"中华美德书系"的编写过程中，许多德育工作者给予大力支持，提出了许多好的意见和建议；书中的插图，除古籍图谱之外，使用了一些书画家、摄影家的作品，有的未能确定作者。对此，我们表示诚挚感谢，并请多予谅解。

相信这套图文并茂的书系，能够使读者尤其是青少年及家长开卷有益，修身进德，更上层楼。

编　者
2019 年 4 月

目录

001 【壹】 热爱祖国　气节高尚

063 【贰】 为民服务　廉洁奉公

133 【叁】 遵纪守法　刚正严明

187 【肆】 勤学上进　志存高远

243 【伍】 谦恭礼让　重义守信

299 【陆】 仁爱为先　克己容人

【壹】

热爱祖国 气节高尚

周子与国共休戚

春秋时期，晋襄公的曾孙周子（即后来的晋悼公），午轻时受族人的排挤，不能留在本国，不得不客居在周都洛阳。周天子的大夫单（shàn）襄公，将他请到自己家里，始终像对待贵宾那样礼待他。

周子年纪虽小，对晋国的时局却非常关心。每当听到晋国发生了不幸的事，他就闷闷不乐；而当发生了可喜的事，他就非常高兴，甚至喜极而泣。

除了关心晋国的时局，周子平时还十分注意自己的言谈举止和为人处事。他日常行为举止老成持重：站立时，他总是稳稳当当，站姿规整；看书时，他总是全神贯注，目不斜视；听人讲话，他毕恭毕敬，礼貌有加；自己说话，他言语平和，言忠言孝。待人接物，他也表现得非常友好。

周子恰当自如的言谈举止，很受单襄公的赞赏，尤其是他忧国忧民的情怀，更让单襄公深感钦佩。以至于在重病弥留之际，单襄公还把儿子单顷公叫到床前，再三嘱咐："我走了以后，你一定要好好对待周子。他是一个有抱负的青年，将来一定能有所作为。他身在异国，却时时不忘自己的国家，为国家的前途和命运担忧。这种和自己的国家休戚与共的人，现在已经很少了。正因为如此，他将来很可能会回国继承王位。你都看见了，最近几代晋国国君的道德修养都很差，在位的晋厉公更是糟糕，公族中又很少有优秀的后代。唯一合适的继承人，就是这位被排挤的周子。你要帮助他渡过难关，直到他有机会回去继任晋国的君主，这样，我死后就没有遗憾了。"

单襄公死后，单顷公按照父亲的遗愿，精心照顾和保护周子，各方面都给予他非同一般的礼遇。周子对此十分满意，也非常感激。

没过多久，晋国就发生了内乱。上卿栾（luán）书因不满晋厉公的暴政，举兵发动政变，杀死了晋厉公；随后便派人到周都洛阳，把周子接回了晋国，并拥立他为国君。

国家强盛时依恋它，并不是难事；难的是国家贫困时努力贡献，国家危难时挺身而出，国家需要时舍身报国。与国家、与民族、与人民休戚与共，对于每一个中国人来说，是美德，更是职责。今天，我们的国家正处于建成全面小康，实现中国梦的关键时期，机遇与挑战并存，只要我们每个人都与国家休戚与共，中华民族就一定能有一个美好的明天。

齐姜劝夫以国为重

我国古时候，有"男主外、女主内"之说，女子以贤良端淑为美德。然而，"贤内助"并非只顾操持家务，置外事于不顾。牵挂国事，佐助夫君为国为民贡献良多，才算得上真正的"贤内助"。春秋时期晋文公重耳的妻子姜氏，就是这样一位深明大义的女中豪杰。

重耳是晋献公的儿子，但为躲避皇位争夺的迫害，这位晋公子不得不长年流亡国外。流亡期间，重耳在齐国待了很长时间。齐桓公料到日后重耳回国，定会登上国君之位，这对自己称霸天下大有用处，便热情周到地厚待重耳，给他配备马车，建造豪华居所；同时，还把地位尊贵的宗女姜氏嫁给了重耳。这位齐国的姜氏，后人

晋文公复国图（局部）

也称之为"齐姜"。

在齐国，重耳衣食无忧、开心自在，渐渐留恋起这种生活来，终日沉迷在温柔乡中，几乎忘记了复国之事。追随他的子犯、狐偃（yǎn）等人，对此深以为忧，众人讨论一番之后，决定乘重耳外出打猎，将他强行带回晋国。

姜氏得知子犯、狐偃等人的谋划后，找到重耳，先行规劝。姜氏说："大丈夫当以国家为重，不应该贪图享乐。"重耳却说："我知足常乐，将在这里终此一生，永不考虑谋国的打算。"

姜氏再三劝说，要重耳逃走，可重耳迷恋齐国的待遇，怎么也不肯答应。无奈之下，姜氏找到子犯、狐偃，屏退左右，悄悄地对他们说："你们是不是想把公子骗出齐国，以谋划复晋之事？"

子犯与狐偃一听，暗叫不好：这个齐姜已经知道密谋之事。他们生怕齐姜向齐桓公泄密，连说"不是"，极力辩解。

姜氏微微一笑，说："你们不必隐瞒。其实，我早已苦劝公子以复国为重，可他不肯听从。经过深思熟虑，我想出了一个万全之策，来跟你们商议。"

众人大喜，洗耳恭听。姜氏说："我趁喝酒时将公子灌醉，你们再乘机用车子把他拉出齐国，共谋大业去吧。"

子犯、狐偃听完，立即表示同意。于是，大家分工协作，很快准备就绪。

一天晚上，姜氏设宴摆酒，与重耳共饮。重耳满腹狐疑，问姜氏为何设此大宴。姜氏试探着说："你将重回晋国，我是为你而设。"重耳有些恼怒，他说："我从未想过离开此地。"姜氏又说："公子的随从，都是心有远虑、胸怀卓识之人，他们的言语，公子应该采纳才对。"重耳立刻变脸生气，说："我为什么要听他们的？不走就是不走！"姜氏见重耳发怒，不敢再提，转而甜言蜜语劝酒而已。

重耳一杯又一杯痛饮美酒，不久便酩酊（mǐngdǐng）大醉睡去。姜氏见重耳睡熟，立即派人通知子犯等人。众人将重耳抬上马车，快马加鞭，离开了齐国。姜氏看着远去的马车，眼泪夺眶而出。

几年之后，重耳做了晋国国君，来到晋国的齐姜也受到了晋人的尊敬。

齐姜深明大义，又聪敏机智，她促成重耳回国，成就了夫君，间接地也给晋国民众带来了好处。历史上，像齐姜这样深明大义的女性还有，比如蜀汉刘备的续弦孙夫人——孙权的妹妹，即是一例。刘备沉溺于江东的安逸生活，不思进取，是她的一番话使刘备幡然醒悟，终于有所作为，其深明大义的事迹也从此传为美谈。

屈子投江殉国

屈原是战国后期楚国的士大夫，伟大的爱国诗人。他天资聪颖、博闻强记、文采出众，并怀有远大的抱负。屈原曾任楚怀王的左徒，兼管楚国内政外交。每逢楚怀王和他商议国家大事，屈原总能提出独到见解，因此深得楚怀王信任。

然而，楚怀王身边有一批旧贵族，他们结党营私，奢靡（shēmí）腐败。这些人畏惧屈原的报国情怀和渊博学识，认为只要有屈原在，自己就难以得逞，于是便极力排挤他。结果，楚怀王听信谗（chán）言，疏远并贬迁了屈原。

屈子行吟图（明·陈洪绶绘）

楚怀王去世后，顷襄王继位。这位新君主更加刚愎（bì）自用，昏庸无道，他听信小人谗言，把屈原流放到了楚国的南部边地。

楚国的南部，即现在湖北省南部和湖南省北部一带。当时，那里人烟稀少，很多地方都是无边无际的草原林莽。屈原从楚国都城郢（yǐng）都出发，顺长江东下，在洞庭湖和湖南沅水流域的广大地区，走着艰难曲折的道路，过着贫病交加的生活。

一年一年过去了，屈原衣衫褴褛（lánlǚ），面色灰暗，身体日渐消瘦，可他还在等着楚王召他回宫，为国家效力。

公元前278年，秦国攻下郢都，楚国灭亡在即，人民在战乱中流离失所。这一情景，对于深爱祖国并为之倾注毕生心血的屈原来说，无疑是最沉重的打击。

春天的汨（mì）罗江畔，百花盛开，百鸟齐鸣，蓝天一碧如洗，一派生机盎（àng）然的景象。但有一位老人，对这明媚的春色视而不见，听而不闻，却时而低头吟哦，时而仰面长叹，时而放声痛哭，时而阵阵冷笑。他，就是屈原。

经历十几年的流放生活，屈原已从精力旺盛的中年汉子变成了饱经风霜、伤病缠身的花甲老人，62岁的他哀痛、悲愤、绝望地徘徊在汨罗江边。他决心以身殉国，宁愿跳入江心、葬身鱼腹，也不愿让贞洁的品格蒙受世俗的污垢。

于是，屈原吟出了生平最后的诗作《惜往日》，诗中倾注了他自己的全部情感。之后，他怀抱石块，跃身跳入滚滚汨罗江中。就这样，这位伟大诗人结束了自己爱国忧国的一生。

人们怀念屈原，每当农历五月初五——屈原殉国的日子，就用吃粽子、赛龙舟的方式纪念他。这一天，也就是中华民族的重要节日"端午节"。

屈原把个人命运和国家前途联系在一起，为国家而喜而忧，为国家尽心尽力。他的这种坚贞不渝的爱国精神，激励着无数的后来者，如唐朝诗人杜甫、南宋诗人陆游、清朝诗人龚自珍、现代诗人闻一多，他们都是众所周知的爱国诗人。他们忧国忧民，希望自己的国家繁荣强盛，爱国精神千古流芳。

霍去病匈奴未灭不言家

霍去病是西汉武帝时期的名将，与卫青齐名，史称"卫霍"。在抗击匈奴的战争中，甥舅二人深得武帝信用，立下了不朽功勋。霍去病更以少年将军的卓越功勋，以及"匈奴未灭，何以家为"的豪言壮语，名垂青史。

霍去病是卫青的外甥，他的母亲卫少儿，是卫青和卫子夫的姐姐。卫少儿起初是平阳公主府的侍者，当时平阳人霍仲孺以县吏的身份在平阳公主府做事，与卫少儿私通而生下了霍去病。卫子夫被立为皇后之后，弟弟卫青获得重用，姐姐卫少儿也获得了皇亲国戚的身份。

在那个尚武的时代，霍去病从小就练就了一身本领，精于骑射，

霍去病雕像

而且胆略过人、颇通谋略。

17岁时,霍去病被汉武帝任命为骠(piào)姚校尉(故霍去病又称"霍骠姚"),随卫青出击匈奴。霍去病率领八百骁骑,深入敌境数百里,把匈奴兵杀得四散逃窜。霍去病一战成名,因功被封为"冠军侯"。

19岁时,霍去病受命任骠骑(jì)将军,在春、夏两次率兵,出击占据河西(今河西走廊及湟水流域)地区的匈奴浑邪王、休屠王部,歼敌4万余人,俘虏匈奴王5人及王母、单于(chányú)阏氏(yānzhī,王后)、王子、相国、将军等120多人。同年秋,霍去病奉命迎接率众降汉的匈奴浑邪王,在部分降众变乱的紧急关头,霍去病率部驰入匈奴军中,斩杀变乱者,稳定了局势,浑邪王得以率4万余人归汉。匈奴为此悲歌:"失我祁连山,使我六畜不蕃息;失我焉支山,使我嫁妇无颜色。"

霍去病22岁时,受命与舅舅卫青各率骑兵5万,分别深入漠北,寻歼匈奴主力。霍去病率军北进两千多里(1里为500米),与匈奴左贤王部接战,歼敌7万多人,俘虏匈奴屯头王、韩王等3人及将军、相国、当户、都尉等83人,乘胜追杀至狼居胥山(今蒙古国境内肯特山),在那里举行了祭天封礼——这就是所谓"封狼居胥"。经此一战,匈奴单于被迫逃到漠北,从而保障了漠南地区的边境安全。

霍去病因其抗击匈奴的卓著功勋，获得了与卫青同样的地位。元狩四年（公元前119），汉武帝设置大司马的职位，卫青、霍去病同时加官大司马。

元狩六年（公元前117），霍去病不幸病逝，年仅24岁（虚岁）。汉武帝十分悲伤，下令在茂陵东侧修建霍去病墓，修成祁连山的模样，以彰显其力克匈奴的奇功，并调来铁甲军，列阵沿长安一直排到霍去病墓，又谥封"景桓侯"，取义"并武与广地"（合并勇武与扩大国土），彰显其克敌服远、英勇作战、拓宽疆土。

霍去病是成名很早的少年将军，他用兵灵活，注重方略，不拘古法，勇猛果断，善于长途奔袭、快速突袭和大迂回、大穿插作战。同时，他也具备杰出的品质，算得上是忠孝两全。

霍去病生长在皇亲国戚之家，却从未沉溺于富贵豪华，而是把国家安危和建功立业放在第一位。汉武帝曾经要给霍去病修建豪华府邸，霍去病断然拒绝，说："匈奴未灭，何以家为？"（参见《美德箴言》）

霍去病的生父霍仲孺，未曾尽过一天为父的责任。霍去病长大后，知悉自己的身世，不仅认了这个父亲，还多方照拂。有一次出征时路经平阳（今山西省临汾市），霍去病命下属将霍仲孺请到休息的旅舍，跪拜道："去病早先不知道自己是大人之子。"霍仲孺愧不敢应，匍匐叩头说："老臣得托将军，此天力也。"随后，霍去病为霍仲孺置办了田宅奴婢，并在领军归来后，把同父异母的弟弟霍光带到长安栽培成材。

家与国，有着"剪不断"的关系。总的来说，家国一体，没有国就难有家，但有的时候，家国利益则可能发生冲突。在家与国发生冲突之时，何去何从？霍去病给出了答案："匈奴未灭，何以家为！"这句铮铮有声的话语，成了后世仁人志士面对外患时，为国家而舍小家的铿锵誓言。我们应该牢记少年英雄霍去病的话，先国后家，奉献自己的才智和力量。

苏武持节牧羊

汉朝的时候，我国北方的匈奴人经常侵扰中原边境。汉武帝先后派卫青、霍去病率兵反击，将匈奴逼退到大漠以北，至此，汉中央王朝与匈奴遂互通使节。匈奴单于很不守信，常常扣留汉朝使节，这令汉武帝大为恼火，于是汉朝也不时扣押匈奴使者。

天汉元年（公元前100），汉武帝派中郎将苏武为正使，副中郎将张胜为副使，出使匈奴，打算与匈奴修好。他们护送之前扣押的匈奴使者，带着大量金银绸缎等礼物，来到匈奴，进见单于。

匈奴单于身边有个叫卫律的谋士，原本是汉人，汉武帝派他出使匈奴时，他被单于扣押下来。因无法忍受牢狱生活，卫律便投降了匈奴，在单于身边出谋划策，死心塌地为匈奴效力。卫律有个部下名叫虞（yú）常，是个忠于汉朝的热血汉子，一直在找机会除掉卫律，以便回归汉朝。此时，正好苏武到来，副使张胜与他是旧识，于是两人密谋要杀死卫律。谁想这一计划被手下人无意中泄露，单于得到密告，随即下令逮捕虞常，交给卫律处置。

苏武牧羊图（清·黄植绘）

卫律严刑拷问，才知道是虞常、张胜二人要设计除掉他。这时，张胜自觉逃脱不过，就来拜见苏武，把自己与虞常合谋的经过和盘托出，请教对策。苏武非常生气，对张胜说："事情已经到了这个地步，你才来向我报告，我也想不出什么好的解决方法。不过，想必我也要被牵连其中了。"苏武看看张胜，微微叹了口气，又对他说："我们都是大汉派来的使者，代表大汉皇帝出使匈奴，如果给单于押到公堂上受审，那做人的颜面何在？大汉的颜面又何在？还不如趁早自杀了好。"话音刚落，就见苏武拔刀出鞘（qiào），砍向自己。还好张胜和随员常惠眼疾手快，夺去苏武手中的刀，把他劝住，不过，大家还是惊出了一身冷汗。

过了一天，卫律提审虞常和张胜，并请苏武进帐旁听。当着众人的面，卫律杀死虞常，威胁张胜和苏武。张胜胆小害怕，当即下跪求饶，承认自己与虞常同谋。单于下令把苏武幽闭于地窖之中，不给任何饮食。这时，正值隆冬时节，大雪纷飞，苏武在地窖中饥寒交迫，却从未想过投降匈奴。饿了，他就嚼（jiáo）毡毛充饥；渴了，他就捧白雪止渴。

过了一段时间，匈奴单于见苏武并无降意，就叫人放苏武出来，又以王爵封地、美女金银诱惑他。苏武仍不为所动。单于气急败坏，可又无可奈何。这时卫律又出歪计，建议单于把苏武送到北海（今贝加尔湖）一带，说那是个不毛之地，苏武一定无法生存。于是单于下令放逐苏武，只给他一些公羊，还说："等公羊生了小羊，就送你回汉朝。"苏武明白单于只不过是想长期监禁自己，逼迫自己投降。

北海终年白雪，人迹罕至，非常荒凉。尽管环境恶劣，条件艰苦，伴随身边的只有一群公羊，可苏武却总是手持那柄代表汉朝的旌（jīng）节，从来没有放手。就这样，苏武在北海持节牧羊，一待就是19年。由于忍饥耐寒、风侵雪蚀,壮年的苏武,早已变成了白发苍苍的老人。

汉武帝去世后,汉昭帝即位(公元前89年),汉朝与匈奴和亲互好,提出要匈奴放回扣押的汉朝使节。匈奴欺骗汉朝,说苏武已死。汉昭帝派人去匈奴探听消息,才得知苏武被流放北海,并未亡故。于是,汉朝派人传出汉天子在上林苑射猎时,射下一只大雁,大雁腿上系有一封书信,写着苏武在北海牧羊的话。单于听到传言大惊,担心汉朝皇帝怪罪,只得承认苏武还活着,并派人送回了汉朝。

汉昭帝始元六年(公元前81)春天,须发皆白的苏武回到了长安。汉昭帝立刻下令,拜苏武为典属国(负责与周边部族政权交往的官员),并奖赏了他。

这以后,苏武成为恪守节操、坚贞不屈的表率,古来诗人的歌咏代不乏人,以"苏武牧羊"为题材的文艺作品比比皆是。

苏武北海持节牧羊19年,身处绝域,茹毛饮血,含辱受冤,却坚强不屈,终不改汉节,**感天地**、动神明,让正人君子敬佩不已,让苟活小人无地自容。**生活在和平年代的我们**,在中华民族大家庭中长大,虽不会面临苏武那样的考验,但在国际交往、涉外贸易以及日常生活中,我们仍需要持守民族气节,维护国家形象,为祖国增光添彩。

陶渊明不为五斗米折腰

陶渊明是我国古代著名诗人,山水田园诗的鼻祖。他生活在晋朝,早年曾做过几次官,但总是因为不愿忍受衙门的杂务,没多久便辞官回家,过着自己的耕读生活。

陶渊明故事图·解印（明·陈洪绶绘）

可是，仅靠自耕自养，生活实在简陋不堪，家中又有老母妻小需要养活，因此，无奈之下，陶渊明又出来做官，担任了彭泽县令。有朋友问他为何又出来做官，陶渊明说："我想暂时做做地方官，积攒点钱，留着等以后隐居时再用。"

陶渊明禀性清高，超凡脱俗，对阿谀奉承、溜须拍马的官场习气非常不屑。这也决定了他与官场中人格格不入，做官也难以持久。

有一次，郡里的督邮（郡守的属官，负责巡察郡内属官）前来彭泽县检查工作，县里的属吏跟陶渊明说："这是你的好机会，赶快收拾整齐去见督邮，说些好听的话，送些小礼，说不定可以高升。"

没想到，陶渊明非但不像其他下属官员那样恭恭敬敬地迎接，就连最起码的向督邮行礼他都不肯。督邮走后，陶渊明对下属说："我不愿为了五斗米就弯腰屈膝，小心翼翼地巴结奉承一个乡巴佬。这个彭泽县令，我不想当了。"随后，陶渊明辞去了他的第四个官职——才做了不到90天的彭泽县令。

挂冠辞职之后，陶渊明带着家眷归隐乡间，过起了简单、质朴的生活。虽然是荆篱柴扉，村酒野蔬，不时还要打理田园垅亩，但生活却过得分外充实。也正是高洁的志趣和田园的生活，孕育了陶渊明的山水诗情，成就了他"山水田园诗人鼻祖"的桂冠。

陶渊明归隐之后，在自己家门前种下五棵柳树，自号"五柳先生"，作为自身隐逸志趣的象征。（参见《美德诗文》）同时，他的那句"不为五斗米折腰"，也早已成为后世官员自省的格言。

对于陶渊明的志趣，未必人人尽须苟同。但无论做不做官，人总是要有一些人格和尊严，不可与世沉浮，同流合污。现如今我们生活的社会中，金钱、权势等种种诱惑同样常常考验着每一个人，在这些面前，我们也要像陶渊明一样"不为五斗米折腰"，保持气节，绝不丧失人格和尊严。

冼夫人一心为国

冼（xiǎn）夫人名英，高凉郡（今广东省茂名市、阳江市一带）人。她生活在南北朝时期，身历三朝，顺应人民的愿望，致力于维护国家统一和民族团结，维持了岭南地区持续百年的相对稳定，促进了广东南部地区社会和经济的发展。

冼夫人像

冼夫人自幼聪明伶俐，勤劳能干。她能文能武，不仅博览群书、颇有文采，还擅长挽弓射箭。到了婚嫁年龄，冼夫人和时任高凉太守冯宝结为伉俪（kànglì）。婚后，她全力协助丈夫在当地推行朝廷政令，并采取措施促进民族团结。

当时，南方变乱迭起，政权更替频繁。面对这种动乱局面，冼夫人决心维护国家统一、民族团结。在她的努力下，广东境内各族人民归服朝廷，和睦相处，呈现出安定团结的大好局面。

548年，江南发生了"侯景之乱"。高州刺史李迁仕打算乘机割据称雄，故而拒不发兵北上参加平灭"侯景之乱"的战争。不仅如此，他还招兵买马，扩张势力，企图起兵叛乱，以达到称霸广东的企图。

李迁仕为了争取冯宝和冼夫人的支持，派人请冯宝到高州聚会，说有要事商量。冯宝正欲前往，冼夫人却坚决阻止。冯宝很是不解，连忙询问缘故。冼夫人分析了李迁仕的不良意图——反叛朝廷，建议丈夫装病推托，以保全安定团结的大局。

冯宝听了冼夫人的分析，没有赴约。没过几天，李迁仕果然打出反旗。这时候，冯宝连连夸赞冼夫人料事如神，并向她讨教平灭反贼的良策。冼夫人根据敌强我弱的形势，认为只有智取，才能将反贼一网打尽。

冼夫人不顾个人安危，决定亲自深入虎穴。她带了十分丰厚的礼物，由1000多个士兵担着，装作去拜见李迁仕，以赎前次不曾赴约之罪。李迁仕听说是冼夫人亲自前来，毫不防范，打开了城门。哪知士兵们的长担子里都藏着兵器，他们出其不意地杀进城中，占据城门、府衙等要地，并接应后续部队陆续入城，很快就打败了李迁仕的分裂势力。

后来，广州刺史欧阳纥（hé）又起兵反叛

冼夫人塑像

朝廷。冼夫人再次举起了平灭反贼的大旗。欧阳纥见冼夫人态度坚决，为胁迫冼夫人就范，便诱捕了她的儿子冯朴。在这紧急关头，冼夫人义正词严地告诉部下："我不能为保护儿子而负了国家。"冒着儿子可能被杀的危险，冼夫人毅然起兵讨伐叛逆，广东地区的统一和安定局面在她的努力下得以保全。

朝廷鉴于冼夫人在维护国家统一和地方安定方面做出的贡献，封她为中郎将，成为南北朝时期中国少数民族中唯一的女将军。新中国成立后，周恩来总理还赞誉冼夫人为"中国巾帼英雄第一人"。

中华民族是一个大家庭，生活在中华大地上的每一个中国人，不论哪一个民族群体，都有责任维护国家的统一和各民族的团结。在我国历史上，除了冼夫人这样的女将军，还有松赞干布那样的王室贵胄（zhòu），他们都为中华民族的团结和祖国的统一做出了贡献。如今，我们面临的反对分裂、维护统一的形势依然严峻，我们应该像冼夫人和松赞干布那样，胸怀祖国，放眼未来，坚决维护民族团结，早日实现祖国统一。

岳武穆精忠报国

岳家军是南宋时抗击金兵的中流砥柱，尤其是岳飞和儿子岳云，更是坚决抗金，精忠报国，赢得了民族英雄的美名。

岳飞从小就喜欢读《左传》《孙子兵法》，并且非常喜欢武术，力气也特别大，一杆长枪舞起来如走龙蛇，威猛无比，没有人能招架得住。

20岁那年，早就渴望着有朝一日能够为国效力的岳飞，应募从军，参加了抗金名将宗泽的部队。出发前，岳母在儿子的背上刺了"尽忠报国"（一说"精忠报国"）四字，让他随时牢记报效国家——这就是流传久远的"岳母刺字"的故事。

岳飞入伍后，时时想着母亲在自己背上刺下的这四个字，每次作战都冲锋陷阵，勇猛无比。没过多久，岳飞就因为奋勇杀敌受到提拔。几年后，他又因战功卓著而再一次得到提拔重用。32岁那年，岳飞就被任命为清远（今宁夏回族自治区灵武县东南）军节度使，成为与韩世忠、张俊、刘光世齐名的四大名将之一。宗泽称赞他"智勇才艺，古良将不能过"。

没过多久，金兵统帅金兀术（zhú）又举兵进攻南宋，岳飞奉命率军迎战。他将手下的将领一一派遣出去抗击金兵，自己坐镇郾（yǎn）城（今河南省漯河市）指挥作战。

金兀术从密探处得知郾城空虚，连忙抽调15万名精兵直攻郾城，并调来了以常胜不败而著称的"铁浮图""拐子马"，想一举消灭岳家军。

岳飞得知情况后，镇定自若。他教给兵士们对付"铁浮图"和"拐子马"的方法，然后命令儿子岳云出城迎战。岳云挥舞着一对80斤重的铁锤，一路冲出杀向金兵。两三个回合后，金兀术招架不

岳飞雕像

住，连忙放出"铁浮图"和"拐子马"，岳家军用岳飞教的方法，手执长刀、长斧专砍马腿。"拐子马"都是连在一起的，一匹马倒了，另一匹马就无法动弹，刹那间人仰马翻，一万五千骑"拐子马"全被砍得东倒西歪。

金兀术见常胜不败的"铁浮图"和"拐子马"一败涂地，忍不住大叫起来："自我用兵以来，都是靠'铁浮图''拐子马'取胜，现在彻底完了。"

紧接着，为报"铁浮图""拐子马"惨败之仇，金兀术又调集12万金兵与岳飞再战，结果同样惨败而逃。岳飞率军一路追杀，一直追到离东京汴梁（当时金人的首都）只有22.5千米的朱仙镇。

金兀术败退到朱仙镇后，决定孤注一掷，与岳飞决一死战。然而，这时的金兵士气低落，两军刚一交战，就被士气高涨的岳家军打得落花流水，个个争相逃命。金兀术一时控制不住败逃的兵士，也只好骑着快马飞逃。他一边快马加鞭，一边不由自主地哀叹道："撼山易，撼岳家军难啊！"

可叹的是，南宋政权一味苟安，连连得胜的岳飞却被朝廷调离了战场，后来更为奸相秦桧陷害，以"莫须有"的罪名赐死。后来，宋孝宗准备北伐，便下诏平反岳飞，追封鄂王，谥"武穆"。

岳飞的事迹和精神，被后人广为传颂，戏曲、评书演义岳家军故事的，比比皆是。在爱国文人的笔下，岳飞被尊称为"岳武穆""岳鄂王"。此外，岳飞也可谓杰出的词人，虽然传世作品不多，却是脍炙人口，如《满江红》。（参见《美德诗文》）

岳母刺字，岳飞抗金，千古传颂。精忠报国，要有赤胆忠心，还要有出色本领，一如岳飞、岳家军。精忠报国的精神，战争年代需要，建设祖国的和平年代同样需要。至于个别无行"艺术家"想让跪着的秦桧夫妇站起来，那只能是永远的痴心妄想。

文天祥慷慨赴难

文天祥是南宋末期著名的民族英雄,与陆秀夫、张世杰并称"宋末三杰";同时,他也是杰出的爱国诗人,《正气歌》《指南录后序》等名篇(参见《美德诗文》),脍炙人口,影响深远。

文天祥少有大志,有一次,他看到学宫里祭祀的乡先生欧阳修、胡铨等人的画像,谥号都是"忠",羡慕不已,说:"如果不成为其中的一员,就不是真正的男子汉。"

在严父良师的教导、督促下,文天祥自幼即刻苦学习,博览群书,20岁时就考中了进士。在集英殿对策时,文天祥文不加点,一气呵成,文章达一万多字。当朝皇帝宋理宗,钦点其为头名状元。考官王应麟上奏说:"这个试卷以古代的事情作为借鉴,忠心肝胆好似铁石,我以能得到这样的人才可喜可贺。"

中状元之后,文天祥入朝为官。宦海沉浮15年,文天祥一直为南宋朝廷披肝沥胆,每每遇事都挺身而出。可恨朝中奸臣当道,他们极尽栽赃陷害之能事,宋理宗不明真相,糊涂地罢免了文天祥的官职。文天祥很是失望,无奈回到了家乡。

位于江西省吉安市的文天祥纪念馆

元世祖忽必烈即位不久，遂集结大军南下，决心一举灭亡南宋。在元军进犯之下，南宋局势严重恶化，各地相继失陷。恰在此时，宋理宗病逝，年幼的恭帝继位。谢太后看到政局动荡，战势急迫，下了一道诏书，命令各地官民勤王救驾。谁知各地官员或是观望，或是降元，最终只有文天祥和张世杰两个人响应。

看到南宋朝臣个个四散逃亡，以求自保，文天祥既愤恨、又痛心。他决心与元军抗战到底，誓死保卫大宋江山。文天祥立刻发布文告，招兵买马，组织武力抵抗。这期间，元军统帅伯颜挥师向南宋首都临安（今杭州市）进发，攻势极为猛烈，早已无心战斗的宋军很快土崩瓦解。

文天祥率人马退守临安，与从郢州前来增援的张世杰商量，建议朝廷集中兵力，同元军决一死战。但右丞相陈宜中一心投降，不顾文天祥的请命，向元军送去了传国玉玺（xǐ）和降表。元军统帅伯颜传话，定要宋朝丞相陈宜中亲自前来议和。陈宜中害怕有去无回，不敢前往元军大营，偷偷潜逃到南方去了。平日养尊处优的大官们，见元军人多势众，便个个收拾细软，乘夜色逃出了临安。此时，临安已经没有几位大臣能出谋献策、征战疆场了。谢太后只好任命文天祥为右丞相，前往元军兵营求和。

文天祥带着大臣吴坚、贾馀庆等，来到元军大营。他们不顾个人安危，与伯颜争辩不休，坚持双方平等谈判。伯颜不允，就叫吴坚、贾馀庆等统统回去，扣留了文天祥。

1279 年，伯颜率兵进驻临安，俘虏了南宋的皇帝。随后，南宋皇帝、皇太后以及部分官员，被元军押往大都（今北京市），文天祥也在其中。

在前往大都的途中，文天祥一直在寻机逃走。终于，在经过京口（今江苏省镇江市）时，乘元兵不备，文天祥得以脱身，逃往真州（今江苏省仪征市）。之后，文天祥又百折不挠、坚持不懈地组织军兵抗元，但最终还是不幸被俘。

再度被俘之后，文天祥不愿受元军侮辱，曾多次试图自杀。元军将领轮番劝他投降，文天祥始终义正词严地声明誓死效忠大宋，就连元世祖忽必烈以宰相之位诱惑，他都不为所动。所有人，包括元军上下，都对文天祥宁死不屈的民族气节深感敬佩。

在押赴刑场的路上，披枷带锁的文天祥面不改色，神色安然。临刑之前，文天祥问旁边的百姓："哪边是南方？"百姓指给他，他向南拜了几拜，然后从容就义，终年47岁。在场的众人，都为这宁死不屈的民族豪杰流下了热泪。

几天后，妻子欧阳氏收拾文天祥的遗体时，发现了衣带上的文字："孔子说成仁，孟子说取义，只有忠义至尽，仁也就做到了。读圣贤的书，所学习的是什么呢？自今以后，可算是问心无愧了。"

"人生自古谁无死，留取丹心照汗青"（《过零丁洋》），是文天祥一生的写照。他的这种威武不屈、视死如归的民族气节和高尚情操，令其短暂的生命发出炫目的光芒，成为永世不灭的光辉表率。

郑成功收复台湾

明朝末年，社会动荡不安，国家内忧外患交困。荷兰侵略者趁机侵占中国台湾，四处勒索台湾民众，残酷镇压人民反抗。

郑成功少年时一直生活在东南沿海，对荷兰侵略者的种种暴行，以及台湾人民的种种苦难，早已十分了解，他发誓一定要赶走侵略者，收复台湾。

就在郑成功修造船只、筹集粮草，准备渡海作战时，在荷兰军队里当过翻译的何廷斌找到郑成功，送给他一张台湾地图，并详细讲述了荷兰人的军事部署，同时告知郑成功："你们的部队一到台湾，我们全台湾人民一定全力支持。"郑成功得到这些可靠情报，更加坚定了收复台湾的决心和信心。

1661年4月的一天，阴霾（mái）密布，郑成功亲率二万五千名将士，分乘百余艘战船，由金门越过台湾海峡，经澎湖岛，直捣台湾。

船队到达台湾鹿耳门港口，郑成功命令熟悉海势地形的何廷斌领航，趁涨潮的机会驶入港内，登上台湾岛。台湾数千百姓成群结队，前来迎接亲人，极大地鼓舞了郑军士气。随后，郑成功又一鼓作气，顺利攻下赤嵌（kàn，也作"崁"）城。

荷兰军官见正面相持不占上风，就企图施计拖延。他们一面派人向郑成功求和，并以10万两白银利诱，一面却暗地里派人前往爪哇去搬救兵。郑成功识破了敌人的伎俩，义正词严地说："台湾自古以来就是我国的领土，如果你们不撤退，就别怪我们不客气了。"

台湾城如同一座堡垒，建筑十分坚固，防守十分严密，各处均设有瞭望台，安着千斤大炮，易守难攻。但台湾城是荷兰殖民主义者在台湾的统治中心，只要攻克台湾城，就意味着结束了荷兰在中国台湾的殖民统治，因此，郑成功下令强攻。郑军四面出击，可无论哪个角度都无法躲开敌人猛烈的火力，几次进攻均告失败，而且将士伤亡惨重，这令郑成功心急如焚。

郑军中有个叫萧拱辰的参军，他建议采用长期围困的战略，逼迫荷兰军队投降。郑成功欣然采纳，决计长期围困台湾城，直至城中弹尽粮绝。在围困8个多月后，郑成功见时机成熟，决定转入全面进攻。郑军摆开28门巨炮，猛轰台湾城，炮弹在城堡上炸开，顷刻间瓦石乱飞，一片火海，荷兰军死伤极为惨重。荷兰总督揆（kuí）

郑成功入台驱逐荷兰人图

一见大势已去，只好带着残兵败将，向郑成功脱帽行礼、递上降书，灰溜溜地离开了台湾。至此，被侵占38年之久的台湾，终于重新回到了祖国母亲的怀抱。

收复台湾后，郑成功积极发展各项生产，投资兴办教育，促进经济发展，日渐成为美丽富庶的宝岛。郑成功自己却积劳成疾，患病去世，年仅39岁。

尽忠为国的英雄们为自己的民族贡献了他们的全部聪明才智，他们的人生规范里永远都只有一条原则——一切从国家利益、民族利益出发。今天，我们同样需要在各自的岗位上，为祖国统一大业贡献出自己的一分力量。

史可法誓死不降

明朝末年，国内动荡不安，满洲八旗军见明朝国势衰危，大举进犯，他们在明朝降将吴三桂的接应下，攻破山海关，明朝京城陷落,崇祯帝自缢煤山。清军占领北京后,便定都于此。第二年,清军又挥师南下,占领了两淮地区,兵锋直指长江北岸。

此时,明王室已在南京建立了新的政权,史称"南明"。清军步步紧逼,想一举推翻南明政权。在这危急的关头,兵部尚书、大学士史可法挺身而出,立誓坚决抵御清军的入侵,保卫南明政权。

史可法主动请求到扬州指挥作战,那里是抗击清军的前线。到达扬州后,史可法对指挥不力、军心涣散的各部明军进行了整顿,建立了赏罚制度和各项纪律。他还特别用为国尽忠的正义之气激励全城军民,并且亲率部下防守扬州城最险要的地段,做出了不畏强暴、勇敢顽强的榜样。也正是在史可法的感召下,扬州军民的抗清决心和热情日益高涨。

1645年4月17日,清军在豫亲王多铎的统率下逼近扬州城北,次日将扬州团团围住。多铎原本以为扬州城会轻易拿下,不料却遭到了异常猛烈的抵抗。

清军兵临城下时,史可法部将刘肇(zhào)基,曾请求带领人马冲出城去,决一死战。史可法认为,清军来势凶猛,万万不可轻敌。于是,扬州军民凭城固守,瞄准时机予敌痛击,使清军在扬州城下死伤惨重。

见此形势,多铎一面缩小对扬州城的包围圈,一面向城中里投射劝降书。多铎还让早已投降的人站在城外高坡上,向史可法喊话,威逼利诱,劝其降服。史可法见状怒不可遏,他命令乱箭射向劝降的叛徒,使那叛徒抱头鼠窜。这时,明军总兵官李栖凤和监军高岐凤看到守城无望,准备投降。史可法不为所动,果断地表示了自己誓与扬州共存亡的决心。

1645年4月19日,史可法决定亲去扬州西门督战。临行前,他给自己的母亲和妻子写了诀别信,并且郑重地认心腹部将史德威

史可法雕像

为义子,并让他代自己向母亲尽孝。一切安排就绪后,史可法义无反顾地走上了战场。

4月25日,清军发起对扬州的总攻。由于全城军民共同抗敌,致使清军死伤数千人。后来清军用火药轰倒了扬州城的西北角,从缺口冲进城来。史可法见大势已去,在向史德威告别后便欲拔刀自刎。幸亏站在旁边的一个参将把他抱住,并与众军士簇拥着史可法准备突围。但不幸路遇清军,战败被俘。

史可法被俘后,多铎亲自审问。多铎想引诱史可法投降,但史可法断然拒绝,在敌人面前再一次表示了与城共存亡的决心,表现出"头可断,身不可屈"的坚强意志。多铎见史可法立场坚定,绝不投降,遂下令将其在军前处斩,抗清英雄史可法英勇就义。

处顺势而豪气干云,固然可贵;处逆势而沉着坚定,更属难能。史可法处逆势而赴汤蹈火,宁死不屈,其果敢、意志和气节可歌可叹。他那坚贞不屈的事迹和精神一直激励着后人,他那视死如归的民族气节值得我们每个人学习。

李香君血溅桃花扇

《桃花扇》传奇,是清朝戏剧家孔尚任的名作。这部作品问世后,剧中女主人公的原型李香君,更加为世人所知。李香君血溅桃花扇,品格高洁,正气凛然,展现了一个地位卑贱者难能可贵的高尚情操。

李香君生活在明朝晚期,那正是阉党魏忠贤一伙横行的时候。李香君本姓吴,父亲是一位武官。由于父亲系东林党成员,他被阉党迫害致死后,吴家家道就此败落。八岁的时候,流落异乡的李香君,随养母李贞丽改为李姓。

李香君自幼习艺,博采众家,音律诗词、丝竹琵琶无一不通,成了南京秣陵教坊名妓,"秦淮八艳"之一。李香君尤其擅长南曲,歌声甜润,深得四方游士的追慕,但她不肯轻易为人歌唱。因为养母李贞丽仗义豪爽,又很懂风雅,所以媚香楼的客人多半是些文人雅士和正直忠耿之臣。

明崇祯十二年(1639),刚满16岁的李香君,见到了名士侯方域,两人一见倾心。然而,像李香君这样的名妓,梳拢必须邀请大批有头有脸的风流雅士,还要付一笔丰厚的礼金给鸨(bǎo)母。侯方域一介书生,缺少银两,无能为力,颇为踌躇。

这时,友人杨龙友雪中送炭,给侯方域以大力资助,梳拢仪式很快顺利完成。那天夜里,侯方域送给李香君一柄上等的镂花象牙扇骨、白绢扇面的宫扇,作为定情之物。这柄扇子可不普通,扇上系着的是侯家祖传的琥珀扇坠。李香君体会到了侯方域的一片真情,从此便留他住在了媚香楼中。

谁知,杨龙友资助的那笔钱,并不是他自己的,而是阮大铖

电影《桃花扇》中的李香君和侯方域

（chéng）送给侯方域的一个人情。阮大铖也是有名的文士，但人品低下，又与魏忠贤是一伙，颇为不齿于士林。尽管当时尚在闲居，但阮大铖从未放弃升官发财的追求，他想把侯方域拉进自己的圈子里，以便为自己谋取名利。

侯方域是东林党成员、复社领袖，与阮大铖是两路人。得知阮大铖送钱之事，侯方域尚自犹豫，李香君却无比愤激，她摘下发簪，脱掉罗裳，认为"脱裙衫，穷不妨；布荆人，名自香"，从而骂醒了侯方域。随后，李香君变卖首饰，又四下挪借，总算凑够了数，把钱扔还给了阮大铖。

阮大铖对此怀恨在心，一心伺机报复。南明弘光帝即位后，起用了阮大铖。大权在握的阮大铖趁机陷害，侯方域被迫无奈，只好离开南京，到扬州去投奔史可法。自侯方域去后，李香君洗尽铅华，闭门谢客，专心等着侯公子归来。

赶走了侯方域，阮大铖并未善罢甘休。他挑唆（suō）弘光小朝廷的大红人田仰，纳李香君为妾，以便彻底拆散侯李二人。田仰吹吹打打来迎亲，李香君坚决不从；田仰一再威逼，李香君干脆一头撞向栏杆，血溅在了侯方域所送的扇子上。见李香君如此决绝，娶亲的人只好灰溜溜离去。后来，杨龙友利用扇子上的血点，画出了一树桃花——这也就是"桃花扇"的由来。

侯方域曾经立志复明，但入清之后，却还是未能忘怀"功名"二字，一头栽进世俗的泥淖里，骨头一软就参加了清朝的科考。时人讥笑云："两朝应举侯公子，忍对桃花说李香。"晚年之时，侯方域追悔莫及，因此名斋为"壮悔堂"，并写了《李姬传》纪念李香君。（参见《美德诗文》）

李香君义愤还赠金、血溅桃花扇，巾帼名传千古，也让侯方域等文人名士顿然失色。有人认为，在"秦淮八艳"中，不论是样貌还是才气，李香君都排不到首位，可她却高居"八艳"榜首，且最为众人所熟知。之所以如此声名远播，主要在于李香君对爱情的忠贞以及她的爱国情操和高尚气节。

林语堂曾有《为香君题诗》，诗云："香君一个娘子，血染桃花扇子，气义照耀千古，羞杀须眉汉子。香君一个娘子，性格是个蛮子，悬在斋中壁上，教我知所管制。如今天下男子，谁复是个蛮子，大家朝秦暮楚，成个什么样子。当今这个天下，都是骗子贩子，我思古代美人，不至出甚乱子。"这谐谑的诗作中，充溢着值得我们汲取的正能量。大是大非面前，具有李香君不惜血溅桃花扇的坚定，才真的"不至出甚乱子"。

夏完淳英勇就义

"自古英雄出少年"，中国历史上的少年英雄不胜枚举，明末清初的夏完淳就是一个很有民族气节的少年英雄。

夏完淳少年时，曾师从张溥、陈子龙等知名学者，学得满腹诗文；同时又深受父亲夏允彝等爱国志士的影响，从小就怀有远大抱负，经常思索救国救民的良策。

1645年，清军南下，攻城略地。当时夏完淳只有15岁，刚刚结婚不到一个月，就毅然离开新婚宴尔的妻子，和父亲夏允彝、老师陈子龙一同起兵抗清。

后来，在艰难的抗清过程中，夏允彝和陈子龙相继殉国，夏完淳也被清军捕获。

当时，主持军务的明朝降将洪承畴（chóu）听说夏完淳被抓，立刻下令带上堂来，准备劝其投降。

洪承畴见夏完淳是个少年才俊，便趁机诱惑说："你小小年纪便随人造反，一定有人误导。只要你肯归顺大清，保你今后高官厚禄、衣食无忧，何必在此当阶下囚呢！"

夏完淳明知堂上坐着的是洪承畴，却装作不认识，说："我常常听说亨九（洪承畴字亨九）先生是本朝人杰，在松山杏山一战中，血溅章渠、英勇神武。我曾发誓要像他那样杀敌报国，宁死不降。"洪承畴听了，羞得面红耳赤。

旁边有人告诉夏完淳，上面的人就是洪承畴，他已归降大清。夏完淳发出一声冷笑说："亨九先生之死，天下无人不晓，当时设祭，崇祯皇帝亲临哀悼，泪流满面，众人也拜倒痛哭。你是何等恶人，胆敢冒充忠臣大名，实在太卑鄙了！"随后便冲着洪承畴骂不绝口。

"死而复生"的洪承畴就这样被痛骂一顿，却也无法反驳，脸上红一阵白一阵。当着文臣武将竟被一个小孩子戏弄，洪承畴顿时觉得颜面尽失，于是下令严刑拷打夏完淳，并投入大牢。

夏完淳根本不把死放在心上，他依旧坦然自若、谈笑风生。在

连环画"夏完淳当堂讥刺洪承畴"（张令涛、胡若佛绘）

狱中，夏完淳曾发出誓言："今生已矣，来世为期。万岁千秋，不销义魂。九天人表，永厉英魂。"流露出少年英俊所特有的一腔豪气，人们无不为之动容。

当年秋天，夏完淳和岳父等三十多人，在南京刑场同时被处死。年仅17岁的少年英雄夏完淳临难时，刽子手喝令他跪下，他仍大义凛然，誓死不屈。

夏完淳风华正茂，不留恋美好时光，毅然选择为国捐躯，"少年英雄"之誉当之无愧。与雄才大略的名臣武将们相比，那些舍生取义、有所作为的少年英雄，他们身上所体现出的献身精神和责任意识更让人敬佩。

战死沙场邓世昌

邓世昌是近代著名海军将领，甲午战争时为"致远"号巡洋舰管带（舰长），在黄海大东沟海战中壮烈殉国。

邓世昌出身于广东番禺（今广州市海珠区）的一个富裕人家，父亲专营茶叶生意，曾在广州及津、沪、汉口、香港、秦皇岛等地开设茶庄。少年时期，邓世昌随父移居上海。他聪颖好学，不仅学习传统文化，还学习了算术、英语等新学科。

1868年，邓世昌怀着救国的志愿，以各门课程考核皆优的成绩，进入福州船政学堂学习航海，成为该学堂驾驶班的第一届毕业生。在福州船政学堂毕业后，1871年，邓世昌被派到"建威"练船，练习航海。1874年，邓世昌以优异成绩毕业，并被船政大臣沈葆桢奖以五品军功，任命为"琛航"兵船的帮带（大副），以后历任"海东云"炮舰、"振威"炮舰等的管带。

1879年，李鸿章筹办北洋海军，邓世昌因"熟悉管驾事宜，为水师中不易得之才"，于1780年调到北洋海军，任"镇南"炮船的管带。同年冬天，北洋海军在英国定购的"扬威""超勇"两艘巡洋舰完工，水师提督丁汝昌率官兵200余人赴英国接舰，邓世昌随往。

1881年11月，两舰安然抵达大沽口。这是中国海军首次完成北大西洋—地中海—苏伊士运河—印度洋—西太平洋航线，大大增强了中国的国际影响。邓世昌因驾舰有功，被清廷授予"勃勇巴图鲁"勇号，并被任命为"扬威"舰管带。

1887年春，邓世昌率队赴英国接收清政府向英、德订造的"致远""靖远""经远""来远"四艘巡洋舰，年底回国。归途中，邓世昌沿途安排舰队操演练习。因接舰有功，升任副将，加总兵衔，并任"致远"舰管带。

1888年10月，北洋海军正式组建成军，邓世昌升至中军中营副将。1891年，李鸿章检阅北洋海军，邓世昌因训练有功，获"葛

邓世昌与甲午海战中的"致远"舰

尔萨巴图鲁"勇号。

作为一舰之长,邓世昌是"致远"的主心骨。他曾经说:"人谁不死,但愿死得其所尔!"("人哪有不会死的,但愿我们死得有意义、有价值!")1894年,中日甲午战争爆发后,邓世昌多次表示:如果在海上和日舰相遇,遇到危险,我就和它同沉大海!

1894年9月17日,在大东沟海战中,邓世昌指挥"致远"舰奋勇作战。战斗中,中国舰队旗舰被击伤,大旗被击落,邓世昌立即下令在自己的舰上升起旗帜,吸引敌舰。他指挥的"致远"舰在战斗中作战英勇,前后火炮一齐开火,连连击中日舰。后在日舰围攻下,"致远"舰多处受伤,全舰燃起大火,船身倾斜。

此时,邓世昌鼓励全舰官兵道:"吾辈从军卫国,早置生死于度外,今日之事,有死而已!倭舰专恃'吉野',苟沉此舰,足以夺其气而成事。"随即毅然驾舰,全速撞向日本主力舰"吉野"(日方称

"浪速")号右舷,决意与敌同归于尽。倭舰官兵见状,大惊失色,集中炮火向"致远"舰射击,不幸一发炮弹击中"致远"舰的鱼雷发射管,管内鱼雷发生爆炸,导致"致远"舰沉没。

邓世昌坠海后,随从以救生圈相救,被他拒绝,并说:"我立志杀敌报国,今死于海,义也,何求生为!"所养爱犬"太阳"也游到身旁,口衔其手臂援救。邓世昌誓与军舰共存亡,毅然与爱犬一起沉没于波涛之中,与全舰官兵250余人一同壮烈殉国。

邓世昌牺牲后,举国震动。威海百姓自发出海,打捞英雄们的尸体,当地还流传着"通商卖国李鸿章,战死沙场邓世昌"的歌谣。光绪帝垂泪撰联"此日漫挥天下泪,有公足壮海军威",并赐予邓世昌"壮节公"谥号,追封"太子少保",入祀京师昭忠祠,御笔亲撰祭文、碑文各一篇。

1996年12月28日,中国人民解放军海军命名新式远洋综合训练舰为"世昌"舰,以纪念爱国海军将领邓世昌。

"通商卖国李鸿章,战死沙场邓世昌",这民谣所说,邓世昌战死沙场无可置疑;李鸿章"通商卖国"或可斟酌。不过,近代以来,受到东西方帝国主义的冲击,我们对文化传统和国家利益的坚守,确实有值得反思之处。"先进",不应该成为我们弃守国家利益的借口;"创新",不应该成为我们丢掉传统的理由。环顾东西,我们会凛然发现,许多国家对于民族传统的善意和珍惜远远超过我们。甲午海战的教训也说明,器物文化还是要与制度文化、精神文化紧密结合,一个民族必须首先继承自己的优秀传统,这才是最重要的。

林则徐虎门销烟

清朝中后期以来,外国列强以坚船利炮敲开了中国的国门,也开始了他们侵略、欺凌、戕（qiāng）害中国人民的历程。

从嘉庆年间起，外国商人就开始在广州珠海外的海面上，干起了走私鸦片的勾当。嘉庆五年（1800），他们开始成千上万箱地向我国输入鸦片，并逐年猛增。道光十八年（1838），已增至4万多箱。清朝每年出口大量的茶叶、丝绸等特产，都无法抵偿这些鸦片的价值，每年还得流出420万两白银。

鸦片不仅给清政府造成了巨大的经济损失，更重要的是，它还深深地毒害着中国人民的身体，在这种情况下，我们的人民被称为"东亚病夫"。

这时，清政府内部针对鸦片的输入主要有两种意见，一种是以林则徐为首的禁烟派，一种是反对禁烟的求和派。林则徐疾呼："再不禁烟，中国将没有能够抵挡侵略的兵勇，也没有可充作军饷的银两。"道光皇帝被林则徐的慷慨陈词和爱国情怀所感动，决定派他担任钦差大臣，前往广州禁烟。

林则徐一到广州，就立即下令对学生进行考试。考场大门在学生进入考场后就被关得严严的，不允许任何人进出。考卷发下来，学生们大吃一惊，个个都愣住了。考卷里夹着一张纸条，上面写着："此次考试，可以不答试题，但必须把自己知道的贩卖鸦片的人的姓名、住址和活动情况写下来，尤其是官兵受贿走私的内幕，更要写明，不得有丝毫隐瞒。"学生们都年轻活跃，对鸦片走私深恶痛绝，且又来自四面八方，对有关烟贩的情况知道得很多，便全都默默地写了出来。

摸清烟贩们的情况后，林则徐立即严惩了一批违法官员和烟贩子。随后发出通告：所有外国商人，必须在三天内缴出全部鸦片，并写下永不再贩运鸦片的保证书，今后如再出售鸦片，货全没收，人皆伏法。

烟贩们得知消息后,惶恐不安,很快交出了鸦片共计两万余箱,约118.8万千克。

道光十九年(1839)四月二十二日,林则徐决定在广州门户——虎门海滩,当众销毁全部鸦片。销烟开始了,光着膀子的工人和士兵们纷纷把鸦片倒入两个卤水销烟池,再投入生石灰。顿时,池水滚沸,浓烟冲天,周围的人也跟着沸腾了起来。五月十五日,鸦片全被销毁,历时20多天。

林则徐虎门销烟,狠杀了外国商人的嚣(xiāo)张气焰,大大显示了国威,捍卫了中国人民的尊严。我们学习林则徐,就要学习他的果敢勇毅,也要做出一番"亲者快,仇者痛"的事情来。虽然今天的祖国已不再贫弱,不再有人胆敢依仗坚船利炮来倾销鸦片,但我们应该对各种各样的毒品和"精神鸦片"提高警惕,因为总是有些人不愿我们祖国强大、人民安康。

虎门销烟的场景

关天培血溅虎门

鸦片战争时期，林则徐虎门销烟，大长国人的志气、大灭敌人的威风。但懦弱的清政府慑于英国人的淫威，撤了林则徐的职，任命琦善为钦差大臣，接替林则徐的职务。琦善到广州后，极力讨好英国人，反而使侵略者的气焰更加嚣张。不久，英军进攻虎门，镇守虎门的清军水师将领关天培率众御敌，壮烈牺牲。

关天培自幼习武，为人正直。1834年，关天培担任广东水师提督，成为林则徐开展禁烟运动的得力助手，并且为巩固海防、训练水师、攻打英军立下了赫赫战功。

1841年2月25日，英军向关天培镇守的镇远、威远两炮台发动进攻。在此之前，英军已攻下兵微将寡、缺炮少弹的虎门前横档、永安两炮台，关天培深知仅存的镇远和威远炮台，由于钦差大臣琦善卖国求荣、从中捣鬼，同样不堪一击，想守住虎门谈何容易？因此，已经62岁高龄的老英雄关天培与守炮台将士四百多人抱定与虎门共存亡的决心，他对众将士说："人可死，志不可侮。今日，我们面对强敌，只有决一死战，以报国恩。我在此对天发誓，我在炮台在，绝不后退！"将士们也随着齐声高呼："我等誓与炮台共存亡！"中华儿女的豪迈气魄顿时震天撼地。

出征之前，关天培拟好一封家书，派自己的心腹将士孙长庆送回家中。信中写道："上不能报君恩，下不能敬养老母，又不能教子成材，这一切只能由我妻代劳了。今日为国捐躯，死得其所。切勿悲哀，望你们多保重，教育子女勿忘国家民族，永不与奸佞（nìng）同流合污……"捎信诀别亲人后，关天培轻松了许多，随后他召集守炮台的一批官兵，进行新的布防，准备随时应战。

关天培虎门
御敌群雕

平静的海面泛起阵阵波澜,英军的战舰向镇远、威远驶来,关天培下令备好枪炮,做好准备,节约弹药,等敌人靠近了再打。英军战舰上的指挥官正在为攻破横挡、永安高兴,根本不把镇远、威远放在眼里,总指挥官乔治下令英军从三面包围镇远、威远,同时开炮,一举摧毁关天培的部队。

英军船多人多,弹药充裕,三面围攻,万炮齐发,关天培却毫不畏惧,带领将士们沉着应战,给英军一顿当头痛击,令其畏缩不敢向前。但终究还是弹尽无援,寡不敌众。清军火力逐渐减弱,英军趁势登上炮台,关天培及将士们与英军展开了激烈的肉搏战。清军勇猛地挥舞大刀、长矛,节节逼退英军,可伤亡越来越惨重,关天培更是多处受伤。眼看自己周围已尽是英军,老英雄最后刺死一个敌人,仰天长叹:"英人可恶,琦善可恨,天培在此殉国了!"接着手起剑落,引颈自刎。

残酷的战斗结束了,关天培与四百多名官兵均血溅虎门,为国捐躯。

面对强敌,关天培等奋勇反抗,视死如归。英雄们奋勇杀敌、保家卫国、勇于牺牲的精神让我们无比尊敬;同时,国家落后、贫弱,屡遭强敌欺凌,当权者贪生怕死、卖国求荣,又让人扼腕切齿。

陈化成临危受命

陈化成是清朝海军将领,历任把总、参将、总兵、福建水师提督,是鸦片战争中的抗英名将。

陈化成在英军大肆侵略中国之时,临危受命,调任江南水师提督。他甫一赴任,便积极筹备上海吴淞口的防务,筑台铸炮,沿海塘修筑土堡 26 处。为增强江南水师的战斗力,陈化成带福建亲兵,对吴淞口守军严加训练。

1842 年 4 月,英国侵略军攻陷乍浦,江苏全省震恐。陈化成率军驻守吴淞西炮台,与东炮台、小沙背形成掎(jǐ)角之势。

1842 年 6 月,英国舰队直入长江,进逼吴淞口。足智多谋、沉着稳健的陈化成令人摸不着头脑,英军不敢擅自出兵进攻炮台,便用木牌漂来书信约战。两江总督牛鉴和徐州总兵王志远,惧敌怯阵,意欲后退,当即遭到陈化成的严厉斥责。

6 月 16 日,英舰向吴淞进攻。眼看英军如虎狼般扑向炮台,陈化成首当其冲,亲自指挥炮手狙(jū)击敌舰。他让炮手等敌人靠近时大力开火,很快便击沉三艘敌舰。牛鉴看到英军密密麻麻,枪炮堆积如山,恐惧不已,多次派人找到陈化成,劝说他退兵,以保性命,但每次都被陈化成愤怒斥退。牛鉴见退兵无望,便弃炮台而逃。这样一来,东炮台和小沙背就落入了敌人之手。英军集中全部兵力转而进攻西炮台。参将周世荣也是胆小鼠辈,他畏惧敌人,也

位于福建省同安区的陈化成雕像

劝说陈化成后撤。陈化成拔出腰中佩剑，呵斥他胆敢投降，格杀勿论，周世荣只得趁陈化成不备，仓皇遁逃。

此时的陈化成处境异常艰难，外无援兵，内有降将，而大批将士又死伤惨重，加上牛鉴和周世荣的逃遁，军心动摇，这令他心中焦急。但陈化成依然毫不畏惧，奋勇杀敌。在激烈战斗中，他右肋受伤，鲜血染红了衣裤，可他仍旧屹立不倒，还亲自安装炸药，燃放大炮，令在场将士感动不已，士气大振。不幸的是，敌人的炸弹飞来，击中陈化成的胸口，他以身仆地，口喷鲜血不止，殉职沙场，吴淞炮台也随之陷落。

陈化成以年近七十之躯，誓死卫国，可谓真正的军人。在他遗体入殓时，吴淞及上海数万人自发为之送行，人们拥道痛哭，呼天号地，十里可闻。

"国难当头，匹夫有责。"在民族危难之时，作为国家的守卫者，陈化成英勇抗敌、不畏牺牲，这种爱国精神感人肺腑，鼓舞并影响着人们为保家卫国而抛头颅、洒热血，如抗日战争中的无数热血青年踊跃参军，积极抗击日寇，其保家卫国的爱国精神同样英勇可嘉。

冯婉贞英勇抗敌

清朝咸丰年间，北京北郊圆明园一带，出现了一位反抗侵略的少年巾帼英雄，她的名字叫冯婉贞。

冯婉贞从小便跟随父亲冯三保习武，对各种武艺都十分精通。1860年，英法联军进犯北京、天津，与圆明园相距仅5千米远的谢庄，经常遭到敌人侵扰，因此，谢庄村民推选武艺高强的冯三保为团练首领，率领村民与敌人周旋。

这天，冯三保刚打退了一股敌人，有些沾沾自喜，但冯婉贞却另有所思，她对父亲和村民说："小股敌人撤走了，大股敌人却有可能来到，如果他们用炮袭击，我们村就会变成粉末。"众人都害怕起来，不知如何是好。冯婉贞提议与敌人展开刀剑搏杀，用自身长处击败敌人。众人都认为这无异于羊入虎口，但冯婉贞却说："我们村很快就要灭亡了，我一定要全力拯救它。"

于是，冯婉贞集合一班精通武术的青年，对他们说："与其在这里等死，不如奋起作战。"大家对冯婉贞钦佩不已，个个气势昂扬，一场惊心动魄的谢庄保卫战随即拉开序幕。

冯婉贞和她的伙伴都身穿黑色的衣服，手拿雪亮的大刀，埋伏在离村2千米远的小树林中，准备采取游击战术。不一会儿，五六百敌人果然抬着大炮，向谢庄开来。冯婉贞一声令下，率领大家向敌人发起袭击。敌人没任何思想准备，个个惊慌失措，忙乱中只好把刺刀安在枪上进行还击。一场短兵相接过后，机智灵活、武艺高超的冯婉贞与伙伴们将敌人杀得节节后退。敌人眼见大势已去，

连环画《冯婉贞》书影

便准备逃亡,冯婉贞大声喊道:"伙伴们,敌人撤远了就会用枪炮打我们,赶快乘胜追击,别让他们得逞。"这样一来,敌人有枪炮却派不上用场,干脆丢下枪炮,灰溜溜地四散奔逃。

战斗结束了,谢庄终于保住了。19岁的冯婉贞率领村民战胜了声势浩大的侵略军,书写了抗击侵略者的光辉一页。

面对国家危难、边关告急等多事之秋,巾帼英雄们总是当仁不让,挺身而出,独当一面,构成了中华民族传奇的独特风景线。"巾帼不让须眉",即便是在和平建设时期,我们祖国土地上的这道风景线依然亮丽。

容闳留学教育兴国

1854年,容闳(hóng)从美国耶鲁大学毕业,成为近代中国在美国读完大学的第一人。毕业回国后,他又积极推动留学教育,成为教育兴国的一代先驱。

容闳画像

容闳在耶鲁大学读书期间,亲身感受到了西方物质文明的发达,还目睹了美国的政治、经济和文化教育制度。他觉得,自己的祖国与西方国家比较落后了一大截。为了振兴祖国,必须将近代科学技术传播到中国来,但仅凭一己之力,是远远不能完成这个任务的。

抱着要使更多人接受留学教育的目的,毕业之后,容闳很快回到了祖国。当时的中国,在封建统治集团中的一些开明之士,正在提倡"洋务运动"。在友人李善兰的介绍下,容闳在1863年当了曾国藩的幕僚,并被任命为"出洋委员",出国采购机器,筹办江南机器制造局。事成之后,曾国藩对容闳赏识有加,专门为他向朝廷请赏,授以五品候补同知的官衔。

一天,容闳陪同曾国藩到江南机器制造局视察,趁曾国藩兴趣正浓,容闳提出在机器局附设机器学校的建议。曾国藩听后非常赞同,并立即采纳。接着,容闳进一步介绍了选派幼童出国留学的好处。因为此事关系重大,有诸多问题需要解决,所以未能立即实施。但容闳没有放弃,他又通过江苏巡抚丁日昌向清廷上书,建议派一批青少年出国留学,直接学习西方的科学技术,但这次仍如泥牛入海,杳无回音。

1870年,天津发生传教士风波,朝廷派曾国藩、丁日昌到天津与法国代表进行谈判。容闳作为丁日昌的翻译,也到了天津。容闳抓住机会,力促丁日昌向曾国藩提出选派留学生赴美学习的事情。

不久，曾国藩和总理衙门的大臣同意了此事，容闳很快拟好了挑选幼童赴美留学的奏折，由曾国藩、李鸿章等人联衔具奏。到年底，同治皇帝批准了此议。接着，容闳又草拟了《挑选幼童赴美肄业章程》，规定每年要挑选30名10～16岁的幼童赴美学习，所需经费从中国海关收入中支付。幼童出国前，先在上海学习一年英文；学成归国后，由清政府任用。此时，清政府已任命容闳为赴美留学幼童的副监督，具体负责实施赴美留学的计划。

挑选赴美幼童是件很困难的事，容闳真是费尽了心力。因为当时中国人非常保守，许多人都把外国视为"蛮夷之地"，将出国视为"放逐"，觉得出人头地的途径是科举而非留洋，所以有钱有势的人家是不让孩子出国的。

1872年8月11日，由容闳具体挑选的30名贫苦人家的孩子在上海登船出洋。他们是近代中国第一批官费赴美留学生，其中有詹天佑、梁敦彦等。

近代中国在落后挨打的局面下，一大批仁人志士奋起探索富国强民之道，在这个名单里，有容闳、张骞、魏源、薛福成……虽然他们走的路不同，但殊途同归，因为他们都有一颗对祖国的赤诚忠心。100多年后的今天，又一批青年学子出洋留学，许多人学成归来，报效祖国。他们与容闳一样，爱国情怀一脉相承。作为年轻人，无论在哪里学习，我们都应该勤奋钻研，努力创新，在科教兴国中做出应有的贡献。

陈天华沉水抗争

中华民族的近代，是一个英才辈出的时代，爱国英雄以他们浩荡的襟怀和不屈的信念，在近代历史上谱写了一曲曲壮美的诗篇。

陈天华像

陈天华就是这样一个具有献身意识的人。作为一个有思想、有学问的爱国者,他的行为展现出一种极端的美。

陈天华一向热心新学,深受维新思想的影响。后来他到日本留学,并积极投入各项爱国运动,号召爱国志愿者团结一致,坚决抵制列强的侵略行径。

1905年11月,日本文部省颁布歧视并限制中国留学生的《清国留学生取缔规则》。当时,数千留日学生发动总罢课,意在抵制这一不合理的规则。日本当地媒体看到中国学生声势浩大,个个勇敢向前,立即发表报道。这些日本媒体的报道中,处处蕴含着污蔑、歧视中国人的言辞,这令中国留学生义愤填膺。

此时,陈天华与宋教仁、秋瑾等人表明立场,坚决反对仰人鼻息、受人欺侮,主张马上回国自己办教育;而以汪精卫、胡汉民为首的少数人,则主张留下来完成学业。几经争论,两种意见始终不能统一,一时间,留日学生中形成思想不一、行动各异的严峻局面。这令陈天华心情极为沉痛,为了祖国的前途,为了警醒大家团结对敌,更为了激励众人的爱国豪情,他决定牺牲自己的生命。

12月7日凌晨时分,陈天华留下长达三千余字的《绝命书》,在东京大森海湾投海殉国,时年30岁。《绝命书》中写道:"鄙人心痛此言(指日本《朝日新闻》诋毁取缔风潮为'放纵卑劣'),欲我同胞时时勿忘此语,力除此四字,而做此四字之反面,坚忍奉公,力学爱国。恐同胞之不见听或忘之,故以身投东海,为诸君之纪念。"

陈天华是继战国时期的屈原之后,第二个以沉水方式表达爱国心的人。这种精神的感召力是巨大的,在陈天华的灵柩(jiù)回国运抵长沙时,参加葬礼的各界代表达一万多人,送葬队伍绵延数十千米,一直到达岳麓山。

自古以来的仁人志士,他们身上都蕴藏着巨大的爱国利民的献身精神,为了民族的生存、国家的崛起,他们甘愿赴汤蹈火,在历史上点燃一簇簇美丽而悲壮的火苗。陈天华这种极端的爱国方式,在今天看来虽然有些凄美,但它对于弘扬民族精神、唤起公民责任意识,却能起到很好的振奋作用。

秋瑾巾帼亦英雄

秋瑾,字璿(xuán)卿,号竞雄,别号鉴湖女侠,浙江山阴(今浙江省绍兴市)人。1875年,秋瑾出生于福建闽县,并在那里度过了童年和少年时期。目睹帝国主义对祖国大好河山的蹂躏(róulìn)和清政府卖国求安的种种丑行,秋瑾幼小的心灵里早就播下了反抗的种子。

1891年初夏,秋瑾和家人随同祖父秋嘉禾回到故乡绍兴。不久,她就跟随武艺高强的单老四开始学习武艺,不仅学会了打拳、耍刀、使

从日本回国后的秋瑾

棒、舞剑，还学会了骑马。秋瑾认为，要革命，不仅要嘴和笔，还需要刀和枪，而且要具备强健的体魄和高超的武艺。因此，她始终把练武和实现救国救民的革命理想联系在一起。她曾在《宝剑歌》一诗中写道："千金市得宝剑来，公理不恃恃赤铁。死生一事付鸿毛，人生到此方英杰。"在为革命四处奔走的过程中，秋瑾总是刀不离身。

后来，秋瑾嫁给了湖南湘潭的王廷钧。1903年，她随夫移居北京。在北京，秋瑾目睹了八国联军劫后的惨象，更激起了她对清政府以及外国侵略者的痛恨。第二年春天，秋瑾冲破封建家庭的束缚，离别子女，自筹盘缠，只身赴日本留学。

到达东京后，秋瑾先补习日文，后进入青山实践女校读书，并积极投身到民主革命的队伍之中。在结识孙中山、陶成章等志士仁人后，她积极与他们共商革命大计。她还创办了《白话报》，宣传革命，提倡男女平等。1905年7月，她返赴日本后加入了中国同盟会，并被推举为同盟会浙江主盟人。

1905年11月，清政府与日本政府勾结，由日本文部省颁布了《清国留学生取缔规则》，禁止中国留学生的革命活动。同盟会领导人之一陈天华投海自尽，以示抗议。在留学生举行的追悼会上，秋瑾发表了慷慨激昂的演说，主张全体留学生返回祖国，共御外侮。

1907年初，秋瑾接替徐锡麟主持绍兴大通学堂的工作，同时与徐锡麟策划皖浙起义，同举义旗。由于情势紧急，徐锡麟于7月6日在安庆提前起事，不幸失败被杀。事件波及绍兴，7月13日，大通学堂被清军层层包围，秋瑾挺身迎敌，终因寡不敌众而被捕。

在残酷的刑审中，秋瑾早已下定为革命献身的决心，始终坚贞不屈，保持气节，只留下了"秋雨秋风愁煞人"这一壮烈的绝命词。

7月15日凌晨,秋瑾在绍兴轩亭口英勇就义,年仅32岁。

孙中山听到秋瑾英勇就义的消息后,亲笔题写了"巾帼英雄"的匾额。是的,秋瑾的爱国精神、革命气节,令人钦佩不已,她为后人做出了表率,其英勇无畏的气概虽男儿犹不及。近代革命史有一秋瑾,生色不少;中华女界有一秋瑾,光芒万丈。

陈嘉庚爱国办学

爱国并不只体现为扛枪杀敌,每一个人都可以用自己的方式,表爱国之心,践爱国之行。陈嘉庚这位爱国华侨的代表,就以办学兴教,谱写了一曲嘹亮的爱国长歌。

陈嘉庚是福建厦门人,1890年,他随父亲到南洋经商。1905年,他在新加坡自立门户,开办了菠萝罐头厂和福山菠萝园。经过几年的努力,陈嘉庚还清了父亲破产时欠下的债务。后来,他又投资橡胶业,取得巨大成功,成了当时海内外知名的实业家,被称为华侨的三大巨富之一。

集美学村里的陈嘉庚铜像

虽然富有,但陈嘉庚并没有想着个人挥霍享受。在异国他乡,他饱尝了漂泊的辛酸,十分渴望自己的祖国早日强大起来,使漂泊海外的游子不再遭受欺凌。陈嘉庚经常面对波涛翻滚的大海,朝着家乡的方向自言自语:"余久客南洋,心怀祖国,希图报效,已非一日。"

1901年,孙中山到南洋宣传革命,使陈嘉庚眼前豁然开朗,便毅然加入了同盟会,并慷慨解囊捐助兴国大业。当孙中山宣布中华民国成立时,陈嘉庚不禁喜极而泣,立即寄去了5万元新加坡币。

辛亥革命后,袁世凯窃取了革命果实,祖国又陷入了北洋军阀的黑暗统治之中。陈嘉庚在孙中山的激励下,决定走教育救国的道路。他回到家乡厦门后,立即把昔日的小渔村建成了拥有中小学和专科学校的全国独一无二的"集美学村"。后来,他又出资100万新加坡币,创办了设备完善的厦门大学。

创办大学很不容易,要使一所设备先进的大学正常运转则更加艰难。陈嘉庚希望南洋的其他富商共同资助,但无人响应。于是,他毅然担负起了集美学校和厦门大学两个重担。两个学校每个月需要3万

陈嘉庚创办的"集美学村"

元经费，为了筹款，陈嘉庚不得不变卖自己苦心经营起来的部分产业。

不久，受世界经济危机的冲击，债主强行将陈嘉庚的企业交由债权人指定的监控者监管，只给他保留公司总经理的职务。而陈嘉庚提出的唯一条件就是：必须保证提供集美学校和厦门大学的教育经费。有人见他处境困难，好心劝他停止支付学校经费。他坚定地说："两校如关门，自己误青年之罪小，影响社会罪大，在商业尚可经营之际，何可遂行停止。一经停课关门，则恢复难望。"

1940年3月，陈嘉庚以南侨总会主席的身份，回国考察和慰问。在重庆考察之后，陈嘉庚又决定赴延安考察。在延安考察期间，陈嘉庚目睹了军政人员坚持团结抗日、反对妥协投降的事实，很受鼓舞，最后得出了"国民党政府必败，延安共产党必胜"的结论。回到南洋后，陈嘉庚积极宣传延安精神，使广大侨胞了解了国民党统治的黑暗，看到了解放区的光明，推动了南洋华侨的抗日爱国运动。

陈嘉庚为了国家倾其所有，其爱国精神可嘉。在我国华侨史上，陈嘉庚是第一个把政治、经济、社会、文化等活动集于一身的杰出代表，毛泽东称他为"华侨旗帜，民族光辉"。只有国家强大了，在国际上有了地位，公民在外国才会受人尊敬，这是每个置身海外的游子都会有的体会。热爱祖国，为祖国繁荣富强尽一己之力，是每个公民和侨民义不容辞的担当。

齐白石巧骂日寇

齐白石是现代著名画家、篆刻家。他出生于湖南省湘潭市，幼时当过牧童，年轻时又以木匠为业。后来，他跟随王闿（kǎi）运苦攻书画、诗文和篆刻，取得卓著成绩，被聘为北平艺术专科学校的教授。

齐白石的画，笔墨雄浑，造型质朴，色彩鲜明，自成流派；齐

齐白石国画作品

白石的篆刻取之于周、秦、两汉精华，功力深厚。抗日战争时期，他正是利用这样精深的造诣，以刀笔作画，斥责、讥讽日伪政权，抒发一腔爱国热情。

当日寇侵占北平，大肆掠夺、欺压民众的时候，齐白石毅然辞去了在北平艺专的职务。他钢筋铁骨，宁可在严寒的冬天全家受冻，也坚决不接受敌伪政权的施舍，把分配给家里的煤球全数退还回去，仅用卖画、篆刻所得的微薄收入勉强维持生计。齐白石为人正直耿介、不媚权贵，他在自家大门上张贴了"画不卖与官僚窃恐不详"的告白，不准当时的权贵踏入他家的大门。

齐白石耳闻目睹日寇在中国四处奸淫烧杀，刻骨的憎恨和仇视深深烙印在心头。为表示对敌人的不满和蔑视，齐白石作了一幅画，取名《螃蟹》。这是一幅极富讽刺意味的画，齐白石在画中强劲有力地写了几个大字："看你横行到几时"，坚信日本帝国主义的侵略行径必败无疑。

为了打击汉奸走狗，齐白石常常作一些形象生动的画，讥讽嘲笑他们。其中一幅画，画着一个涂着白鼻头、戴着乌纱帽的不倒翁，旁边题诗一首："乌纱白扇俨然官，不倒原来泥半团。将汝忽然来打破，浑身何处有心肝？"以画立意，以诗配画，卖国求荣者的丑恶嘴脸尽显其中。

20世纪上半叶日寇在中国惨绝人寰的暴行，激起了全中国人民的奋起抗争，从而谱写了抗日战争可歌可泣的光辉篇章。抗战中，扛起刀枪上战场杀敌的是战士，以笔为枪、不屈不挠的同样是战士。齐白石是这样的战士，老舍、李叔同也是这样的战士。齐白石以物喻人，怒斥日伪政权和汉奸走狗，这样的勇力和爱国热情，实在令人可赞可叹。

梅兰芳蓄须明志

京剧表演艺术家、"梅派"艺术创始人梅兰芳，不仅以其精湛的表演艺术蜚声海内外，更以其抗战爱国、蓄须明志的崇高气节为广大中华儿女所传颂。

梅兰芳，字畹（wǎn）华，出身于京剧世家，长期寓居北京。他9岁起开始跟着家人学戏，11岁便随戏班登台演出。后来，梅兰芳技艺日渐提高，便自组剧团开始四处演出。他主演旦角，唱腔婉转动听，表演生动传神，再加上场面布置的创新，载歌载舞的《贵妃醉酒》《霸王别姬》等新创剧目美轮美奂，一时间声震南北，所到之处，深受欢迎。

梅兰芳的京剧艺术还名扬海外，由此他还带着剧团，先后到日本、美国等国演出。在美国组约百老汇演出时，几乎场场爆满，还时常加场，从而使中国的京剧艺术开始获得世界性影响。为此，美国一所著名大学授予他荣誉博士学位，而梅兰芳却谦虚地称自己不称职。

1931年，日本帝国主义疯狂侵略东北，蒋介石采取不抵抗政策，使东三

梅兰芳《生死恨》剧照

省完全沦陷。梅兰芳和所有爱国人士一样，对此义愤填膺，他立即日夜加班，编了两出以反抗侵略为主题的戏——《抗金兵》和《生死恨》。这两出戏一经上演，便赢得戏剧界爱国同行的称赞，并受到了广大人民群众的热烈欢迎。

"七七事变"后，日本帝国主义又大举进攻华北，随即南下攻占了上海。对日寇肆意侵略、无恶不作的行为，梅兰芳愤恨之极。日本人听说梅兰芳的戏赫赫有名，而且还经常在各地义演，就想请梅兰芳登台表演，为其侵略行径涂脂抹粉。梅兰芳严词拒绝了日寇的"好意"，绝不在沦陷区登台演戏。为了表明自己抵制侵略者的决心，梅兰芳更是蓄起了胡须，隐居到上海和香港。这一"封口"就是八年，直到日本人无条件投降。

抗战胜利后，梅兰芳很快剃掉胡须，重登舞台。新中国成立后，梅兰芳更是辗转祖国各地，积极热情地为广大劳动人民演戏。

梅兰芳的一生，为祖国的京剧艺术做出了不朽的贡献；他爱国明志的气节，更是为广大文艺工作者树立了典范。这样的艺术家，才是真正的中华民族的艺术家。

梅兰芳蓄须明志长达八年之久，从不因外界压力而改变操守。贫贱不移，富贵不淫，威武不屈，这正是中华民族气节的主旋律。一个人具有坚贞不屈的民族气节，就能够抵御各种名利的诱惑，不为强权所屈服，即便粉身碎骨也在所不辞。

无独有偶，京剧表演艺术家程砚秋也很有气节。在抗日战争时期，他宁死不参加日本人组织的捐献飞机的义演，他说："我宁死不唱，不能让日本人买飞机去炸中国人！"梅兰芳和程砚秋两位京剧大师威武不屈的民族气节和人格魅力，将永远感动并激励着后辈国人。

吉鸿昌："我是中国人"

吉鸿昌是现代史上的爱国将领，抗日英雄。他出生在贫苦农民家庭，当兵后骁勇善战，从士兵一路走到将军。他坚决抗日，却受到不抵抗的国民党政府的迫害，最后壮烈牺牲。

受父亲的影响，吉鸿昌从小就具有爱国思想。不满18岁的时候，吉鸿昌弃学从戎，进入冯玉祥的部队当了兵。在部队，吉鸿昌吃苦耐劳、智勇正直，冯玉祥非常赏识，提升他为机枪连连长，不久又提升为营长。

北伐战争爆发后，冯玉祥在五原誓师，响应北伐。北伐期间，担任师长的吉鸿昌骁勇善战，屡立战功，所部被誉为"铁军"。中原大战中，冯玉祥战败，吉鸿昌为保存实力，接受了蒋介石的改编。

北伐战争之后，日本帝国主义对中国虎视眈眈，狼子野心昭然若揭。可是国民党政府借口"攘外必先安内"，拼命剿杀共产党。这时，吉鸿昌奉命攻打鄂豫皖苏区红军。进入苏区，吉鸿昌目睹共产党的真实情况，决心脱离反动政权，准备率部起义。不料蒋介石却解除了吉鸿昌的兵权，逼他出国"考察实业"。

就在出国前夕，"九一八"事变发生。听到这一消息，吉鸿昌悲

吉鸿昌像

愤异常，声泪俱下地说："国难当头，凡有良心的军人，都应该誓死救国！"但蒋介石仍无动于衷，依然逼令他出国。

到美国后，吉鸿昌很快就受到了意想不到的刺激。比如：那里的头等旅馆不接待中国人，却对日本人奉若神明。接二连三的刺激，使吉鸿昌义愤填膺。

有一次，吉鸿昌要往国内邮寄衣物，邮局职员竟说世界上已经不存在中国了。吉鸿昌异常愤怒，刚要发作，陪同的使馆参赞劝道："你为什么不说自己是日本人呢？只要说自己是日本人，就可以受到礼遇。"吉鸿昌当即怒斥道："你觉得当中国人丢脸吗？可我觉得当中国人光荣！"

有一天，吉鸿昌身穿整齐的军装，走在纽约的街道上。突然，有人拦住他，故意问道："你是日本人吗？"吉鸿昌斩钉截铁地说："不，我是中国人！"对方挑衅说："中国人中不可能有这样高大魁梧的军人……"吉鸿昌听了，异常气愤。

为了抗议帝国主义者对中国人的歧视，维护民族尊严，回去之后，吉鸿昌立即做了一块牌子，用毛笔写上"我是中国人"几个大字，还在下边注了英文。从此，每逢上街，他都挂着牌子，昂首阔步，显示出一个中国人维护国格、不容蔑视的昂然气概。

国外考察期间，吉鸿昌利用记者的采访，以事实揭露日寇侵略中国的罪行，并到处宣传抗日救国。在一次记者招待会上，有人问他："日本有飞机大炮，中国凭什么抗日？"他拍着胸脯，愤然回答道："我们有热血，有四万万人的热血。中国人的愤激已经达到了极点，愿抱有宁为玉碎、不为瓦全的决心，誓死一战！"

1932年，上海"一二八"事变爆发后，吉鸿昌闻讯立即回国，寓居天津，秘密与中共华北政治保卫局联系。不久，吉鸿昌在北平加入了中国共产党，从而由一个爱国的旧军人转变为共产主义战士。

为了实现抗日救国的誓愿,吉鸿昌组织了民众抗日同盟军,发表"外抗暴力,内除国贼"的声明,收复了大片土地。但在国民党军队的围剿中,吉鸿昌不幸被捕。脱逃后又遭军统特务暗杀,受伤被捕。面对国民党的"军法会审",吉鸿昌正气凛然、义正词严:"我抗日,是打鬼子,救中国!我早已把生死置之度外!"

1934年11月24日,在刑场,吉鸿昌大地作纸,枯枝为笔,写下绝命诗:"恨不抗日死,留作今日羞。国破尚如此,我何惜此头!"(参见《美德诗文》)然后喝令执行官:"我为抗日而死,为革命而死,不能跪下挨枪,死后不能倒下,给我拿把椅子来!"接着又命令道:"到前面开枪!共产党员要死得光明正大,绝不能背后挨枪,我要亲眼看着蒋介石的子弹是怎样打死我的!"吉鸿昌牺牲时,年仅39岁。

面对外人,如何表明自己的身份,是衡量一个人是否爱国的一杆秤。近代以来,我们国家屡遭践蹋,国民饱受歧视。面对外人的歧视,有些人的脊梁骨塌了下去,甚至不肯坦白承认自己是中国人,直到如今,这样的人依然并非绝无仅有。只有像吉鸿昌那样,敢于堂堂正正地承认自己是中国人,并以之为骄傲,我们的国家才算是真正强大了起来。

赵一曼坚贞不屈

千百年来,女性身上似乎更多地积淀着柔弱的品性,但抗日女英雄赵一曼身上所体现出的豪气、侠气与面对死亡的镇定之气,却非寻常男子所能企及。

赵一曼,原名李坤泰,1905年生于四川省宜宾市白杨嘴村。她

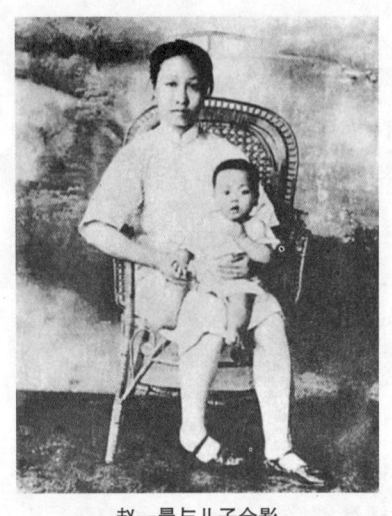

赵一曼与儿子合影

1926年加入中国共产党，1927年赴莫斯科中山大学学习，其间与陈达帮结婚。1928年她独自回国，不久生下一个男孩，取名"宁儿"，她一直带着孩子在上海等地从事党的秘密工作。1931年"九一八"事变后，赵一曼遵照党的指示到东北开展工作。临行前，她抱着儿子坐在高背藤椅上照了张相，怀揣这张照片，赵一曼踏上了北上的征途……

到达沈阳、哈尔滨等地后，赵一曼积极开展工人运动，并于1935年秋任抗日联军第三军第一师第二团政委。她带领战士们，与敌人展开了殊死斗争。

这年冬天，敌人发动大规模搜山，企图消灭赵一曼带领的抗日游击队。激战开始后，赵一曼一马当先，带领战士们向前冲锋，勇敢作战。可战斗开始不久，赵一曼腿上就中了弹，右腿被打断，露出了骨头。由于失血过多，赵一曼一头栽倒在雪地上，失去知觉，落入敌手。

残暴的敌人妄想用毒刑使赵一曼屈服，要她讲出抗日联军的情况。敌人用细钢丝把她吊起来，拿皮鞭毒打。赵一曼身上被抽打得皮开肉绽，钢丝勒进肉里，鲜血从手臂上流下来。面对酷刑，赵一曼两眼怒视敌人，痛骂不绝。接着，凶残的敌人又拿竹签朝赵一曼的指甲缝钉了进去。赵一曼始终咬紧牙关，忍住剧烈的疼痛，没有向敌人说出一个字。钉过两根竹签子，赵一曼就昏死过去。敌人呆呆地看着手里的竹签子，无奈地说："这人简直是块钢铁！"

赵一曼坚贞不屈，视死如归，日寇的企图一再落空。半年时间过去了，日寇想从赵一曼那里打开缺口的幻想破灭，于是决定对她下毒手。

1936年8月2日，赵一曼被日伪军押上开往珠河的火车。赵一曼清楚地知道此行意味着什么，她神态安详，面带微笑，迎接这最后的时刻。

1936年8月4日，赵一曼光荣牺牲，那年她只有31岁。

赵一曼是我们的英雄，她的坚强、她的倔强、她的勇气，都展现着巾帼英雄令人震撼的伟大与美丽。和平年代的我们，虽然不再需要面对酷刑，却同样需要坚强，比如面对危局、面对诱惑、面对挫折……

钱学森冲破阻力回祖国

我国著名科学家钱学森，年轻时是美国研究航空科学的最高专家冯·卡门的高足，是美国最早研究火箭的组织——加州理工学院火箭研究小组的五位成员之一。在美国期间，他的成就已经十分显著，在冯·卡门的指导下，火箭研究获得了巨大成功，为反法西斯战争的胜利做出了重要贡献。理论上，著名的"卡门—钱公式"由冯·卡门提出命题，由钱学森最后完成，是至今仍在航空技术研究领域广泛运用的一个公式。

鉴于钱学森的卓越才华和科研成就，麻省理工学院于1947年聘他为终身教授。当时，钱学森刚满36岁。在美国定居，且被聘为终身教授，这是许多人梦寐以求的事情，尤其是被聘为终身教授，这在美国是一个很高的荣誉，它预示着钱学森将拥有优厚的待遇和不可估量的前程。

钱学森远涉重洋回到祖国

然而,当钱学森得知中华人民共和国成立的消息后,顿时热血沸腾,狂喜不已。他想到的是:"我是中国人,我的根在中国。我宁愿放弃美国的一切,也不愿放弃自己的祖国。我应该早日回到祖国去,用自己的全部力量为新中国的伟大建设做出贡献。"

钱学森不仅自己想到回国,还诚恳地对中国留学生说:"祖国已经解放了,国家急需建设人才,我们要赶快把学到的知识用到祖国的建设中去。"

美国方面听说钱学森要回国,马上恐慌起来。他们敏感地意识到,一旦钱学森回到中国,他已经具有的专业技术以及他还未发挥出来的智慧,将很快使中国的科学技术获得高速发展。一位美国海军领导人对负责出境的美国官员说:"钱学森至少相当于五个师的兵力。我宁可把他枪毙了,也不让他离开美国。"

由于美国官方的重重阻挠,钱学森的回国计划一再落空。他甚至接到美国官方"文件"的通知,不准离开美国。此时,他的行李都已装上驳船,准备由水路运回祖国。但美国海关坚持说他的行李中,包括书籍和笔记本里,都藏有重要机密,并因此诬蔑钱学森是"间谍"。

更让钱学森想不到的是，没过几天，他突然被捕，关押在一个海岛上的拘留所里，受到了非人的折磨。比如，在夜里，屋子里的电灯每五分钟就开关一次。美国特工从精神上折磨钱学森，妄想使他禁受不住而妥协。钱学森的遭遇披露之后，很快引起了加州理工学院有正义感的同事和学生的同情，在他们的强烈抗议下，美国特工机关被迫释放了钱学森。

然而，美国当局对钱学森的迫害并未就此停止。他们限制他的行为，监视和检查他的信件、电话。尽管受到各种限制和刁难，钱学森的回国决心却没有丝毫改变。一天，钱学森和妻子到餐馆吃饭，钱学森特意同特工人员扯谈，特工认为在自己视线之内不会出什么问题，谁知钱学森的妻子已悄悄把一封渴望回国的信寄出了美国。

五年时间很快就过去了，在此期间，钱学森争取回国的正义斗争得到了世界各国主持正义的人们的支持，更得到了中国政府的极大关怀。周恩来总理亲自过问他的情况，并指示参加中美两国大使级会谈的中国代表，在会谈中提出解决钱学森回国的问题。1955年8月，这场外交斗争最终取得了胜利，美国政府被迫同意钱学森返回中国。

到达北京的第二天清晨，钱学森就迫不及待地和妻子领着两个孩子来到了天安门广场。看着天安门广场上高高飘扬的五星红旗，钱学森激动地说："我相信我一定能回到祖国。现在，我终于回来了！"

遭受诸多挫折、冲破重重阻碍回到祖国的钱学森，很快就一头扎进国防科研之中。他用毕生精力和才华，不断推出科研成果，为祖国的国防事业做出了巨大贡献，被誉为"导弹之父"。祖国也给了他最高的荣誉，授予他"国家杰出贡献科学家"的荣誉称号。

1949年新中国成立后，许多海外的华人科学家、艺术家和专家学者纷纷回到祖国，投身新中国的建设事业。钱学森，可以说是他们中的杰出代表。在祖国需要的时候，毅然放弃舒适的环境、优厚的待遇，投身国家的建设事业，这正是中华儿女的优秀品质。现在，我们的国家仍然需要大批的优秀人才，祖国呼唤留学海外的优秀人才回国，西部呼唤内地发达地区的优秀人才到那里去。响应祖国的召唤，我们义不容辞。

常香玉义演捐飞机

常香玉是一代豫剧大师，具有卓越的艺术造诣，早在20世纪50年代初刚满20岁时，就获得了"爱国艺人"的荣誉。常香玉在抗美援朝时期表现出来的爱国情怀，同样有口皆碑，备受赞誉。

1951年夏，常香玉决定利用半年的时间，与自己民营剧社的同人一起进行全国义演，用义演的收入捐献一架战斗机。消息一经传出，群情振奋。其中也有不少人将信将疑，他们认为靠一个仅有59人的民营剧社（其中还有从9岁到17岁的小学员），根本不可能在如此短的时间内完成这么大额的捐款。但常香玉主意既定，义无反顾地开始筹划义演。

常香玉为抗美援朝义演捐款，得到了各级政府的广泛支持。在出发前的欢送会上，常香玉代表剧社全体同人表白决心，她说："这次捐献飞机义演，宛似战士出征，不打胜仗绝不回还。"常香玉全力投入义演，她将三个孩子送到幼儿园，还卖掉卡车，拿出积蓄作为义演的基金。她为国奉献的精神，激励着剧社的每一位同人。

香玉剧社义演的第一个城市是河南开封。古城大为轰动，街谈巷议常香玉："她是抗战前在咱开封唱红的！""十几岁，她就为老家修石坝义演！"……

1951年8月下旬，常香玉的剧社转战郑州，演出期间，感人场面层出不穷。曾有一位老大娘,提一篮新鲜鸡蛋,千里迢迢来"看看常香玉"。常香玉要给大娘钱,大娘说:"闺女,我不是来这儿卖鸡蛋的!要卖鸡蛋,俺不用跑这么远。这是我老婆儿的心意,你得收下。你爱国,就不兴大娘爱爱你?"

香玉剧社在南方名城广州演出时,语言交流产生障碍,但没多久,两地人的情谊就很快得以沟通。演出期间,为了给剧社提供一切便利条件,有的剧场降低场租,有的则不要场租。还有一次换台时,十位搬运工人用大板车为剧社搬运戏箱,从午夜搬到黎明,给他们工钱时,工人们谢绝了。他们说,要是收捐献义演的钱,那就太没觉悟了。并且表示,下次换台,还由他们承担搬运任务。

经过在开封、郑州、新乡、武汉、广州、长沙六个城市长达半年的义演,在政府和广大人民群众的支持下,香玉剧社捐献金额达15.2万余元(折合新币),超额完成了捐献一架战斗机的任务。

1952年2月,常香玉率剧社演职员胜利返回西安,受到众多奖励及表彰。与此同时,新诞生的"香玉剧社号"战斗机,已在朝鲜上空搏击侵略者。

常香玉捐给志愿军的飞机

爱国不分先后，形式不拘一格。常香玉为抗美援朝义演，在中华大地上，奏响的是永远震撼人们心灵的爱国乐章。时下的赈灾义演、公益捐助等也都是爱国之举，和常香玉捐献义演异曲同工。"众人拾柴火焰高"，我们的国家需要群策群力，众志成城。

【贰】

为民服务 廉洁奉公

大禹治水利苍生

古时候,黄河水常常泛滥成灾。在上古尧帝的时候,中原一带经常洪水泛滥,淹没庄稼和房屋,百姓贫病交加、流离失所。尧帝四处求访治水的能人,后在众人的推荐下,他启用夏后氏的首领鲧(gǔn)治理洪水。

鲧办事果断,但刚愎自用。他只知道水来土挡,因而一味造堤筑坝,堵截洪水,结果总也治理不好。鲧治水用了九年的时间,直到舜继承帝位,洪水也没有消停,反而更加泛滥。舜帝大怒,下令革去鲧的职务,将他流放到羽山,后来鲧死在了那里,再没有回来。

面对奔腾的洪水,舜帝同样束手无策。他征求大臣的意见,看谁能治退洪水。大臣们说:"非禹莫属。他虽然是鲧的儿子,但德行修养大不相同。禹做事认真,为人谦逊,俭朴善良,而且智慧超常。"舜当即决定,派禹(后世多称"大禹")去治理泛滥的洪水。

大禹身负治水重任,父亲的死又给了他很大压力,因此,他下决心,一定要平复水患,拯救万民,完成父亲未竟的事业。

然而,怎样才能驯服洪水呢?鉴于父亲的教训,大禹决定用疏导的方法将黄河水引走。大禹毫不懈怠,新婚不久,他就毅然告别妻子,带着契、后稷等一批助手,各处考察水流地势。他们跋山涉水,风餐露宿,走遍了中原大地的山山水水。

大禹治水浮雕

大禹常常手拿准绳和规矩，小心谨慎地各处测量、察探，进而发动各地民众一起施工。每当一处水利工程开始的时候，大禹都和民众一同运石伐木，开河挖渠。整个浩大的治水工程，在风霜雨雪中缓慢而艰难地进行着。

一天，大禹正带人由甘肃积石山一路疏通黄河河道而下，走到黄河中游（今山西省河津市和陕西省韩城市交界地），有一座大山挡住了黄河的去路。大禹看到黄河水疏通不畅，水位逐渐升高，立即叫人将大山劈开一个豁口，黄河水立刻奔泻而出，畅通无阻，大禹即将此处命名为"龙门"。后世人为追念大禹，就把龙门称作"禹门口"。另外还有一处大山，大禹在那里凿了三道门，分别称为神门、鬼门、人门，这也就是今天著名的三门峡。大禹的足迹，可以说踏遍了黄河两岸，所到之处皆令水流畅通，无所阻碍，黄河水终于被制服了。

大禹前后共花了13年时间治理黄河，他人累瘦了，指甲磨秃了，脚底生了脚垫。其间，他曾"三过家门而不入"。有一天，大禹治水经过自家门前，听到妻子涂山氏生的儿子启正啼哭不止，可他没进去看一眼，狠了狠心，又奔向被水淹没的河滩。

大禹的使命顺利完成。舜帝见昔日淹没的山陵露出了伟岸的轮廓,荒弃的农田孕育了丰满的粮仓,百姓也都重建屋舍,过上了幸福生活,激动万分。他召见大禹,让他谈谈治水之道,大禹却谦逊地说:"这不是我一个人的功劳,我只是采纳了众人良好的建议而已。"舜帝大喜,他知道自己有了一个不可多得的贤才,于是便把部落首领的位置禅(shàn)让给禹。

大禹治理洪水、为民造福的功劳,以及他个人高尚的品质、质朴的作风,博得了世人的尊敬和爱戴;同时,这种无私奉献的美德,更滋润着世世代代的中华儿女。如今,我国还有不少江河,每逢雨季就会发生水患,威胁人民的生命财产安全,防洪抗洪依然任重道远。在历次抗洪斗争中,我们的人民子弟兵都是冲锋在前、全力以赴,其间涌现出了无数可歌可泣的英雄事迹,他们是时代的骄傲,是我们的典范。

周公吐哺,天下归心

周公姓姬,名旦,是西周初期杰出的大臣。因采(cài)邑在周,爵位是上公,故称"周公"。他曾两次辅佐周武王东伐纣王,并在周成王年幼时摄政七年;他最为杰出的贡献是制作礼乐,因此成为中华文化的首创者之一。

周公是周文王姬昌的第四个儿子,周武王姬发的弟弟。文王在世的时候,周公非常孝顺,忠厚仁爱,胜过了其他兄弟。武王即位后,仍然以太公望(姜尚)为国师,以周公为辅相。周公经常辅佐兄长处理政务,成了武王最为得力的助手。无论军国大事,还是其他疑难小事,武王总是与周公一起商讨。

商朝末年,周武王受父亲周文王之命,举兵讨伐商纣王,灭亡商朝，随后建立了周王朝，定都镐（hào）京（今陕西省西安市西南），史称"西周"。

就在周王朝建立的第二年，周武王不幸去世，武王之子继位。当时，新王朝建立不久，社会动荡不安，政权也没有得到完全巩固，加之周成王尚在襁褓之中，新生的周王朝处于摇摇欲坠的境地。在这危急关头，周公挺身而出，开始摄政——代替周成王行使天子的职权。

周公执掌大权后，一心扑在国事之上，勤劳治国，谦恭待人。然而，他的忠心并没有得到众人的认可。因为此时，周朝的王位继承制度，刚刚从商朝的"兄终弟及"改为"父死子继"，所以很多人认为周公是在沿用商朝旧法，企图借机夺取王位。

在这些反对者中，意见最大的是周公的三哥管叔。他认为即使按照"兄终弟及"的老方法，王位也应该由自己来继承，根本轮不到周公，因此感到十分不满；周公的弟弟蔡叔也这样认为。于是，他们四处散布流言蜚语，中伤诋毁周公。这些流言传到宫中，成王也惶恐不安。于是，周公告诉三朝元老太公望、武王异母弟召（shào）公奭（shì）说："武王早逝，成王年幼，只是为了完成稳定周朝的大业，我才这样做。"太公和召公非常理解周公的良苦用心，决定支持他协力辅助成王。

武庚是商纣王的儿子，虽然仍被新王朝封在原来的国都为侯，但亡国之恨未消，一直在伺机叛乱。此时，他得知周王室贵族之间不和，成王又年幼无知，便与管叔、蔡叔勾结，并联合淮夷，密谋反叛。

叛乱的消息传到周都镐京后，周公立即调集人马，兴师讨伐。经过几个月的作战，终于打败了叛军，杀了武庚。管叔走投无路，悬梁自尽。蔡叔无可奈何，投降认罪，周公不忍心杀他，便将其削职为民，流放在外。

接着，周公继续东征，三年间灭亡的小国有50个左右，从而使周王朝由一个西方"小邦国"，成为一个东至海滨、南至淮河、北至辽东的泱泱大国。其中被灭掉的一个邦国名叫"奄"，曾经是伙同武庚叛乱的急先锋。朝廷分封周公长子伯禽于奄国故土，沿用周公最初封地"鲁"的称号，建立鲁国，国都为曲阜。

平叛及东征以后，为了加强对东方的控制，周公建议周成王迁都洛邑（今河南省洛阳市），同时把战争中俘获的大批商朝贵族即"殷顽民"迁居洛邑，派召公在洛邑驻兵八师，对他们加强监督。

武庚和奄国、淮夷的叛乱，表明重要地区不能再用旧的氏族首领，必须分封周族中最可信赖的成员，到国都的周边拱卫王都。因此，定都洛邑后，周公开始实行封邦建国的方针。他先后建置71个封国，把武王的15个兄弟和16个功臣，分到封国去做诸侯，以作为捍卫王室的屏藩。另外，在封国内普遍推行井田制，将土地统一规划，巩固和加强了周王朝的经济基础。

周公执政的第五年，正式开始大规模营建洛邑。由周公主持营建的洛邑，被称为"成周"或"新邑"等，是一座规模宏大的都城。城内的主要建筑有太庙、宗庙（文王庙）、考宫（武王庙）、路寝、明堂等"五宫"，还有"内阶、玄阶、堤唐、应门、库台、玄阃（kǔn）"等不同的通道。经过一年左右的时间，新都建成。

成周洛邑建成之后，周公召集天下诸侯，举行盛大庆典。在这里，周天子正式册封天下诸侯，并且宣布各种典章制度，谋划王朝的长治久安。早在摄政的第三年，周公就曾想过制礼作乐，但时机不成熟。洛邑建成后，周公开始致力于礼乐的制作，从而制定出一整套礼乐制度。各诸侯国都要遵从这套礼乐制度，这就是所谓的"礼乐征伐自天子出"。

摄政的第六年，周成王已经逐渐长大，周公决定还政于成王。

营建洛邑（洛阳周公庙壁画）

还政之前，周公作《无逸》，以殷商的灭亡为前车之鉴，告诫成王要体会"稼穑之艰难"，不要纵情声色、耽溺安乐。第七年，周公"还政成王，北面就臣位"。

周公致政后，主要精力用于制礼作乐，继续完善各种典章制度。他把"礼"原本"事神致福"的意义淡化，从规定不同身份的人应该遵行的礼仪出发，最终完成了一整套宗法等级制度，以及相应的礼乐规范。这套礼乐制度，可以说影响了后世几千年。

周公一生的功绩，《尚书大传》概括为："一年救乱，二年克殷，三年践奄，四年建侯卫，五年营成周，六年制礼乐，七年致政成王。"在这七年里，周公勤于政事，呕心沥血，功莫大焉。史籍记载他曾自言："吾文王之子，武王之弟，成王之叔父也；又相天下，吾于天下亦不轻矣。然一沐三握发，一饭三吐哺，犹恐失天下之士。"为了接待天下之士，周公有时洗一次发，吃一顿饭，都要中断数次。因此，曹操的《短歌行》，有"周公吐哺，天下归心"之句。

汉初文士贾谊评价周公说："文王有大德而功未就，武王有大功而治未成，周公集大德大功大治于一身。孔子之前，黄帝之后，于中国有大关系者，周公一人而已。"就历史看来，这话说得不算过分。

在国家危难的时候，不避责难挺身而出，担当起王的重任；当国家转危为安，走上顺利发展之路的时候，毅然让出王位，这种无畏、无私的精神，体现在周公身上，称道在后人口中。为了国家，周公勇于任事，不计个人名利得失，实属难能可贵。浅见的人们以为，正人君子总是应该"避嫌"的，不要让别人说出自己的闲话来，但"避嫌"不能"避事"，尤其是不能"避难"——国家需要，国家危难，你还躲在一边"避嫌"，清高倒是清高了，可社会要这种"正人君子"何用？因此，孔、孟称赏柳下惠，因为他遇到不怎样的国君，也不引退，而是坚持在岗位上。两位夫子以为，既然国家已经碰上了昏庸国君，德才兼备的人又都隐退而去，那老百姓怎么办？这时候，正需要德才兼备的臣子，为国家做好事，为百姓谋福利。这一点，柳下惠做到了；周公做到了，而且谋之长远。

晏婴设身处地为民着想

春秋时期，齐国大夫崔杼（zhù）杀死齐庄公后，立即拥立庄公的异母弟杵臼（chǔjiù）继位，此即齐景公。齐景公刚即位，就任用崔杼为右相。此时的齐国，朝政混乱，君臣昏庸，奢侈无度，贵族剥削残酷，百姓生活痛苦不堪。

后来，历任灵、庄、景三朝，前后执政50多年的晏（yàn）婴受命担任正卿。晏婴为人正直，以勤俭力行、谦恭下士、关心民事而著称。担任齐景公正卿后，晏婴经常在齐景公身边竭力劝谏，使豪奢极欲的齐景公稍微有了些收敛。

有一年冬天，天气非常寒冷，鹅毛般的大雪铺天盖地接连下了三天三夜。早晨，齐景公身穿裘（qiú）皮大衣站立在窗前，望着窗外皑皑（ái）白雪，禁不住高兴地对身边的晏婴说："今年的天气真奇怪，下了这么长时间的大雪，还一点也不觉得冷。这景致实在美极了，要是再多下上几天，那该有多好啊！这么一来，就可以多欣赏几天好景致了。"

晏婴画像

听了齐景公的话，晏婴若有所思，过了好一会儿，他终于开口说道："冬天的景致确实很美，但对于很多人来说，却是一种再残酷不过的景致。在这种天气里，景公您之所以不感到寒冷，是因为您身上穿着温暖舒适的裘皮大衣，室内又有熊熊燃烧的炉火。我经常听人家说，贤明的君主，在吃饭的时候总会想到自己的子民是不是还有人在挨饿；穿暖和衣服的时候，总会想到自己的子民是不是还有人在受冻。这样才能做到设身处地为民着想。"

齐景公听了晏婴的话，一下子面红耳赤，不好意思起来。从此，他再也不在晏婴面前赞赏冬天的景致了。

在当今社会，人与人之间缺少的就是设身处地为他人着想这一品质，人们太习惯于自以为是，太喜欢把自己的意志强加给别人。如果为官者都能像晏婴那样，设身处地为民着想，而不是搞面子工程，大家也就会生活得更加融洽舒心，我们的社会也一定会更加和谐繁荣。

子罕以不贪为宝

子罕名乐喜,是春秋时期的宋国人。他位列六卿,担任司城(即"司空"),主管城市建筑和车服器械的制造。

如同今天一样,工程、制造的长官是个肥差。为了承包工程、获得订单,总是有人会用钱财疏通关节,从而给自己打开方便之门。不过,社会上一般人的这一套,在子罕那里却根本行不通。

有一次,一个负责开采山石的石工,带着一块美玉来到子罕家,声称这块美玉是自己开采石头时得到的,并说自己是庸俗之辈,不懂欣赏高雅之物,所以决定献给子罕。

子罕一见之下,却毫不动心。石工以为子罕不识美玉,就明白无误地告诉他:"我曾拿这块美玉让玉器匠人鉴别,匠人经过仔细鉴别,断定这块美玉是真正的宝物,我这才敢冒昧地献给您。"

子罕说:"我以廉洁不贪为宝,你以玉石为宝。如果你把玉石献给了我,那我失去了廉洁,你也失去了玉石,咱们两人就都丢掉了自己的宝物。与其咱们都有所失,还不如你将玉石拿回,我把廉洁保持下来,这样,咱们就都拥有了自己的宝物,这不很好吗?"(子罕曰:"我以不贪为宝,尔以玉为宝。若以与我,皆丧宝也,不若人有其宝。"——《左传》)

石工听子罕这么一说,连忙跪下行礼。原来,这位石工并非行贿,而是有其苦衷。他说:"我是个小小老百姓,藏着这么贵重的宝物,实在不安全,献给您也是为了自家的平安啊!"

得知石工的苦衷,子罕把他安置在自己居住的乡里,派玉人替他雕琢、加工,使这位石工富裕后,才让他回到自己的居所。

古时候的老百姓,大多靠天吃饭,一旦遇上旱涝灾害,就可能食不果腹。郑国发生饥荒，担任上卿的子皮，给国人分发了粮食，得到了郑国百姓的拥护。宋国发生饥荒后，子罕也号召大夫们把粮食借给百姓，而他自己不仅借粮给百姓不要借据，还以缺乏粮食的大夫的名义借粮给百姓。因此有人认为，子罕施舍灾民而无须知恩报德，显然比子皮高出一筹。

像子罕这样的好官，才拥有世界上最为珍贵的宝物——廉洁不贪。他们的宝物，不论于己、于国、于民，都是无价的。他们清廉自守的高尚品格，让黎民百姓肃然起敬，让行贿者望而却步。历史将永远地记住并颂扬他们。

当今社会，行贿索贿之风屡禁不止，从政府到企业，甚至学校这个堪称圣洁的地方，也被肮脏的腐败之风玷污了。面对这种伤痛人心的现象，我们应该像子罕那样，以不贪为宝，杜绝不正风气玷污我们纯洁的灵魂。

斗子文三辞令尹

斗（dǒu）子文是春秋时期楚国的大臣，在楚成王时担任令尹（língyǐn）。"令尹"是楚人对丞相的称谓，因而斗子文也被称为"令尹子文"。斗子文才能出众，公道无私，清正廉洁，是楚国历史上著名的贤相。

斗子文的父亲是楚国贵族斗伯比，但斗子文却并非斗伯比亲生。原来，斗子文刚一出生，便被亲生父母丢弃在了荒郊野外。幸亏斗伯比的岳父路过，捡了回来，送给女儿、女婿抚养，斗子文才留住了性命。

小的时候，斗子文锦衣玉食，生活十分优裕。他天资聪颖，勤奋好学，日复一日，年复一年，终于学有所成。楚成王对满腹才学

斗子文塑像

的斗子文赏识有加,将他请入朝中,拜为令尹。

斗子文勤于政事,廉洁奉公,堪称典范。当时的楚国正处于困难时期,为解决燃眉之急,斗子文"毁家纾(shū)难",把自己的家财都献给了国家,还动员整个家族像他一样。他"未明而立于朝,日晦而归食。"("不等天明就赶到朝堂工作,直到傍晚才饿着肚子回家。")楚成王听说斗子文每天饿着肚子治国理政,不胜感动,于是下令每天给他准备一份"工作餐"——一束干肉、一筐干粮,好让他能填饱肚子。久而久之,这竟成了楚王宫廷中一条不成文的制度。

斗子文清正廉洁,从不擅用权力,从不贪污受贿。虽然官居令尹,可斗子文家里却"朝不谋夕,无一日之积"——没一天有过积蓄,家人生活可谓"朝不保夕"。楚成王看不过去,又知道斗子文肯定不会接受增加俸禄,于是决定找理由给他"发奖金"——赏赐。斗子文总不能拒绝国君给予的赏赐吧?没想到,只要楚成王有赏赐,斗子文就悄悄躲了起来,怎么也找不到。结果一大堆事情需要处理,楚成王只好取消赏赐。

许多人无法理解，于是有人对斗子文说："人生求富，而子逃之，何也？"（"人生就是追求财富，可你总是逃避，这是为什么？"）斗子文回答说："从政者，以庇民也。民多旷者，而我取富焉，是勤民以自封也，死无日矣。我逃死，非逃富也。"（"从政的人，目的是要庇护民众，为他们谋求福祉。大多数人穷困的时候，自己却只顾发财，这叫苦人民、肥自己，这样下去，死期就快到了。我是逃避死亡，不是逃避财富啊！"）

在法律面前，斗子文却执法如山，不庇护任何人。在斗氏家族里，有人违犯国法，逮捕之后，廷理（司法官员）听说犯人是令尹子文的族人，又连忙放了。斗子文知道后，立即把廷理叫来，严厉批评说："你抛弃国法，违背君令，擅自放掉犯人，就是执理不端正，存心不公平。"并解释说："你顾忌我的面子放了犯人，这等于是在国人面前展示我的私心。掌握一国权柄，却被人在背后骂我有私心，这样活着还不如死了的好。"接着，斗子文命令手下武士把犯人抓来，当面交给了廷理，廷理也严格依照国法处罚了犯人。

楚成王听到这件事后，不等穿好鞋子，就连忙赶到斗子文家里，向他表示歉意，说："我任用的廷理有法不依，这是我的失察。"接着，楚成王罢免了廷理，更加重用斗子文，让他参与宫中事务。国人听到斗子文铁面无私、大义灭亲的事迹后，作歌赞美道："维护国家法纪，不讲私人感情，处事严明谨慎，为人方正公平。"

在斗子文的不懈努力下，楚国欣欣向荣、蒸蒸日上。可就在这时，斗子文却提出要辞职。楚成王大感不解："我又不是不信任你，你又何苦这样呢？再说，国家也不能没有你呀！"斗子文却说："您的知遇之恩，我没齿不忘。我之所以抛家舍业追随您，不就是为了国家的今天吗？这其中，固然有我的一份功劳，但如果没有全国上下的共同努力，靠我一人是说什么也不行的。现在，有人立了大功，国家不能够给予重赏，以后谁还给国家卖力呢？"

原来，斗子文早已有了替代自己的人选，而这都是他平时默默观察、考验的结果。楚成王心有不愿，但斗子文坚持不懈，无奈之下只得同意。斗子文也没有一走了之，而是把自己多年做令尹的经验教训，向接班人倾囊而授。等到有一天，国家需要他重返岗位时，斗子文又即刻受任于危难之际；而到天下太平、百姓安居时，他就再次引退。在斗子文的有生之年，这样的情况往复了三次。

一国丞相，"未明而立于朝，日晦而归食；朝不谋夕，无一日之积"，这似乎有些不可想象，却是真的发生了。"毁家纾难"，也许不难；三辞令尹，却不那么容易。身居高位，干得好好的，又深得君上的信任、民众的拥戴，没几个人肯于引退，把位置让给别人。这些人会冠冕堂皇地认为是国家需要自己，民众需要自己，其实，不过是留恋权位而已。令尹子文诸多方面的所作所为，真的足够后人深长思考、体会的。

田稷勇于退贿改过

田稷（jì）是战国时期齐国的相国，他办事认真负责，深得齐王的信任。齐王任命他统领百官、总揽政务，官高权大，于是总有人偷偷给他送去贿金，以期得到他的格外照顾。

一天，田稷手下的一名官员给他送来黄金百镒（yì）。这的确是个不小的数目，面对这突如其来的诱惑，田稷颇有些抵挡乏力，经历一番心理纠结，还是收下了。

母亲一见这么多金子，十分吃惊，急忙询问金子的来由。田稷是个孝子，他不想欺瞒母亲，便将受贿一事和盘托出。母亲听后，气不打一处来,教训他说:为官就应该清正廉洁,不能见钱眼开,而应该注重自己的道德修养,要有高尚的行为,不应该收受不义之财。母亲越说越生气,最后竟要把田稷赶出家门。

田稷受到母亲的严厉训斥,感到十分羞愧和自责,急忙原数归还了金子,随后又主动跑到齐王面前去请罪,声称自己犯了死罪,请求处以极刑。

齐王不知何故,忙问:"爱卿犯了何罪,要自请处死?"

田稷答道:"臣下无德,一时糊涂,收受属下贿金百镒。回家交与母亲,母亲痛斥臣下为官不廉,不再认臣为子,将臣逐出家门。臣自感罪孽深重,无颜再见母亲。大王信任臣下,对臣下委以重任,臣下却见钱眼开,愧对大王。所以,请大王重责臣下,以正国法,以严家规!"

齐王闻听此言,对田母家教有方敬佩有加,原谅了田稷的错误,说他知错能改,不再追究。同时,为了表彰田母的义举,齐王还动用国库的金子赏赐了她。齐国人听说这件事后,都称赞田母是位好母亲,也都称赞田稷勇于自责、知错就改的行为。

"知错能改,善莫大焉。"我们不是圣人,不可能不犯错误;特别是青少年,阅历不丰富,经验不足,所以过失、错误难以避免。关键是当我们有过失、犯错误的时候,能够勇于承认,乐于改正,这才是我们应该具备的美德。同样,我们还应该赞扬田稷的母亲,多一些这样的母亲,就会多一些品德高洁走正道的人,少一些品德低劣走歪道的人。

萧何忠心为国

萧何是西汉初年的名相,也是"汉初三杰"之一(另外二杰是

《萧何月下追韩信》(京剧剧照)

张良、韩信)。他是江苏沛县人,汉高祖刘邦的老乡。早年间,他曾担任秦沛县狱吏,后来随从刘邦起兵,投入反秦战争。

公元前209年,刘邦攻克咸阳,诸将全都忙于争夺金银财宝,萧何却视金钱如粪土,忙于收集秦朝丞相、御史大夫府中所藏的律令、图书,这使刘邦得以掌握全国户口、民情和地势,对日后制定政策和取得楚汉战争的胜利起到了重要作用。

刘邦被封为汉王后,萧何劝说刘邦以巴蜀为基地,与民休息,招纳贤才,然后还定三秦,再与项羽争夺天下,并荐举韩信为大将军。楚汉战争时,萧何以丞相专任关中事,使关中成为汉军的后方基地。楚汉相持于荥(xíng)阳、成皋时,刘邦屡遭挫败,死伤惨重,军中缺乏兵卒粮饷,萧何及时调遣关中兵卒驰援,并漕运供给军需,保证了前线兵员粮饷的供应,促使战局发生了根本转机。因此,刘邦称帝后,以萧何功劳最高,位次第一,食邑八千户,并分封其父母兄弟十余人。

在辅佐刘邦打天下、建立刘汉王朝的过程中,萧何"镇国家,抚百姓,给馈饷,不绝粮道",在百姓和军士中有着很高的威望。刘邦嘴上称萧何"功不可望",却对忠心秉正的萧何总是心怀猜疑,担心萧何威信太高而威胁到自己的皇位。

萧何看出了汉高祖刘邦的心思,就把家族中的很多子弟送到刘邦帐下听用，一是回避近亲之嫌，二是取得刘邦的信任。刘邦也因此减少了对萧何的猜疑。

后来，刘邦以莫须有的罪名杀了功高震主的韩信，接着又给萧何加封食邑五千户。萧何多次辞谢封赏，刘邦不允，但萧何坚持献出封赏的资财以助军用。刘邦深恐萧何有二心，又派都尉带领五百名士卒守卫萧何宅院，明里是恩宠有加，暗里是监视严防。即便这样，萧何仍襟怀坦白，一如既往，精心辅佐刘邦治理国家。

这时，许多好心的亲朋再三提醒萧何，不要再勤勤恳恳为民着想、为民办事，以免刘邦认为他是在取信于民、图谋不轨，最后像韩信那样遭受灭族之灾。萧何这才不得不像贪得无厌的地主，故意挖空心思多弄些土地，低价购进，强赊（shē）慢还，人为地造成一些坏名声，好让刘邦放心。刘邦见萧何只注意小财小利，没有把心思用在夺权上，心里暗暗高兴。

刘邦死后，萧何仍以国事为重，并一心一意辅佐汉惠帝刘盈执掌朝政。萧何临终前，惠帝欲选丞相，征求萧何意见，问道："曹参怎么样？"曹参是武将出身，战功卓著，封赏多在萧何之下，对萧何非常不服，也常有针对萧何的怨言。但萧何出于忠心，虚怀若谷，顿首说："皇上以曹参为相，萧何死了也无遗恨了！"

萧何为了国计民生，忠心耿耿，虚怀若谷，忍辱负重，为汉王朝的稳定和发展做出了重要的贡献。在现实生活中，我们未必会有萧何那种为相辅国的机遇，但他一心一意为国家着想，不计私人恩怨的行为，还是有机会可以效仿的。

杨震拒不收礼

东汉时期的杨震，不仅学问渊博，时人誉之为"关西孔子"，更难能可贵的是,他为官廉洁,两袖清风。

杨震少年时就很好学,他博览群书,通晓经术,当时的儒生称赞他为"关西孔子杨伯起"(杨震字伯起)。杨震一直以学问为乐,几十年都不应州郡的礼聘,不去做官。很多人认为他年纪不小,应该出去做官了,可杨震依旧醉心学问,无意仕途。

直到50岁时,杨震才开始在州郡任职。大将军邓骘(zhì)听说杨震是位贤士,便推举他为茂才。几次升迁后,杨震先后担任了荆州刺史、东莱太守。

调任东莱(今山东省龙口市古称)太守时,杨震从京城洛阳出发,一路上轻车简从、毫不张扬。途经许多州县,杨震都是住在路边小店。谁也不会想到,这个普普通通的老人,竟然会是朝廷的重臣。

一天,杨震一行途经昌邑(今属山东省潍坊市),正赶上傍晚时分,便找了间小客店住了下来。不一会儿,忽然听见店里人声嘈杂。店主慌忙来报,说是县太爷王密要把杨震一行人接走。

位于陕西省渭南市的"四知先生"杨震塑像

王密何许人也？原来，在做荆州刺史时，杨震发现当地有个叫王密的读书人，学问渊博，才华出众，认为他才堪大用，于是就向朝廷举荐了他。后来经过考核，王密被任命为昌邑县县令。

王密听说杨震路经昌邑，一心报答当年举荐之恩，于是特来接杨震前往县衙。杨震推托不过，只得坐上王密带来的官轿，进了县衙。

在县衙里，王密亲自端茶递饭，对杨震照顾得无微不至。夜深之时，王密奉上黄金十斤，低声说："为了感谢恩师的知遇之恩，特奉薄礼，不成敬意，请您收下，在路上使用吧！"

杨震说："你我已经是老朋友了，老朋友懂你，你为什么不懂老朋友呢？况且朝廷已经三令五申，不准大臣外出收礼，难道你不知道这个规定吗？"

"规定我是知道的，可眼下哪个当官的不收礼？况且现在是深夜，没有人会知道的。"王密说。

杨震严肃地说："天知，地知，你知，我知。明明有这'四知'，怎么能说没有人知道呢？再说，以为别人不知道就宽容自己，你太让我失望了。"

王密听了恩师的话，惭愧得面红耳赤，赶忙包好金子，匆匆离去。

后来，杨震转任涿郡（今河北省涿州市）太守。在任内，他公正廉明，从不接受私人请托。他的子孙蔬食徒步，生活俭朴。一些老友和长辈，建议杨震为子孙置些产业，杨震却说："让后世的人称他们为清白官吏的子孙，不是很好吗？"

法律和纪律是外在的强制性约束，而一个社会的良好运行，除此之外，还需要社会成员的自觉、自律。杨震的"四知"精神，是自制自律美德的集中体现，我们在现实生活中也应该像他一样严格要求自己,人前人后一丝不苟,力争做到仰不愧于天、俯不怍于地。

梁鸿、孟光以俭为美

东汉时期,长安附近的平陵县,有个名叫梁鸿的书生。梁鸿家境十分贫寒,父亲去世,无力装殓,只好用一领草席裹了匆匆安葬。

梁鸿聪明好学,刻苦勤奋,通过层层选拔,被推选到了当时的最高学府"太学"。在太学里,他学习刻苦,饱读群书,通晓经籍,却不肯著述;同时,他还修养品德,注重节操,赢得了人们的尊敬。

学成以后,梁鸿因为家世衰微,无人举荐,不能入朝做官,于是就自愿到上林苑去放猪。其间有一次不慎失火,蔓延到了别的房屋,梁鸿找到受灾的人家,问其损失如何,然后用全部的猪来赔偿。那家主人认为太少,梁鸿便说:"我没有别的财产,情愿做工来抵偿。"梁鸿在那家人家里做杂务,早晚从不懈怠。邻居的老人见梁鸿不是平常之人,便责怪那家主人,称赞梁鸿忠厚老实。那家主人也觉得梁鸿很特别,心生敬佩,要把猪全部还给梁鸿。梁鸿不肯接受,随后离开那里,返回了家乡。

梁鸿学问渊博,节操高尚,当地有势力的人家都争着要把女儿嫁给他。可梁鸿都予以谢绝,因为他希望找到一个情投意合的人做自己的终身伴侣。

恰好,同县孟家有个女儿,生得相貌平平,但聪明贤惠、知书达礼,上门提亲的人也不少。孟家颇为富有,财主孟老爷诸事不愁,就是操心女儿的婚事。每次有人来提亲,征求女儿的意见时,她都不肯点头。而此时女儿年纪已经不小,别人家这么大的女子早已结婚生子。

一天,孟老爷问女儿:"你都已经30岁了,难道就这样下去,一辈子不嫁吗？"女儿回答说："除非有像梁鸿那样的人，我才嫁他。"原来，这位孟家女儿看不惯富家公子骄横奢靡的作风，却非常欣赏梁鸿的品德修养，觉得他才是自己心目中的丈夫。

梁鸿听闻孟家女儿的品行和愿望，觉得合意，便央人上门提亲。孟家一见正合女儿心意，也就毫不犹豫地答应了。成婚之前，孟家女儿请求家里准许，亲自制作了布衣、麻鞋，以及纺织、搓绳用的工具。

等到出嫁，孟家女儿梳妆打扮一番，嫁到了梁家。谁知新娘到家之后，梁鸿一连七天都没有理睬。孟家女儿不明真相，便跪在床下请问丈夫，自己哪里做得不对。梁鸿直言不讳地说："我想要的是一个生活俭朴、粗茶布衣的妻子，和我一起隐居深山，男耕女织。而你现在绫罗绸缎、涂脂抹粉，这哪里是我希望的样子啊！"

听到这里，孟家女儿才微笑着对梁鸿说："我只不过是看看你的志向罢了。隐居的麻鞋布衣，我早已准备在身边了。"于是随即进到里屋，把头发梳成了普通妇人的椎髻，换上了粗布衣服，做着女人的活计来到梁鸿的面前。梁鸿非常高兴，说："这真是我梁鸿的妻子啊！"于是给她取名"孟光"，字"德曜（yào）"。

梁鸿、孟光雕像

过了不久，孟光说："常听先生想隐居避患，为何现在还不行动？难道要如此苟且偷生？"梁鸿早有此意，于是夫妻一起隐居霸陵山中，过着耕耘织作、诵书弹琴、互敬互爱的幸福生活。

后来，梁鸿、孟光夫妇到了吴地，依附当地的大家族，住在人家的厢房里，以受雇为人舂（chōng）米为生。每当梁鸿劳作回家时，孟光总是已将饭菜备好，并且恭恭敬敬地送到梁鸿跟前。为表示对丈夫的尊敬，孟光总是低着头，举案齐眉——把放置饭菜的托盘举得跟自己的眉头一样高。梁鸿同样也是毕恭毕敬地双手接过托盘。

俭朴是中华民族的传统美德。尽管现在物质生活已经相当丰富，但生活的俭与奢关系到一个人的人生志向，养成俭朴的习惯依然是成大事者的必备要素之一。况且今天的世界，环境日趋破坏，资源日益枯竭，人类生存境遇日渐恶化，青少年应该继承和发扬先辈俭朴的美德，并使它成为生活中的一种习惯之一。

诸葛亮鞠躬尽瘁

汉朝末年，天下扰攘，战乱不断，民不聊生。在各地方势力的争斗中，曹操、孙权、刘备三大势力脱颖而出，逐渐成为那个时代的主角。在这一过程中，诸葛亮不仅协助刘备奠定了蜀汉"三国鼎立"之一足的地位，而且为蜀地的发展做出了卓越贡献。

诸葛亮博学多才，满腹经纶，但直到27岁，他一直在家乡南阳"躬耕垄亩"，没有出仕。后来，刘备三顾茅庐，他才出来做官。此后，为报答刘备的知遇之恩，诸葛亮一直辅佐刘备，攻城略地，扩大势力。

不过，躬耕垄亩的诸葛亮，却对天下大势了然于胸。在隆中对策中，诸葛亮口讲指画，建议东联孙吴，西据荆、益，南和夷、越，

诸葛故里的诸葛亮塑像

北抗曹氏，待机进图中原，为刘备集团制定了总的发展战略。

208年，曹操南伐，诸葛亮和江东周瑜、鲁肃共同努力，并亲至东吴游说，促成孙权、刘备的联合，取得赤壁之战的胜利。随后，又辅助刘备取荆州四郡，获得了立足之地。之后，又从荆州率军溯长江入蜀，协助刘备包围成都，推翻刘璋统治，夺得益州（治成都），奠定了蜀汉政权的基础。此后，刘备率军出征，诸葛亮则镇守成都，稳定后方，保证供给。

关羽被东吴杀害之后，刘备为了给兄弟报仇，不听劝阻，率军东进，结果大败而归。在白帝城，刘备临终托孤，嘱咐诸葛亮继续辅佐儿子刘禅，诸葛亮欣然应允，决心不负重托。

刘备去世，刘禅继位之初，蜀汉内外交困，动荡不安。诸葛亮以自己的智慧和勤劳，将大情小事一一化解。此外，他还牢记刘备嘱托，决心壮大蜀汉，兴复汉室。为了巩固后方、抗拒曹魏，他五月渡泸、平定边患，六出祁山、抵御司马。

担任丞相的诸葛亮,不仅处理军国大事,也留心行政庶务,忙得不可开交。有人就曾劝他:"您太累了,任何事情都要亲自过问,那岂不是要精疲力竭了吗?"诸葛亮回答说:"先帝待我恩重如山,如果我不尽心为国家出力,就对不起先帝的信任和器重了。"

诸葛亮坚持与孙吴的联盟,并多次进行北伐,虽苦心筹谋,企图消灭曹魏、恢复汉室,但都因力量相差悬殊,屡遭挫败,未能成功。建兴十二年(234),在最后一次北伐中,诸葛亮在五丈原病逝。就这样,诸葛亮日夜劳累,日积月累,终于耗尽了全部心血和精力,为国家献出了生命。

刘禅得知诸葛亮病逝,不禁想起北伐曹魏前,诸葛亮曾上奏表章——即后人称道的《后出师表》,分析了当时局势,表明自己忠心为国的坚定意志。《后出师表》中有曰:"臣鞠躬尽瘁,死而后已。"果然,诸葛亮为国操劳,病逝军中。刘禅十分感动,便遵从诸葛亮的遗愿,将他安葬在定军山,赐谥"忠武侯"——后人便称诸葛亮为"武侯"。

"鞠躬尽瘁,死而后已",是诸葛亮一生的生动写照。这种兢兢业业、忠君爱国的高风亮节,成为后世人臣的典范,众人学习的楷模。今天,时代不同了,没有了封建帝王,但热爱祖国、忠于人民、恪尽职守等,依然是我们每个人必备的美德,是国家强大、人民富足的根本所在。为国家、为人民,我们也应当"鞠躬尽瘁,死而后已"。

吴隐之不惧"贪泉"

吴隐之是东晋时期人,他虽然家庭贫穷,但志存高远,勤学好问,学富五车,而且品德高洁,甘贫乐道,孝亲敬长。邻居韩康伯的母亲，经常对儿子念叨："你若是当了官，就要举荐吴隐之那样的人。"

后来，韩康伯当了吏部尚书，便推荐吴隐之担任辅国功曹。当时，吴隐之的兄长吴坦之是袁真功曹，袁真被桓温打败，吴坦之被俘，面临杀头之危。吴隐之拜见桓温，请求以自己之身赎兄之罪。桓温认为吴隐之是难得的忠义之士，不仅放了吴坦之，还奏请吴隐之做了晋陵郡太守。

在晋陵（今江苏省常州市）为官时，吴隐之从不接受任何人的一点礼物。朝廷给他的俸禄，除了用来维持家人生活，他还要接济生活困难的族人。为了节约开支，他处处精打细算，不仅平时很少吃肉，还让妻子自己织布缝衣；在街上买了烧火的劈柴，也是自己亲自背回家里。有一年冬天，天寒地冻，吴隐之夫妻俩竟然连一床厚棉被也没有。女儿出嫁，因为没钱置办嫁妆，吴隐之忍痛把一条心爱的小狗拉到街上卖了，才勉强置办了一些简单的嫁妆。

隆安年间（397—402），简文帝听说吴隐之清正廉洁，又将他提升为广州刺史，希望他革除岭南的弊端。担任广州刺史后，吴隐之依然一身清廉。

广州距东晋国都建康（今南京市）有千里之遥，许多官员自恃天高皇帝远，经常是无法无天。负责军政大事的刺史更是地方一霸，终日胡作非为。加之广州盛产奇珍异宝，一个人只要能获得一箱宝物，就够子孙数代享用。广州历任刺史和其属下，多是贪污受贿的不法之徒。可这些犯了贪贿罪的官员，不知省察自己的品德操守，而是百般开脱罪责，说他们之所以会在广州犯罪，缘于在赴任路上误饮了"贪泉"之水。

"贪泉"是距广州10千米远的石门的一处山泉。当地人传说，喝了此泉之水，就会变得贪婪无比，故名之为"贪泉"。于是，广州一带的官员,为了表明自己是清官,无论多渴都不饮"贪泉"之水。

吴隐之上任广州刺史,路经石门时,却偏偏要饮"贪泉"水。家人劝他还是小心一点为好,吴隐之却说:"如果心里根本没有贪欲,就不会见钱眼开,说什么过了岭南就丧失了廉洁,纯属一派胡言。"他不仅舀水就喝,还赋诗一首:

古人云此水,一歃怀千金;
试使夷齐饮,终当不易心。

诗里说:古人说"贪泉"之水,喝一点(歃,音shà,用嘴吸取)就会贪贿"千金",但假如伯夷、叔齐喝了,终究也不会改变廉洁之心。吴隐之认为,只要心中不存贪欲,意志坚定,无论喝多少"贪泉"水都不会变贪的。

"贪泉"遗址

上任广州刺史后，吴隐之一如既往，生活简朴。他家屋里的陈设极其普通，平时吃的也是蔬菜、干鱼之类。有人唆使厨师在烹鱼时把鱼骨剔除后再往上送，暗示广州地处偏远，贪污一些也不会骨鲠（gěng）在喉。吴隐之知晓其含意后，不但不为所动，反而更加警惕。任满返回建康时，吴隐之连一点金银宝物也没有带。他的夫人曾买了一斤沉香，吴隐之发现后扔到了河里，那条河因此被称为"沉香浦"。

吴隐之做官几十年，家中只有薄田数亩，茅屋数间。有人要送他车马，要给他另建府邸，他都坚决地谢绝了。因此，人们都说，吴隐之是一个"处可欲之地，而能不改其操"的好官。

怨天尤人是贪官的通病。其实，贪官之贪是本性，与"贪泉"何干？北宋理学宗师周敦颐品格高洁，他曾任广东路提刑，他为官清廉，并曾将连州一处山泉题名为"廉泉"。如果说饮"贪泉"而贪，那么是否饮了"廉泉"就会变得廉洁呢？当然不是。为官之人，非得修身养性，才能抵御诱惑。如王勃《滕王阁序》所说："穷且益坚，不坠青云之志；酌贪泉而觉爽，处涸辙而犹欢。"吴隐之饮"贪泉"而不贪，始终保持清廉本色，洁身自爱，为官员们树立了典范，是后人学习的楷模。

司马光不贪奢华

司马光是北宋著名的政治家、史学家，他一生高官厚禄，地位显赫，却清廉自守，从不贪奢；他的史学成就，则更以《资治通鉴》而知名于世。

当时，许多王公大臣都在京城汴梁（今河南省开封市）修建豪华宅邸，司马光却在一个偏僻的陋巷里深居简出。有一年冬天，一

司马光不贪奢华

位客人前来拜访,发现司马光的客厅里竟然连个火炉都没有。客人冻得浑身发抖,司马光忙叫仆人端来一碗姜汤,客人喝完后才稍为暖和了一些。后来,司马光为了解决过冬时的寒冷问题,便想出了一个挖地窖的办法。因为地窖里冬暖夏凉,所以冬天他就在地窖里工作和接待客人。因为这件事,京城里就有了"皇家钻天,司马入地"的民谚,意思是说,皇帝和王公大臣的宅邸越盖越高,可司马光的房子是往地下打窖越挖越深。这一谚语,可谓司马光俭朴生活的真实写照。

司马光的妻子因病亡故时,他连安葬费也拿不出来,只得把3顷(0.2平方千米)薄田都典押出去,才换回钱来把妻子的后事办妥。其实,当时所得俸禄和赏赐并不算少,可被司马光大部分用来周济了衣食无着的贫苦人。其中,有个本乡人庞籍中年病故,留下孤儿寡母,生活难以为继。司马光见此情景,就将庞籍亲属接来同住,视为家人。正因为这样,司马光经常入不敷出,以致家里囤无余粮、库无存银,一遇紧急用钱之时,也就只能典卖土地救急了。

司马光以仁为本,主张宽待百姓,尤其要宽待农民。他认为农民是国家的基础,无民即无国。因此,他一再反对朝廷增加农民的田赋徭役负担,主张轻徭薄赋,让老百姓也都富裕起来。

司马光目睹王公贵族终日声色犬马,挥霍无度,而百姓却入不敷出,温饱都成问题,不禁痛心疾首。有一年,许多州县发生灾荒,庄稼收成减半，百姓受饥挨饿，甚至卖儿卖女，而朝廷上下却仍然过着歌舞升平的生活。司马光敏锐地察觉了这一不正常现象：民以食为天，没有粮食的饥民随时可能暴动。于是，他坚决要求朝廷罢赐罢宴，拿出钱粮，救济灾民。

又过了些时候，宋仁宗要将大批金银珠宝、丝绸绢帛赏赐给各位大臣。众大臣看到眼花缭乱的财物，个个乐不可支。独有司马光不为所动，他劝谏皇上应节省开支、舒缓民力，他还把所得赏赐之物，全部交给谏院（宋朝设立的规谏朝政缺失的机构，司马光曾执掌该机构），以充公用。

由于司马光清廉自守，所以名震朝野，受到了广大民众的爱戴。史载，他69岁重任宰相时，京城里欢迎他的百姓可谓人山人海，他也因此被后人誉为"真宰相"。

清正廉洁是为官者必备的美德之一，只有清廉才能受到人们的爱戴，成就千古美名。为官者如此，为民者亦复如此。有两句诗写得好："天地万物各有主，一丝一毫莫乱取。"君子爱财，取之有道，如果靠贪污受贿，走不正之道获取，迟早会遭到法律的制裁、良心的谴责。我们应该尽早养成清正节俭的美德，保持高洁的品格，不贪不奢，给社会带来一身清风正气。

于谦两袖清风

于谦是明朝的官员，也是历史上著名的清官。他自幼喜爱读书，少年时代就胸怀大志。永乐十九年（1421）中进士，后来曾任御史等职。于谦为官清廉，绝不受贿，而且严惩贪污、平反冤狱，深得民心。

虽然身居高位，但于谦特别注意自己为官的节操，一直兢兢业业,廉洁自守。他爱国忘身,十分勤俭节约,所居之屋仅蔽风雨,家无余资。明代宗见他穷困,曾赐他宅邸,于谦固辞不受,说:"朝廷多事之秋,非臣子安居之日。"他为人耿直,自己不受贿,也绝不向别人行贿。

当时,朝廷内部政治腐败,大官小吏贪贿成风。其中有一个叫王振的宦官,长年侍奉在明英宗身边,深受皇帝的宠信,便慢慢地骄横起来,在朝中作威作福,贪赃枉法,欺压忠良。久而久之,明朝官员间便形成了一条不成文的规矩:各地官员进京办事,都必须先进见宦官王振,给他献上丰厚大礼;如果不拜见或不送见面礼,那么所办之事就必定不会一帆风顺,有的甚至会受到百般刁难,官爵更是难以晋升。然而,于谦对此却不以为然。

有一年,在地方担任巡抚的于谦要去京城办事,临行之前,身边一些朋友劝告他,进京时不妨带些线香、绢帕之类的土特产,先去拜见王振,再由他引荐,诸事都会顺利一些。可于谦却说:"作为封疆大吏,我怎么可以如此行事?不信没有王振,我就什么事都办不成。"众人摇头叹息,深为于谦担忧。

看着忧心忡忡的众人,于谦随口吟出《入京》诗一首:"绢帕蘑菇与线香,本资民用反为殃。清风两袖朝天去,免得闾阎(lǘyán)话短长。"意思是他什么都不带,只带两袖清风入朝觐见天子,这样,就不会被百姓戳(chuō)脊梁骨痛骂。(参见《美德诗文》)

绍剧《于谦传之两袖清风》剧照

此事被传为佳话,"两袖清风"也因此成为官员廉洁的代名词,朝中的忠臣贤士都以"两袖清风"劝勉自己忠于职守,廉洁清白。

于谦为官清廉,绝不随波逐流,这种品行历来为人称道,其影响力至今犹存。伟大的爱国诗人屈原,在《渔父》诗中曾说自己"举世皆浊我独清",这话用来概括于谦品行,可谓恰如其分。而今,王振等宦官早已化成尘土,于谦却名垂青史,他的廉洁精神无时无刻不在激励着后人。

"天下第一廉吏"于成龙

于成龙是清朝官员,他于顺治十八年(1661)出仕,历任知县、知府、按察司、大学士等职。在20年的宦海生涯中,于成龙政绩出色,尤以廉洁著称,深受百姓爱戴。

1661年,已经44岁的于成龙不顾亲朋阻拦,抛妻别子,出任广西罗城县知县。罗城地处边荒,当时遍地荒草,城内只有居民六户,茅屋数间;县衙也仅三间茅屋,而且破败不堪。无奈之下,于成龙只得寄居关帝庙中。由于缺衣少食,不久,同来的五名仆人或死或逃,只剩下一个仆人不忍背弃,留了下来。

尽管条件艰苦,一穷二白,可于成龙靠着坚强的意志,扶病理事,迈开了仕宦生涯的第一步。见当地百姓生活贫困,他就恳请上级官员减轻徭役,借以纾(shū)解农民的负担。他创办学校,抚养孤贫,勤于政事,公正办案,尽除弊病,一时间当地出现了安居乐业的景象,再加上爱民如子,因而当地的百姓尊称他为"阿爷"。

于成龙除朝廷给的俸禄外,从不动用官银一分一毫。他早晚都是喝粥就咸菜,中午吃碗家乡面食,很少吃肉。当地百姓见自己的"父母官"如此清苦,于心不忍,就凑点钱物给他送去。但他坚辞不受，百姓只好跪着恳求他收下大家的一片心意。

每到这时，于成龙总是笑着说：一个人在这里生活，吃喝方面用不了许多东西。把这些钱物拿回去孝敬自己的父母，比送给他还让他高兴百倍。无论如何，于成龙就是不收，众人只好怏怏离去。

有一次，于成龙的儿子从山西老家来看他。当地百姓知道后，奔走相告，决定凑些钱让他儿子拿回去补贴家用。

于成龙面对当地百姓对他的关爱体贴，十分感动。但他无论如何也不肯收大家的银子。他一边给送银子的百姓连连作揖表示感谢，一边恳切地推脱。儿子临行前，于成龙将一只腌鸭割了一半让儿子带回老家，民间因此传说："于公豆腐量太窄，长公临行割半鸭。"

于成龙清正廉洁的事迹传开后，四川总督卢兴州等人，联名举荐他担任四川合州的知州。在知州任上，他政绩卓著。康熙皇帝得知于成龙的事迹后，称他为"天下第一廉吏"，并委派他做了福

位于湖北省黄冈市于成龙祠的于成龙画像

建按察使,接着又升任直隶巡抚、江南总督,成了管辖一方的封疆大吏。

官越做越大,于成龙却仍然自奉简陋,廉洁如初。为扼制朝廷官员的腐败奢侈,他带头实践"躬先俭朴",生活极为艰苦。在直隶,他"屑糠杂米为粥,与童仆共食";在江南,他"日食粗粝(lì)一盂,粥糜一匙,侑以青菜,终年不知肉味",江南百姓因此称他为"于青菜"。他天南地北,只身天涯,不带家眷,结发之妻阔别20年才得相见,别时青丝已变白发,夫妻相对,老泪纵横。他在任所病逝后,室内遗物只有一件破袍子和几罐腌制的豆豉(chǐ),白米六斗,布衣一箱。

于成龙心系百姓,从不为自己考虑,他处处为民众着想,时刻关心百姓冷暖,是古今官员的杰出楷模,是今天我国反腐倡廉的一面镜子。坚持不懈地反腐倡廉,是我们建设民主法治国家必不可少的重要保证。青少年要从小树立廉洁的风尚,以后如果从政,就定能如同于成龙一样廉洁勤政,利国利民。

朱德"朴素浑如田家翁"

朱德是中国人民解放军的缔造者之一,也是新中国的第一代领导人之一。无论是战争年代还是和平时期,在他的身上,始终洋溢着一种传统中国农民式的朴实作风,感人至深。

在革命战争年代,作为中国工农红军、八路军和中国人民解放军的总司令,朱德始终和战士们一起过着艰苦朴素的生活。爱国将领续范亭曾经这样评价朱德:"时人未识将军面,朴素浑如田家翁。"美国记者安娜·路易斯·斯特朗第一次见到朱德时,难以相信他竟然是一个浑身沾满尘土,穿着蓝灰色的衣服,简朴得像个农民的人。

新中国成立后，朱德长期担任党和国家领导人，依然保持着简朴的作风。难得的两身较好的外衣，也只是参加重要国事活动或外出时才穿，一回到家里，就会换上旧衣服。朱德在家里穿的衣服，已经洗得发白，领口和袖口都打了补丁。有的衣服实在太破，不能再补，朱德还舍不得扔掉，要求两件拼成一件。他常说："国家领导人就更要想着国家，能节约一点就节约一点。"

有一次，夫人康克清先斩后奏，未经朱德同意，把裁缝师傅请到家里，准备为他做身新衣服。朱德见了裁缝师傅，却讲起勤俭建国、勤俭持家的道理："衣服、被子，只要干净就好，补补能穿能盖，何必买新的？给国家节约一寸布也是好的。这比战争年代好多了，那时候一件衣服得穿多少年！"最后，工作人员出面帮助康克清解释，说是为了参加活动时穿，朱德才勉强同意。

朱德说到做到，在给破旧衣服打补丁上，他也是还很有心得。抗战时期，有一次朱德看到警卫员正在旧补丁上打新补丁，便传授起技巧来："补衣服也是有讲究的，要先把旧补丁拆下来，再缝新补丁，这样补上，才板正牢靠。拆下来的旧补丁，还可以打袼褙、纳鞋底。"

朱德的饮食也非常简单。据厨师回忆，工作日里，康克清在机关食堂吃饭，在家吃饭的只有朱德自己。每顿的饭菜只不过是一碗米饭、三盘小菜、一个汤。三盘菜里，一盘半荤半素的菜，一盘素菜，还有一盘常常是他亲手腌制的泡菜。汤则是普通的鸡蛋汤或青菜汤。晚饭则更为简单。有时来了客人，顶多让厨师多做一两个菜，从不铺张浪费。对此，朱德曾经告诫厨师："我们这些人过去都是农民，是吃粗粮、小（青）菜长大的，身体也很健康。我不让你每天做大鱼大肉，不是怕花钱，主要是要养成俭朴的习惯，一切从六亿人民出发，生活上不要太超乎老百姓生活水平之上。"为此，朱德每个月都要亲自检查家里的伙食账本。

朱德外出视察，都要求按照规定用餐，从不接受吃喝一类的招待。1957年，朱德到云南视察。开始几天，接待部门遵照朱德的要求，饭菜十分简单。后来，云南省委检查接待工作，发现朱德每天的伙食费用大大低于规定标准，担心影响他的健康，便要求接待部门改善伙食，做一些营养价值高的食物。第二天，一碗"燕窝煮鸽蛋"端到朱德面前。朱德很不高兴，询问接待人员："我们每天已经吃得很不错了，群众能这样吗？为什么要弄这种高贵东西？"在得知原因后，朱德说："这次燕窝的钱我出，下次再弄我罢你的吃！"

朱德"罢吃"的，不仅仅是燕窝"这种高贵东西"。1958年，朱德到新疆伊犁考察工作，吃饭时看见接待人员要开酒瓶子，朱德便说："不要开了，都是自己人，又不是外宾，不要浪费了。"有的时候，当地准备的菜多了几样，朱德就有些不自在，于是便婉转地批评道："这么多菜！这里大概没有经过反浪费吧？"

1963年，朱德在广西桂林视察工作期间，每餐剩下的豆腐乳，他都告诉服务员不要丢掉。在他看来，豆腐乳的黄豆是农民挥洒汗水种出来的，制成腐乳又要经过工人多道工序的劳动。因此，如果吃不完就倒掉，那就对不起农民和工人了。朱德在饮食上的节俭，不仅是一种良好习惯的显现，更体现了他对劳动人民的深厚感情。

在新中国领导的大家庭里，朱德委员长像是一个和蔼朴实的长者，他的品德和作风，赢得了人们的广泛尊重。其中，艰苦朴素、勤俭节约，是朱德终其一生都在坚守和倡导的优良作风。1960年10月30日，朱德写了一首诗，诗中把勤俭节约上升到真理的高度："从俭入奢易，从奢入俭难。勤俭建国家，永久是真言。"这种感慨，是他长久躬身实践的总结，也是中华民族传统美德在他身上的体现。"朴素浑如田家翁"，是对朱德最崇高的赞美，他也正因这一形象而永远活在人民的心中。

周恩来妙策拒礼

新中国的第一任总理周恩来，工作繁忙，日理万机，接待中外宾客是其中一项重要的工作。周恩来一向拒收礼物，但如果是外国友人赠送的，因为这样的礼物往往是两国人民友谊的象征，不好推辞，他会把礼物转交给有关部门保管；而如果是亲朋好友送来的礼物，实在推托不掉的话，他就用自己总结出来的一套妙策予以应对。

有一次，一位曾在周恩来身边工作过的人，后来被调到了某军区做副司令员，由于和周恩来革命感情甚笃，于是到了当地橘子丰收的季节，他便托人给周总理捎来一筐新鲜的橘子。周恩来一见就要退还，很多人劝他："既然送来了，也就算了。"周恩来一想也是：新鲜的水果也经不起折腾，再送回去，怕是就不那么新鲜可口了。

接下来如何呢？派秘书去打听后，得知一筐橘子当时的价格是25元，周恩来立刻盼咐工作人员给送橘子的人寄去50元。秘书不解，忙问为何多寄，周恩来解释说：不这样做就制止不了他，我多付钱，他以后就不好意思再送了。果然，以高出一倍的价钱"卖"给周恩来一筐橘子，那位军区副司令再也不敢给周恩来送东西了。

周恩来很喜欢吃家乡淮安的特产茶馓（sǎn）。有一年，淮安的基层干部到北京探望他，带了不少茶馓。周恩来不好拒绝家乡人民的深情厚谊，但又不想让家乡的同志形成送礼的风气，于是就安排秘书送去了一箱外国的白兰地、威士忌和红、白葡萄酒，按价格计算,高出茶檄十多倍。

淮安的同志不好意思收周总理的东西,再三推辞,秘书就劝他们不要跟总理"过不去",以免伤害总理的感情,因为总理认为"来而不往非礼也"。淮安的同志无奈,只好把珍贵的外国酒带回了淮安。从那以后,淮安乡亲再来看望总理,就不再多带礼物了,因为谁也不好意思再让周恩来回赠那么贵重的礼物。

从古至今,有许多为官从政者,都把清廉当作做人处事的法宝,这样的例子不胜枚举。北朝时的苏琼就是这样一个人,他把别人送来的瓜吊在房梁上,目的就是为了拒礼。这种方法更为直截了当,但也有些伤人;周恩来的对策则更为委婉,合情合理。这也说明,在廉洁自律的道路上,不仅考验我们的品德,也考验我们的智慧——能否合情合理地处理问题,既不犯原则,也不伤感情。

刘少奇鞠躬求真话

刘少奇作为新中国早期的国家主席,始终基于国情实事求是,尤其是在浮夸风盛行的20世纪60年代,他求真务实的作风,感人至深。

1961年4月的一天,刘少奇来到湖南进行农村调查。他先是在长沙、宁乡听取中央调查组的工作汇报,听到的情况虽然比在北京时听到的多了一些,但仍让人感觉真假难辨。于是,刘少奇决定亲自去做实地调查。选定的调查点,为长沙市的一个大队,是当时树立的一个典型。谁知这个大队的群众早已按照上边的安排统一了口径,参加会议的人个个都在为人民公社和公共食堂歌功颂德,闭口不提任何不足和弊病。

群众小心地说着,刘少奇认真地听着。可听到的,和他看到的完全不同。来时的路上，刘少奇就目睹了诸多的凄惨景象：目光所及，一边是荒芜的田野，一边是消瘦的人群，妇女们在地里挖野菜，老人孩子在树上采树叶。可是，会场上的大队干部、党员却言不由衷，睁着眼睛说假话。刘少奇心里非常恼火，真想狠狠批评他们一顿，可他是国家主席，有火也不能发，只好忍了下来。

平静情绪之后，刘少奇站起身来，走到桌子一边，摘下青呢帽，露出满头银发，恭恭敬敬地向大家鞠了一个躬，然后用地道的宁乡话恳求道："我给大家行个鞠躬礼，敬请大家对我讲点真话，反映点真实情况好不好？"

刹那间，会场静了下来，大家一下子不知所措，面面相觑（qù），眼眶里却盈满了泪水。虽然大家受到的是国家主席的礼遇，但在那样的年代里，依然没有人敢说出真话。而面对穷困中的人民，刘少奇更是深感责任的重大。

最后，带着诸多疑虑，刘少奇于5月8日回到了阔别40年的家乡——宁乡花明楼炭子冲。这次，他没有惊动区社干部和邻里乡亲。刘少奇在自己出生的房间里搭了一个临时床铺，再把一张旧木桌收拾一下当办公桌。第二天，随从人员请来了刘少奇的老朋友成二爷和黄老伯，刘少奇就请他们谈谈家乡的情况，说说心里话。随后，刘少奇又拜访了许多乡亲，从中获得了很多真实情况。这一切，为后来及时纠正党的错误，提供了可靠的材料。

在平时的生活中，鞠躬这一礼节会因为习以为常而显得微不足道。但刘少奇的这次鞠躬，却有着非同一般的意涵。一方面，它表现了刘少奇关心民瘼、追求真理的情怀；另一方面，它也表现了虚假浮夸、长官意志对社会的戕害。从国情出发，实事求是，我们已提倡了数十年，但脱离国情、师心自用的情形，至今仍未绝迹，这不能不令我们深思。

张思德为人民服务

张思德虽是一名普通的革命战士,却又有着不平凡的经历。这位参加过长征的战士,没有等到新中国成立就牺牲了。为了纪念他,并宣传他全心全意为人民服务的精神,毛泽东主席专门写了《为人民服务》一文。

1933年末,张思德参加红军,并先后加入了共青团、共产党。其间,他曾经担任过中央警备团警备班长和毛泽东的警卫战士。在一次反六路围攻的战斗中,他右腿先后两次负伤,但仍旧强忍剧痛,冲入敌阵,缴获了敌人两挺机枪。在长征途中,他曾两度经过人迹罕至的雪山、草地,历尽千辛万苦。

抗战期间的延安,冬天要靠烧炭来取暖。当时国民党对边区实行封锁,连马鞍下垫的棉花和饮牲口用的帆布桶也不许输入,边区军民只有依靠自己动手来丰衣足食。

张思德所在的中央警卫团,每到夏秋时节,就要烧木炭,以备过冬。这个活又苦又累,还需要技术,要经过伐木、找窑、出炭、包装、背运等七八道工序。张思德不仅毫无怨言,而且干得非常出色,当地群众烧一窑炭需要10天,他只需7天就能烧一窑上好的炭。为了烧好炭,张思德吃住都在窑边,晚上也要爬上窑顶几次,

张思德(左)和战友一起烧炭

观察烟色和火候。木炭还没完全冷却，他就冒着高温，用破布包手，站在炭窑的最里边捡木炭。

正因为张思德掌握了一手过硬的本领，组织上曾三次派他去烧炭。

第一次是在荣誉军人学校，他整整干了三个月，因工作出色，得到留守处一条毛巾和一个笔记本的奖励。

第二次是1940年初夏，在延安南的土黄沟。张思德带领一班人，在南土黄沟的深山老林中苦战三个月，烧成2.5万千克木炭并运到了延安。

第三次是1944年，在延安北部的安塞县石峡峪村，张思德与同志们一个月就烧了2.5万余千克木炭，超额完成了任务。也就是在这次任务中，9月5日，张思德正在炭窑里工作时，炭窑突然崩塌，张思德不幸牺牲。

张思德是全心全意为人民服务的模范，无论在哪一个岗位上，他都是勤勤恳恳、任劳任怨。

1941年，在抗日战争最艰苦的时期，为克服敌人封锁带来的经济困难，张思德随警卫营到南泥湾开荒。他带领全班战士，克服生活上的许多困难，努力完成上级交予的生产任务。同时，还照常担负通讯工作，白天生产劳动干一天活，仍然不顾劳累，在夜里又长距离步行送信，完成通讯任务。

1942年冬，张思德从南泥湾调回延安。不久，因部队整编，领导调他这个班长去另一个班当普通战士。对此，他毫无怨言，服从革命的需要，丝毫不计较个人的名义。1943年初夏，张思德调到枣园内卫班，在毛主席身边担任警卫战士。毛主席外出开会时，张思德常在他身边担任警卫。当时毛主席在延安乘坐的是一辆爱国人士赠送的救护车，车身宽大，能坐10个卫士。在车尾有专供卫士站立的踏板，以防背后有人偷袭，这个位置通常都是张思德的。由于背对着行车方向，尘土很大，毛泽东很过意不去，拍着他的肩膀，让他到前面，张思德总是笑笑，依旧站在那里。

1944年，全面抗日战争已经进入第七个年头，为了响应组织号召，张思德来到距延安35余千米的安塞县石峡峪村，担任了农场的副队长。石峡谷是穷山恶水的不毛之地，张思德负责带领群众在那里开荒种地。每到一处，张思德总是一马当先，无论打井、种地、还是修路、挖窑，他都任劳任怨。经过大家的辛勤劳作，庄稼长势良好，战士们十分高兴。而张思德即使在假日也从不休息，总是主动留下来看家、整理院子、修理工具，有时还牵上骡子到约3千米远的山沟里驮水，把同志们的脏衣服一件件洗净、晒干。

张思德不仅炭烧得好，编草鞋也是一绝。在红军时期，他用自己攒的布条和麻绳为一个刚从直罗镇战斗中被解放过来的新战士编了一双草鞋，让他感受到了人民军队的温暖。部队转战关中强行军，很多战士的鞋掉了帮，鞋底被磨穿，只好用绳子绑着走路，在长满藜蒺的崎岖小路上，许多人被扎烂了脚。张思德就利用行军间歇，用马刀割马蔺草带在身上。晚上宿营后，他顾不上休息一连打了三双草鞋，直到拂晓。第二天，他把草鞋送给了三位鞋子最烂的战士。后来很多人从张思德那里学会了用马蔺草打草鞋，保障了部队的行军。

张思德牺牲后，队长向毛泽东主席报告消息，并说人砸在窑里还没能挖出来。毛主席听后很生气地说："打仗死人没办法，搞生产死人不应该。他随即吩咐了三点：那一带狼多，晚上要派人站岗，要是尸体被狼吃了，你这个队长就不用当了；尽快把尸体挖出来，洗干净，买一口棺材；开追悼会，我要讲话。"

1944年9月8日下午，中共中央直属机关隆重举行追悼大会，毛泽东主席亲笔写了"向为人民利益而牺牲的张思德同志致敬"的挽词，并在会上发表了《为人民服务》的讲话，对张思德的高尚品德作了高度的评价。

"人固有一死，或轻如鸿毛，或重于泰山。为人民利益而死，就比泰山还重。"这是毛泽东主席对张思德人生价值的评价，也是对那些为国为民奉献终身的人们的评价。鸿毛与泰山，孰轻孰重，不言自明。在如今这个不甚追求意义的时代，我们还是要树立正确的价值观，追求些值得追求的意义，即便不能使自己的价值有如泰山，也不要轻如鸿毛。

时传祥"一人脏换来万人净"

时传祥是一个从旧社会走过来的普通工人，从事城市粪便清除的平凡工作。然而，他以"一人脏换来万人净"为人生信条，在平凡的岗位上默默奉献，服务大众，赢得了人们的尊敬。

时传祥出生在山东省德州市齐河县一个农民家庭，家里非常贫困。15岁时，时传祥外出逃荒，流落到了北京城郊。由于人小力单，又身无分文，流浪一段时间后，更是饥寒交迫，迫不得已，时传祥做了掏粪工。

在旧中国，掏粪工不仅受到社会的歧视，还要受行业内部一些恶势力的压榨和盘剥。时传祥在这些"粪霸"手下，一干就是20年，受尽了压迫与欺凌。

新中国成立后，工人阶级当家做了主人。时传祥并不认为掏粪工的工作有何低贱，当家做主使他扬眉吐气。他用一颗朴实的心，记住了一个通俗的道理：掏粪也是社会主义建设事业的一部分。

20多年的掏粪工生涯，时传祥在这一行里积累了不少经验。他认为干一行就要爱一行，因此他把掏粪当成十分光荣的劳动，以身作则,以苦为乐,不分分内分外,任劳任怨,满腔热情。他决心用自己的双手,为祖国首都的干净美丽做出贡献。

在随后的十七八年里,时传祥始终坚持以"宁肯一人脏,换来万家净"的信条要求自己,无论春夏秋冬,他都带着亲切的笑容挨家挨户地为首都群众掏粪扫污。时传祥几乎放弃了节假日休息,一有时间,就四处走走看看,问问闻闻,凭着灵敏的职业直觉查找哪里该掏粪,不用人来找,他总是主动去干。

这期间,有许多人对时传祥的工作嗤之以鼻,甚至有许多人对他恶语相加。但时传祥从不恼怒,他认为,只要自己理解自己,可以为百姓造福就足够了。因此,时传祥每到一处,不管粪坑外多脏,不管粪坑底多深,他都会想方设法掏干净。他一勺一勺地挖,一罐一罐地提,一桶一桶地背,每天掏粪背粪5吨多,背粪的右肩都磨出了老茧。

日久天长,人们看着时传祥忙碌的身影,也渐渐理解了他的辛苦、他的无私,不禁对这位勤勤恳恳为人民服务的掏粪工心生敬佩,时传祥的精神世界也处处充满了阳光。党和人民也给予了时传祥应有的荣誉,他被评为了全国劳动模范。

得知时传祥的事迹,毛泽东、刘少奇、周恩来、朱德等中央领导人先后接见了他。在1959年全国群英会上,刘少奇还对时传祥的事迹给以高度评价,他说:"你当清洁工是人民的勤务员,我当主席也是人民的勤务员。"

"文化大革命"期间,时传

工作中的时传祥

祥也一样受到了严峻的考验。他被遣送回乡，放下了他热爱的事业。但他深明大义，教育子女接过他无法继续背下去的粪桶，走进千家万户，为人民服务。

普普通通的工作岗位，造就了崇高而无私的人物。时传祥从事的职业，无疑又脏又累，却又是必不可少，关系到每一个社区甚至每一个家庭。他的以"一人脏换来万人净"的奉献精神，值得每一个人学习。时代变了，社会进步了，如今再也不需要工人背粪桶了。但不变的是，老一代英模人物倡导的职业道德，在今天仍然需要，"时传祥精神"仍然闪耀着夺目的光彩。

县委书记的好榜样焦裕禄

在新中国，焦裕禄是一个响当当的名字。他曾任河南省兰考县委书记，任职期间，他"亲民爱民、艰苦奋斗、科学求实、迎难而上、无私奉献"，成为县委书记的好榜样；他的精神，也被誉为"焦裕禄精神"。

焦裕禄在兰考田间

焦裕禄出生在山东省淄博市博山区北崮山村一个贫农家庭。在党的教育和引领下，焦裕禄参加了民兵，入了党，走上了革命道路。1962年12月，焦裕禄被调到兰考县，相继任县委第二书记、书记。

展现在焦裕禄面前的兰考大地，是一片严重的灾荒景象：横贯全境的两条黄河故道，是一眼望不到边的黄沙；片片内涝的洼窝里，结着青色的冰凌；白茫茫的盐碱地上，枯草在寒风中抖动。这一年，春天风沙打毁了2000顷（约133.33平方千米）麦子，秋天河水淹坏了3000顷（200平方千米）庄稼，盐碱地上有1000顷（约66.67平方千米）禾苗被碱死，全县的粮食产量下降到历史的最低水平。要改变兰考贫困落后的面貌，任重而道远。

但是，焦裕禄在困难面前没有退缩、畏惧，他坚持实事求是的工作作风，深入到生产第一线，进行了一系列深入的调查研究，掌握了大量的第一手资料，根据自然条件探索客观规律。在焦裕禄的带动下，县委领导班子和人民群众重新激起了抗灾自救的斗志，全县掀起了一场轰轰烈烈的挖河排涝、封闭沙丘、根治盐碱的除"三害"斗争。

在这场斗争中，焦裕禄以身作则，带病实干，严于律己，关心群众，终因积劳成疾患上了严重的肝病。

1964年春，正当兰考人民同涝、沙、碱斗争胜利前进的时候，焦裕禄的肝病也越来越严重。他开会、做报告，经常用右膝顶住肝部，不断用左手按住疼处。有时，用一个硬东西一头顶着椅子，一头顶住肝部。天长日久，他坐的藤椅被顶出一个大窟窿，但他从不把自己的病放在心上。

有一次，焦裕禄和县委办公室一位同志去三义寨公社检查工作。走到半路，他的肝病发作，疼得厉害，两个人只好推着自行车慢慢地走到公社。大家看他脸色不好，劝他休息一会，他笑笑说："谈你们的情况吧，我不是来休息的。"焦裕禄一边听着汇报，一边按着阵阵作疼的肝部记笔记。剧烈的肝疼使他手指发抖，钢笔几次从手中掉下来，但他仍然坚持工作。

1964年3月，兰考人民除"三害"的斗争达到了高潮，焦裕禄的肝病却又一次严重发作，党组织置焦裕禄的拒绝于不顾，决定将他送到外地治疗。

在医院里,焦裕禄的病越来越严重,但他始终以钢铁般的意志同疾病作顽强的斗争,无论肝疼得得多么厉害,他从来都不让护士多照顾自己。随行的人恳切地对医生说:"医生,请你把他治好,俺兰考人民需要他,需要他呀!"

5月初,焦裕禄的肝病更加严重了。县里的同志和兰考的群众代表前来看他,他从不谈自己的病,关心的只是县里的工作、生产情况。省、地、县各级领导同志来看望他,这时的焦裕禄已经病危,他用尽全力断断续续地说:"我……没有……完成……党交给我的……任务。……没有实现兰考人民的要求……心里感到很难过……我死了不要多花钱……省下来钱支援灾区建设……我只有一个要求……请组织上把我运回兰考……埋在沙丘上……活着我没有治好沙丘……死了也要看着兰考人民把沙丘治好。"5月14日,焦裕禄去世,终年42岁。

在焦裕禄精神的鼓舞下,兰考县干部群众不懈奋斗,兰考"三害"——内涝、风沙、盐碱,得到了有效治理。焦裕禄带领群众为防风固沙栽种的泡桐树,现在已经培植成河南的一个特色产业,截至2014年,兰考泡桐产业年产值已达60多亿元,全县泡桐从业人员达6万多人。

焦裕禄不愧为党的好干部,不愧为人民的好儿子,不愧为县委书记的好榜样,不愧为人民群众的贴心人。他的崇高形象,他一心为民的道德情操,至今仍像一面旗帜,鼓舞着人们前进。人民的干部,就应该像焦裕禄那样,为民服务,造福一方,在任职之地的百姓心中树立起永恒的丰碑。

王进喜"铁人"也是"老黄牛"

王进喜是新中国工人的杰出代表,石油工人的骄傲。他用自己身体制伏井喷的故事家喻户晓,记录这一场景的照片也令人难以忘怀。"有条件要上,没有条件,创造条件也要上。"他的这豪言壮语,令人闻之而热血沸腾。他身上

王进喜用身体搅拌泥浆

体现出来的"铁人精神",至今激励着各条战线奋斗着的人们。

王进喜出生在一个贫苦家庭,早年曾经沿街乞讨,也当过童工。在旧玉门油矿当童工期间,童工们年龄虽小,却干着和大人一样的重活,还经常挨工头的打骂。王进喜不甘屈辱,奋起反抗,经常因此受罚。师傅知道后,给王进喜讲骆驼"攒劲"的故事,告诉他要讲究斗争方法,培养"耐力"。正是这苦难经历和恶劣环境,练就了他刚毅坚韧、倔强不屈的性格。

1950年春,王进喜通过考试成为新中国的第一代钻井工人。1956年入党不久,王进喜出任钻井队队长,在石油工业部组织的"优质快速钻井"劳动竞赛中,他带领全队创造了月进尺5009.3米的全国纪录,他本人被誉为"钻井闯将",钻井队被命名为"钢铁钻井队"。

1959年9月,王进喜被选为新中国成立10周年国庆观礼代表。休会期间,王进喜参观首都"十大建筑",路过北京沙滩时,看到公共汽车上背着大大的"煤气包",才知道国家是多么缺油。他感到这是一种莫大的耻辱,不禁蹲在沙滩北京大学红楼附近的街头哭了起来。

1960年2月,东北松辽石油大会战打响,王进喜带领1205钻

井队，从大西北来到了东北。由于没有吊车，王进喜带领全队工人，硬是用撬杠撬、滚杠滚、大绳拉的办法，"人拉肩扛"把钻井机卸了下来，运到了井场，仅用 4 天时间，就把 40 米高的井架竖立在茫茫荒原上。没有打井用水，王进喜又组织职工到附近的大水滩破冰取水，带领大家用脸盆端、水桶挑，硬是靠人力取水 50 多吨，保证了按时开钻，并创造了新的钻井纪录。

由于地层压力太大，第二口井打到 700 米时，发生了井喷。危急关头，王进喜不顾井队搬家时造成的腿伤，扔掉拐杖，带头跳进泥浆池，用身体搅拌泥浆，最终制服了井喷。看到王进喜整天领着工人不分白天黑夜地干，饭做好了也不回来吃，房东赵大娘感慨地说："你们的王队长，可真是个铁人哪！"时任石油工业部部长余秋里得知后，连声称赞大娘叫得好。在第一次油田技术座谈会上，余秋里号召 4 万会战职工"学铁人、做铁人，为会战立功，高速度、高水平拿下大油田！"从此，王进喜的"铁人"称号名扬九州。

1960 年，王进喜带领 1205 钻井队连续创出了月"四开四完""五开五完"的好成绩，到年底，共打井 19 口，完成进尺 21258 米，接连创造了 6 项高纪录。与此同时，轰轰烈烈的石油大会战也取得了显著成果：1960 年 6 月 1 日，大庆油田首车原油外运；1960 年底，大庆油田生产原油 97 万吨。

1965 年 4 月，王进喜被任命为钻井指挥部副指挥。从普通工人成长为领导干部，王进喜始终保持着谦虚谨慎的作风，对工人和家属关怀备至，对自己和家人却严格要求。

看到天冷时工服不保暖，工人挨冻，王进喜就到缝补厂，建议把棉工裤的后腰加高加厚，并给工人们做皮背心和皮护膝。住房、吃粮面临困难时，他利用工余时间带领职工和家属开荒种地，烧砖、割苇盖"干打垒"。钻井队驻地离市镇较远，买粮、邮信、看病都不方便，他带领职工家属想方设法办起了商店、粮店、邮局、豆腐坊、卫生所等。钻工子女没处上学，整天在荒原上玩耍，他又带领人们在机关附近建起了帐篷小学。

会战期间，按规定，王进喜可以享受每月30元的"长期补助"，但王进喜从来不花，而是把它都补助给了困难职工。王进喜患有严重的关节炎，上级为照顾他，给他配了一台吉普车。但王进喜自己很少坐，而是用它来给井队送料、送粮、送菜，载职工看病。可老母亲病了，却是王进喜的大儿子用自行车推着去卫生所的。同期来到油田的职工家属，多数已经转成了正式职工，可王进喜的爱人却一直是家属，在队里烧锅炉、喂猪。

王进喜给世人留下了"有条件要上，没有条件，创造条件也要上"的豪言壮语，打下了"铁人"的印记；同时，他也留下了这样的朴实话语："我从小放过牛，知道牛的脾气，牛出力最大，享受最少。我要老老实实地为党和人民当一辈子老黄牛。""铁人"和"老黄牛"，并行不悖，二者在我们的这个时代，仍旧被需要，其精神仍旧熠熠生光。

雷锋平凡中见伟大

雷锋的名字，国人绝不陌生。在不远的过去，雷锋是一面为人民服务的旗帜，雷锋精神是人们的精神营养；如今每年的3月5日，各地都要掀起一阵学雷锋的热潮。

现在，我们应该如何看待雷锋和雷锋精神？还是先来看看雷锋的事迹吧。

好多人都知道，雷锋生前是解放军某部的一名驾驶员。他经常利用出差的机会，为人民做好事，正如流传在群众中的一句话："雷

工作中的雷锋

锋出差一千里,好事做了一火车。"

一次,雷锋外出,在沈阳站换车的时候,刚出检票口,就发现一群人在围看一个背着小孩的中年妇女。原来,这位妇女从山东去吉林看望丈夫,车票和钱不小心丢了。雷锋了解情况后,立即用自己的津贴费给这位大嫂买了一张去吉林的火车票。大嫂紧紧握住火车票,含着眼泪问道:"大兄弟,你叫什么名字?是哪个单位的?"雷锋回答说:"我叫解放军,就住在中国。"说完话就转身走了。

1961年5月的一天,雷锋冒雨去沈阳。为了赶早车,他早晨5点多就起床,带了几个馒头,披起雨衣就上路了。路上,雷锋看见一位妇女背着一个小孩,手里还牵着一个小女孩,正艰难地向车站走去。雷锋赶紧跑过去,脱下身上的雨衣披在大嫂身上,又抱起小女孩,把他们送到了车站。上车后,雷锋见小女孩冷得直发抖,便把自己的贴身线衣脱下来给她穿上。雷锋估计他们早上没有吃饭,又把自己带的馒头拿出来给他们吃。火车到了沈阳,天还在下雨,雷锋又把他们送到了家里。那位妇女感激地说:"同志,我怎么感谢你呀!""这是我应该做的,不用感谢!"雷锋说。

雷锋的一个战友,性格开朗,平常爱说爱笑。有一天,他收到家中来信,说是父亲病了,希望儿子能寄钱回去治病。从此之后,战友再也不说不笑了,因为他手里没钱。雷锋知道后,不声不响地将自己节约下来的几百元钱寄给了战友的父亲,事后也没有告诉战友。

过年的时候,战友们在一起举办各种文娱活动,雷锋正和大家在俱乐部打乒乓球,突然想到春节期间服务和运输部门最需要帮助,便放下球拍,叫上同班的几个同志一起请了假,直奔附近的瓢儿屯车站,这个帮着打扫候车室,那个帮着给旅客倒水。最后,雷锋把全班的人都带动了起来。

雷锋就是这样,总是永不停息、全心全意地为人民做好事。从《雷锋的故事》一书中,我们可以读到好多好多这样的故事。

雷锋的事迹被广泛报道后,毛泽东主席题词:"向雷锋同志学习。"从此,雷锋成为全国人民学习的榜样;《雷锋日记》里的格言,成了许多人的座右铭。

曾几何时,有人对学雷锋提出质疑,甚至出现了亵渎的言论。但我们要说的是,雷锋是一个品格高尚的人,值得我们学习;同时,雷锋也是一个普普通通的人,他做的好事也是我们每一个人能够做到,也应该做到的。雷锋的伟大,正在于其"平凡"——在日常的工作、生活中,做好自己,帮助别人。

乡镇干部的榜样吴金印

吴金印是一个平凡朴实的乡镇干部,他扎根基层,带动百姓改变落后面貌,取得了突出成绩。1997年,他被中组部授予"全国优秀共产党员"的称号,时任中组部部长宋平题词称他是"太行公仆"。2018年改革开放40周年之际,吴金印位列百位"改革先锋"榜,被誉为"乡镇基层党员干部的优秀代表"。

吴金印18岁入党出任村主任,19岁担任村党支部书记,26岁任公社党委书记。在乡镇,吴金印一干就是31年,其中担任乡镇领导职务就有28年。吴金印多次放弃组织调他到上级机关工作的机

吴金印（前左二）带领群众治理山沟

会，始终扎根基层，在村镇领导岗位上做出了突出的贡献。

位于太行山深处的河南卫辉狮豹头公社，是革命老区，也是远近闻名的穷山沟。那里，方圆百里就有两千六百多道岭、两千七百多条沟，90%的人吃粮靠返销、花钱靠救济。1968年春，26岁的吴金印担任了这个公社的主要领导。

上任不久，有一天，吴金印来到靳庄村，正赶上乡亲们吃午饭。他端过一位老大娘的饭碗一看，愣住了：灰黑的汤水里，泡着几个糠团，漂着几片野菜。"山里人都吃这个？"吴金印问。老人没有回答，却把头低到了胸前。

老区人民曾为中国革命做出过重大贡献，可是，新中国成立快20年了，群众还过着这样的苦日子……吴金印暗下决心，拼上一条命，也要带领群众改变落后面貌。他带着领导班子成员翻山越岭做调查，饿了吃块干粮，渴了喝口凉水，一天翻五六座山，七八天就穿烂一双鞋。跑遍了沟沟岭岭，也了解到了真实情况，向荒山要耕地、向秃岭要粮食的规划由此产生。

面对除了石头还是石头的山岭，吴金印想，山搬不动，可以把石头缝里的土挖出来造梯田；沟填不平，可以让河水改道，闸沟造地。他的想法得到了大家的赞同，于是，狮豹头的干部群众掀起了挖土造梯田的热潮。经过一冬一春的苦干，筑起了十多条拦河坝，造出了约200亩（约0.13平方千米）的梯田。谁知到了夏季，山洪把新造的拦河坝和梯田一扫而光，刚改造的山岭沟又变成了乱石沟。然而，吴金印没有退却，他带着大家总结经验教训，把平面坝改为拱形，曾经的梯田又造了出来，还种上了庄稼。

第二年汛期，接连数场暴雨汇成的滚滚洪水，再一次冲走了满沟的庄稼和良田。眼看着心血又一次付诸东流，干部群众痛心疾首，有的甚至失声痛哭。灾难伤透了群众的心，吴金印同样万分难过。但他明白，越是在困难的时候，干部就越要经受考验。他把全体干部召集到一起，开导他们：梯田冲垮了，哭是哭不回来的。他鼓励大家，要想不受穷，还得挺起腰杆跟山斗、跟水斗，苦熬没有头，苦干才有奔头。

大家总结了前两次失败的教训，把拱形坝改为塔形坝，每道坝下面再修一个跌水池，这样在洪水袭来时，可以起到缓冲作用。洪水进入水池后，再从底部的暗渠泄出，梯田就不会受到冲击了。第三年，这些梯田终于经受住了巨大洪水的考验。昔日的荒山，终于结出了金灿灿的果实。

跑马岭下，沧河环绕。1973年10月，吴金印又带领狮豹头的干部群众来到沧河中游的羊湾村，搭起茅草棚，拦河造田。要在河滩上造田，须先让河水改道。经过测算，隧洞溢洪能力须达到1000个流量，才能保证河水改道成功。吴金印与技术员冒着生命危险，在悬崖峭壁上攀上爬下，终于选准了凿洞的最佳位置并完成了设计：

全洞长162米，宽20米，高8米。东西两侧同时开工。在硝烟弥漫、空气稀薄的山洞里，吴金印与乡亲们抡起大锤，虎虎生风，别人每天掘进2.7米，他掘进4米。

1975年夏，山洞全线贯通，西洞口已浆砌圈顶，东洞口石料也已备齐。就在这时，暴雨骤降，汛期提前到来。整整两天两夜，吴金印与抢险队员们用钢铁般的意志，冒着危险，战胜困难，在更大的洪峰到来之前，完成了东洞口的圈顶。此时，吴金印却因过度劳累，晕倒在了工地上。抬进工棚抢救时，医生解开吴金印的衣服，发现全身衣服补了又补，脚上的那鞋烂得开了花，手掌上长满老茧，十指粗糙得像钢锉，手掌的虎口处结着血痂。两天两夜后，吴金印从昏迷中苏醒过来，对身旁的人说："万一我不行了，就把我埋在洞顶的山上，好看着你们把沧河治好……"听到这话，人们忍不住哭了起来。

1987年11月，吴金印调任卫辉唐庄乡党委书记。第二年，这个乡遇上百年不遇的大旱，连续5个月滴雨未下，别说庄稼，连水井也干了。吴金印头顶烈日，四处察看，发现遍野禾苗枯黄，山楂树却花开飘香。他意识到，在丘陵地种果树将是一条生路。于是，他带领全乡民众连干20天，在干旱的丘陵地种下了12000亩（8平方千米）山楂、桃与苹果树。如今，果园成了唐庄农民的摇钱树，唐庄桃、唐庄梨远近闻名。在吴金印的治理下，唐庄镇石屏、代庄等村，街道整齐，一幢幢新楼拔地而起。

由于心系百姓、成绩卓著，1997年，吴金印被中组部授予"全国优秀共产党员"的光荣称号。2009年9月，吴金印当选为新乡市人大常委会副主任，兼任唐庄镇党委书记。他依旧一如既往，一有空就下基层。他说："只有把环境搞好，人家才愿意来投资，唐庄的发展才有后劲，乡亲们的日子才能越过越好！"

我国的广大农村，如今仍然比较落后，而且与城市各方面的差距有增无减。这种情况的改变，关键是人才，尤其是群众的带头人——党员干部。如果乡镇干部都能像吴金印那样，切实为农民办实事、办好事，农村又何愁不能富裕起来呢？农村富裕了，我们国家的经济社会定会踏上一个新的台阶。毛泽东主席曾经说过："农村是个广阔的天地，在那里能大有作为的。"我们青少年千万不要嫌弃农村，也许正是通过我们的参与，农村贫穷落后的面貌才能更快地得到改变，实现全面小康。

"为民书记"郑培民

郑培民生前是湖南省委副书记、湖南省人大常委会副主任。2002年3月，因突发心脏病在北京去世。每逢清明节，妻子在郑培民的墓地，总是能看到与他生前一同工作的湘西乡亲，他们是来给郑书记扫墓的。乡亲们为何深情无限？那是因为郑培民的倾心奉献和无私感召。

1990年5月，郑培民从湘潭市委书记任上，调到湘西土家族苗族自治州任州委书记。湘西州是全国有名的少数民族贫困山区，每逢青黄不接时，全州有许多百姓断粮。郑培民任职的当年，湘西州大力推行"双两大"地膜玉米新技术，使全州的粮食开始实现自给。

由于经常下到基层、深入一线，郑培民屡次遇险，但他毫不畏缩，哪里危险哪里就有他的身影。一次，永顺县小溪乡山体滑坡，受灾严重。郑培民立即前往现场，由于当地不通车，他就绕道吉首、古丈两个市县，坐了三个小时的机帆船，然后转乘一辆手扶拖拉机，在狭窄湿滑的简易公路上颠簸行驶。突然，一块大石头从山坡上滚落下来，刚好砸在拖拉机前面的路上。大家顿时惊出了一身冷汗，

郑培民（前）指挥抗洪抢险

并赶紧劝道："郑书记，我们回去吧。"郑培民坚决不同意，大家拗不过他，便合力把石头推开，继续前进。

又有一次，作为推广水稻栽培新技术的带头人，郑培民带领农技人员去给群众进行示范操作，连续在田间劳动了一个多星期。由于患有高血压等疾病，而且劳累过度，头晕目眩，郑培民摔倒在了三米多高的田坎下，全身受伤，当场出现呕吐、虚脱，并造成了脑震荡。

两年多的时间里，郑培民就是这样，不顾个人安危和劳苦，跑遍了全州的218个乡镇、上千个村寨，住过30多个乡镇。在湘西的方言里，"培民"与"为民"发音相近，于是不少干部群众干脆就叫他"为民书记"。

1986年8月，郑培民受组织委派，到中央党校学习一年。临走时，他在财务室借了5000块钱做差旅费。报到后，他把余款存到中央党校的储蓄所。一年后,学成归来,他到财务室按规定报销了有关费用,另外还交给财务人员八元七角二分。财务人员不明白这是怎么回事,他解释说:"这是我预借差旅费余额的活期存款利息,这钱应该交公!"

2002年3月,中央抽调郑培民到北京临时工作一段时间。3月11日,他在考察干部时,突然感到胸口难受,心肌梗死又犯了。他吃了随身携带的药,但无济于事,秘书赶紧送他去医院。送医途中,郑培民的头无力地歪倒在了秘书的肩膀上。秘书见状,焦急地催司机:"快!快!"救护车司机拉响警笛,开始闯红灯。这时,郑培民艰难地睁开眼睛,缓慢地说:"不要闯红灯!"到了医院,他昏迷过去后,就再也没有醒来。

不少熟悉郑培民的人都说:"他这个人请吃饭请不动,送礼送不进,请他写个条子更是难办到。"郑培民逝世后,工作人员清理他的遗物,发现了一本廉洁账,上面记载着何时、何地拒收了什么礼金礼品,没能当面退还的又交给哪个部门何人去处理,每一笔都记得清清楚楚。从湘潭到湘西、从副省长到省委副书记,十多年来,一贯如此。

在湖南,郑培民先后担任过湘潭市委书记、湘西州委书记和省委副书记,无论在哪里做什么书记,有两个雅号始终跟随着他,一个是"三不书记"——不唱高调,不做表面文章,不搞政绩工程;一个是"三民书记"——爱民、亲民、一心为民。

郑培民荣获"感动中国"2002年度人物,颁奖词这样写道:"他身居高位而心系百姓,他以'做官先做人,万事民为先'为自己的行为标准,直到生命的最后时刻仍然不忘自己曾经许下的诺言。他树立了一个共产党人的品德风范,他在人民心里树立起一座公正廉洁为民服务的丰碑。"

"做官先做人,万事民为先。"郑培民简单朴实的两句话,却是内涵丰富,做起来也很不容易。对于一个干部来说,一时廉洁奉公并不难,难的是随着官位的升迁、地位的变化,始终保持本色,廉洁自律,亲民爱民,无私奉献。郑培民可谓说到做到,完美地实践了自己的箴言。不管是否做官,每一个人都应该先学好做人;不管何种岗位,每一个人都应该多想着别人。

孔繁森无私奉献

孔繁森是新中国培养起来的党员干部,他是新时期优秀共产党员的代表,是焦裕禄式的好干部、领导干部的楷模。

孔繁森出生于1944年,山东聊城人。1961年,17岁的孔繁森光荣参军,在部队连年被评为"五好战士"。1966年9月,孔繁森加入中国共产党。1969年从部队复员后,孔繁森先当工人,后被提拔为干部。

1979年,时任聊城地委宣传部副部长的孔繁森响应国家号召,主动报名加入了支援西藏建设的队伍,并请人写了"是七尺男儿生能舍己,作千秋鬼雄死不还乡"的条幅。到西藏后,他又写下了"青山处处埋忠骨,一腔热血洒高原",以此作为座右铭。

孔繁森被藏族农牧民称为"药箱书记"

在西藏日喀则地区,当

地党委考虑到孔繁森年轻能干，在征求本人的意见后，决定派他到海拔更高的岗巴县任县委副书记。在岗巴县，孔繁森一干就是三年，其间，他跑遍了全县的乡村、牧区，和当地群众一起收割、打场、干农活、修水利，结下了深厚的友谊。

1981年，孔繁森奉命调回山东，先后任莘县县委副书记、聊城地区行署办公室副主任、地区林业局局长、行署副专员等职。

1988年，孔繁森再次带队进藏，任拉萨市副市长，分管文教、卫生和民政工作，而家里则留下了年迈的母亲、3个未成年的孩子和体弱多病的妻子。到任仅4个月的时间，孔繁森就跑遍了全市8个县区所有的公办学校和一半以上的村办小学，为发展少数民族的教育事业奔波操劳；为了结束尼木县续迈等3个乡群众易患大骨节病的历史，他几次爬到海拔近5000米的山顶水源处采集水样，帮助群众解决饮水问题；了解到农牧区缺医少药的情况后，他每次下乡时都特地带上一个医疗箱，买上数百元的常用药，工作之余就给农牧民听诊、把脉、发药、打针，直到小药箱空了为止。

1992年，拉萨市周围的几个县发生地震。在救灾活动中，孔繁森认识了三个地震后的孤儿。他将这三个孤儿接到家里，从此担负起了养育的责任。孔繁森的家境原本就不富裕，再加上每次下乡都要接济贫困的藏族群众，少则几百元，多则上千元，以至于经常不到半个月，工资就所剩无几。领养了三个孤儿后，他在经济上更加拮据。为了不让孩子跟着他受苦，他曾悄悄到西藏军区总医院要求献血。护士说他年纪已大，不适合献血，他就恳求护士说："我家里孩子多，负担重，急需用钱，请帮个忙吧！"护士见他如此恳切，只好同意他献血。1993年，孔繁森先后献血900毫升，共收取医院按规定付给的营养费900元，均用作了生活补贴。

1993年，妻子到西藏探亲，去时连路费都是自己筹借的。由于看病急用，妻子用光了自己返程的路费，只好开口向孔繁森要钱。孔繁森东挪西借，才勉强凑足了500元，而返程机票费却要800元。妻子不忍心让丈夫为难，就自己找熟人借了一些。妻子到济南后，顺便去看望在济南上大学的女儿，女儿一见面就对妈妈说："学校让交学杂费，我写信给爸爸，爸爸让我跟您要。"妻子一听，眼泪马上就流了出来。自己身上连回聊城的车票费都还不够，哪里还有钱给女儿交学费！

1992年底，孔繁森第二次赴藏工作期满，西藏自治区党委决定任命他为阿里地委书记。这一任命，意味着孔繁森将继续留在西藏工作。面对人生之路的又一次重大选择，孔繁森毫不犹豫地服从了党的决定、人民的需要。

阿里地处西藏西北部，平均海拔4500米，被称为"世界屋脊的屋脊"。那里地广人稀，常年气温在零摄氏度以下，最低温度达零下40多摄氏度，每年7级至8级大风占140天以上。恶劣的自然环境、艰苦的生活条件，让许多人望而却步。

1993年春，年近50岁的孔繁森赴任阿里地委书记后，在不到两年的时间里，全地区106个乡他跑了98个，行程达8万多千米，茫茫雪域高原到处都留下了他的足迹。在孔繁森的勤奋工作下，阿里经济有了较快的发展。

为了制定阿里地区经济上一个新台阶的规划，孔繁森准备在最有潜力的边贸、旅游等方面下功夫。为此，他曾率领相关单位，亲自去新疆西南部的塔城进行边境贸易考察。1994年11月29日，在完成考察任务返回阿里途中，不幸发生车祸，孔繁森以身殉职，时年50岁。孔繁森牺牲后，人们在他的遗物中找到的现金，只有八元六角，在场的每个人都禁不住为此流下了眼泪。

一个人的价值，并不在于他留下了多少钱财，而在于他留下了什么样的精神。论钱财，孔繁森身后几乎可以说是不名一文，但他留给我们的精神财富，却是巨大而丰厚的。有时候，人们会感到英模人物的行为难以理解，他们好像不食人间烟火的"神仙"，其实，说起来也很简单，就是因为他们有一颗善良朴实的心，有这颗心育成的品德，有这些品德指引的行为……

张海迪"80年代新雷锋"

20世纪80年代，一位身残志坚的女青年的事迹，曾经感染了无数年轻人。她的好学上进，她的无私奉献，以及她在多个领域取得的成绩，无不让人感奋。她的名字，叫张海迪，而她身上展现出来的精神，被称为"海迪精神"。

张海迪出生在一个知识分子家庭，5岁的时候，一场大病使她胸部以下完全失去了知觉，生活不能自理。更让一家人悲伤的是，医生们一致认为，像张海迪这种高位截瘫的病人，很难活过27岁。

面对死神的威胁，已经长大成人的张海迪也一度情绪低沉，但她并没有沉溺在悲观中，很快就接受了残酷的现实。意识到自己的生命不会长久后，张海迪更加珍惜分分秒秒，准备用勤奋的学习和工作来延长自己的生命。她在日记中这样写道："我不能碌碌无为地活着，活着就要学习，就要多为群众做事。既然是颗

张海迪在被授予"优秀共青团员"的大会上发言

流星，就要把光留给人间，把一切奉献给人民。即使跌倒一百次，也要一百零一次地爬起来。"

1970年，张海迪随父母到基层的大队插队，目睹了当地群众因缺医少药而饱尝痛苦。于是，张海迪萌生了学习医术解除群众病痛的念头。她用自己的零用钱买来医书、体温表、人体模型和药物等，然后开始苦学起来。为了熟悉针灸穴位，她在自己的身上画上红蓝点来练针，体会针感。经过艰难的学习和钻研，张海迪掌握了一定的医术，已经能够诊治一些常见病和多发病。在插队的十几年中，张海迪先后为群众治病达一万多人次。

后来，张海迪又随父母迁到县城居住，一度没有工作。她从保尔·柯察金等人的事迹中受到鼓舞，从高玉宝等人的写书经历中得到启示，决定走文学创作的道路，用自己手中的笔塑造美好的形象，以此启迪人们的心灵。伴随着她的作品《轮椅上的梦》问世，张海迪也广为人知，引起了较大的社会反响。后来，她又出版了长篇小说《绝顶》，在文学道路上取得了一定成绩。

张海迪还在读书写作之余，临摹名画，学识五线谱，并能用手风琴、琵琶、吉他等乐器演奏歌曲。缘此，她被山东省文联吸收为专业创作人员。

有一次，一位老同志拿来一瓶进口药，请求帮助翻译上面的说明文字，但张海迪却看不懂。看着这位老同志离去时失望的样子，张海迪心里难受极了，她决心学习英语。从此，她家的墙上、桌上、灯上，乃至自己的手上、胳膊上，都被写上了英语单词。家里要是来了会点英语的客人，她都要谦虚求教。经过七八年的艰辛努力，张海迪不仅能够阅读英文版的报刊和文学作品，还翻译了一部英国长篇小说《海边的诊所》。后来，张海迪又学习了日语、德语和世界语。

张海迪还随时帮助周围的青年，鼓励他们热爱生活，珍惜青春，努力掌握为人民服务的知识和本领，为祖国的繁荣富强贡献自己的光和热。2018年9月16日，张海迪当选中国残疾人联合会主席，在新的岗位上继续为残疾人服务。

"海迪精神"激励了一代人，也受到了党和国家领导人的赞扬。邓小平为之题词："学习张海迪，做有理想、有道德、有文化、守纪律的共产主义新人！"陈云题词："以张海迪为榜样，勤奋学习，热心助人，做八十年代的新雷锋！"

认准了目标，不管面前横着多少艰难险阻，都要跨越过去，到达成功的彼岸，这就是张海迪。她用自己的坚强和勤奋，以及一颗赤诚的心，在轮椅上唱出了高昂激越的生命之歌。这支歌的主旋律是：一个人生命的价值不在于索取了多少，而是为祖国富强、人民幸福无私地奉献了多少！自强不息，无私奉献，是每一个中华儿女都应该有的人生境界，这样的人生才是最有意义的。

任长霞"立警为公，执法为民"

任长霞生前是河南省登封市公安局局长，工作期间，她始终把人民群众的疾苦和安危放在心上，解决了十多年积累的控申积案，被誉为"警界女神警"。在侦破案件中，她遭遇车祸殉职，却没有被人们忘记，墓地的鲜花就是证明。

2001年4月，时任郑州市公安局技侦支队支队长的任长霞，奉调担任登封市公安局局长，成为河南公安系统有史以来的第一位女公安局长。这个消息在登封市炸开了锅，群众议论纷纷，担心女局长不能维护一方治安，局里的很多民警，也对新局长能否胜任职务持怀疑态度。

登封市民众送别任长霞的场景

当时,登封市公安局问题成堆、困难重重:民警队伍涣散,积案堆积如山,群众怨声不断,行风评议年年倒数第一。走马上任第一天,任长霞就工作到深夜,亲自查访岗亭和派出所,了解治安和出警情况。接着,她深入基层调查摸底,跑遍了登封17个乡镇区派出所,发放了1.5万份征求意见表,找到了存在问题的症结。随即由"从严治警"入手,清理了民警队伍中的害群之马,处理了那些长期旷工、迟到的人。

随后,任长霞抽调20多名民警,成立"控申专案组",按照"立足化解,妥善处置"的思路,变上访为下访,变被动为主动,把控申工作查处信访积案作为一项"民心工程",纳入工作的整体目标。

任长霞还规定每周六为局长接待群众日,倾听群众呼声,了解辖区民意,查找工作中存在的问题。对来访群众反映的问题,哪怕是一点小事，任长霞都要求查个水落石出。而在接近群众、倾听群众呼声的同时，任长霞也获得了不少破案线索。

2001年10月，任长霞通过公开竞聘上岗的方式，在全局范围内选拔派出所所长，一批有才干的民警脱颖而出，成为中坚骨干力量。民警的工作热情空前高涨，争先争冠蔚然成风。

在整顿队伍、严肃警风的同时，任长霞将全部精力集中到了破大案、破积案上，打响了一场又一场攻坚战。2001年当年，就连续破获了数起大案要案，其中包括端掉涉黑犯罪团伙"砍刀帮"，智擒"王松犯罪团伙"头目，破获两起民愤极大的遗留强奸杀人案，甚至东金店强奸焚尸案发生两天就破了案……

任长霞办事严谨认真，一丝不苟。在一起杀人案件中，她第一时间到达现场。在分析案情后，她把自己一个人关在案发的房间里，与尸体待了整整一夜，终于从蛛丝马迹中找到线索，很快破了案。案件接连告破，百姓服了，民警们也服了。群众都说："咱登封来了个女神警，案发一起破一起。"

任长霞有着极好的民众口碑，人们都知道登封有一位给老百姓办实事的任局长。2001年5月，登封市一座煤矿瓦斯爆炸，13名矿工遇难。任长霞在处理这起事故中，得知11岁的女孩刘春玉父亲遇难，母亲心脏病突发去世，便毫不犹豫地承担了这个孩子生活、学习的全部费用。2002年1月，任长霞向民警发出倡议，在全局开展了"百名民警救助百名贫困学生"活动，全市有126名贫困学生得到救助，并重新回到了课堂。为了最大限度地保护妇女儿童的合法权益，任长霞先后组织开通了"110"反家庭暴力服务台，设立了妇女维权示范中队……

作为女儿、丈夫和母亲，任长霞自觉对亲人亏欠太多。一次，14岁的儿子考完试后，实在太想妈妈了，又想给她意外的惊喜，只身一人从郑州家里出来，骑车到 80 多千米外的登封来找她。不料半路上碰到路边石头，儿子摔了一跤，不仅摔坏了自行车，还擦伤了胳膊腿。看到儿子脸上的灰尘，开了缝的裤裆，咧着嘴的球鞋，任长霞心里一阵难过……

2004 年 4 月 14 日，在侦破 "1·30" 案件途中，任长霞遭遇车祸，不幸因公殉职，年仅 40 岁。追悼会那天，登封市万人空巷，14 多万群众自发前来悼念，而这在登封的历史上还是第一次。

2004 年 6 月，公安部追授任长霞"全国公安系统一级英雄模范"称号；这一年，她还被评为"感动中国"年度人物。2018 年 12 月，任长霞又荣获改革开放 40 周年政法系统新闻影响力人物。

任长霞用自己的实际行动，实践了她"立警为公，执法为民"的人生誓言。她始终牢记"人民公安为人民"的宗旨，时刻关心群众冷暖，为群众办实事、办好事，以实际行动诠释了人民警察忠于党、忠于祖国、忠于人民、忠于法律的本色。她的正义感、责任感和为人民服务的精神，值得我们每个人学习。

徐虎辛苦一人、方便万家

徐虎是上海市普陀区一名普通的水电修理工。多少年来，他总是积极主动地为居民排忧解难，始终坚持着"辛苦我一人，方便千万家"的信条。

1975 年，徐虎从郊区农村来到上海城里，当上了普陀区中山北路房管所的水电修理工，担负着管区内 6000 多户居民的水电维修、房屋养护工作。

徐虎的家境并不宽裕，在读书时，他是依靠学校发给的助学金完成学业的。因此，父母经常教育他，不能忘记党和政府的关怀。

徐虎（中）和他的工友们

徐虎对此铭记在心，所以工作起来总是全心投入，勤勤恳恳。

水电维修又脏又累，经常与粪便、草纸、污水打交道，而且工作难度大，又没有固定时间。可是每当看到居民焦急的样子，徐虎便立即奔赴现场。徐虎只要一有空，就认真学习房修水电技术；碰到居民报修，便及时解决；每次修理完毕，都会主动做好清洁工作。对居民的酬谢，他笑着谢绝；遇到挑剔的居民，还要耐心说服。一来二去，管区内欢笑声、赞扬声不绝于耳，徐虎也体验到了人生和工作的价值。

在多年的工作中，徐虎发现：居民下班以后是用水用电高峰，更是故障高发时间，而此时水电修理工已经下班休息，从而使各种问题难以及时解决。为了给居民带来更大的方便，徐虎在他的管辖区内挂上了三只"夜间水电急修特约服务箱"，上面写着："凡属本地段的公房住户，如有夜间水电急修，请写纸条投入箱内。本人热忱为您服务，每天开箱时间晚上7点。中山房管所徐虎。"自那以后，晚上7点成了徐虎生活中最重要的一个时间概念，十多年来，无论刮风下雨、冰冻严寒还是烈日炎炎或者节假日，徐虎总是准时背上工具包，骑着破旧的自行车，直奔报修箱，然后按着报修单上的地址，挨家挨户上门服务。

一年除夕，徐虎照旧在晚上7点去开箱服务，发现三只报修箱里没有一张纸条，便放心回家吃年夜饭了。女儿见父亲前所未有地"早"回家，高兴得不得了，还约父亲12点一起放鞭炮。没想到，夜里10点多，有人敲门，说是家里突然断水，徐虎马上拎起工具包赶往居民家中。他爬上断水居民家屋顶，顶着刺骨的寒风艰苦作业。等到辞旧的爆竹响彻全城，家人还没等到徐虎，女儿含着眼泪，提着"八百响"痴痴地等待父亲的归来。凌晨1点，徐虎拖着疲惫的身躯回到家中，看到女儿睡眼惺忪地期盼着自己，心疼地抱了抱她，一起点燃迟到的爆竹。后来，女儿在作文里写道："虽然父亲没有和我们一起好好过节，但在充满爱心的世界里，我始终感受到父亲伟大的爱。"

在徐虎不懈的努力下，小小"报修箱"成了居民的"及时雨"，10年中，徐虎累计开箱服务3700多次，共花费7400多个小时，急修项目2100多个。

1998年以后，徐虎开始从事管理工作，历任徐虎物业经营有限公司副董事长、上海西部企业集团物业总监等职。

2010年底，干了一辈子水电工的徐虎退休了；与此同时，"徐虎志愿者服务工作室"也在西部集团普陀区房屋维修应急中心正式挂牌了。这个工作室旨在为辖区居民提供各类应急服务，而徐虎则担任这个站点的总顾问，负责为志愿者服务中遇到的疑难问题提供建议和意见，并带领徒弟解决物业维修中的疑难杂症。

在平凡中做出不平凡的成绩，这平凡就是伟大。和徐虎一样爱岗敬业、无私奉献的普通劳动者是平凡的，也是伟大的。现实生活中，有许多人认为自己很平凡普通，难以和伟人们相提并论，实际上，只要踏踏实实做好本职工作，急人所急，想人所想，也能够做出伟大的成绩，赢得民众的称赞和社会的认可。

【叁】

遵纪守法
刚正严明

孙武军令如铁

春秋时期,吴王阖闾(hélǘ)为了称霸诸侯,到处招纳人才。他的一位大臣——伍子胥,向他推荐了齐国的孙武。于是,吴王就派人前往齐国,把孙武(即孙子)请到了吴国。

吴王看了孙武撰写的《孙子兵法》,深为叹服,称之为"奇书"。他对孙武说:"你的战略战术都很好,能不能演练一下让我看看?"孙武说:"当然可以。"吴王又问:"那能不能用女子来演练?"孙武答道:"兵不分男女,当然可以。"

吴王之所以要用女子演练,是想既把它当作对《孙子兵法》的检验,又当作一种新奇的娱乐活动。他亲自挑选180名宫女,交给了孙武。孙武把她们分成两队,并遵照吴王的嘱咐,让他的两个宠妃担任队长。

随后,孙武把这群宫女编成队列,每十个人一小队,先进行了一番训话,然后才开始训练。孙武喊令,一人击鼓,队伍一队一队地出列。看见队伍七扭八歪的样子,宫女们都大笑不止,吴王也在台上笑

孙武画像

得前仰后合。

孙武大喊一声："停下！"但散漫娇气惯了的宫女，哪能安静得下来？她们有的笑弯了腰，有的笑出了眼泪。见此情景，孙武严厉地呵斥道："若再有人不听号令，当斩首！"受训的宫女们一听，马上止住了笑声。

传令重新开始，鼓声又响。孙武喊着号令，一队队女兵出列，都能跟上号令。但那两个队长依仗吴王的宠爱，依然嬉皮笑脸的，老是不听号令。

孙武正色道："听令！"但吴王的两个宠妃不仅不听，反倒纵声大笑起来。

孙武一声喝令："来人！将这二人推出去斩首！"与此同时，孙武重新任命两名宫女当了队长。

吴王一看要斩自己的两个宠妃，顿时大吃一惊，慌忙对孙武说："我已知道你会用兵了，请饶了她们。没了她俩，我会吃不香、睡不好。"

孙武说："大王在上，臣已接受大王命令，正像你所说：'治军之法，将在军中，君命有所不受。'"

吴王无话可说，只得眼睁睁地看着自己的两个宠妃被推出去斩首。宫女们见大王的宠妃都被斩首，哪个还敢违抗军令？这样，一下子个个都成了训练有素的女兵。

孙武用兵，军令如铁，这使他在领兵打仗中获得了无数胜利。我们在平时的学习和工作中，也要严肃纪律，规范自己的行为，这样，才能学习起来循序渐进，工作起来有条有理，从而获得优异的学习或者工作成果。"没有规矩，难成方圆"，这是亘古不变的真理。

石碏大义灭亲

春秋时期，卫国大夫石碏（què）有个儿子名叫石厚。石厚经常与卫庄公宠妾所生的儿子州吁，在一起习武、玩耍，两人关系非常亲密。石碏再三告诫儿子不要和州吁混在一起，这样玩下去早晚会惹出事端。但石厚固执己见，父亲的话根本听不进去，全都当了耳边风。

后来，卫庄公因病去世，卫桓公继任王位。卫桓公继位没有多久，石碏因年纪太大，便告老还乡，再也不过问国家政事。

几年后，在石厚的唆使下，州吁同意合谋篡位，毒死卫桓公，自己坐上王位。他们的做法遭到了文武百官及广大百姓的反对和斥责，州吁为此惶恐不安，不知如何是好。这时，石厚又出了一个主

位于河南省淇县的石碏雕像

意，说他父亲石碏威望崇高，很受文武百官的敬重，如能请他出来辅政，就没人敢非议了。

听了石厚的话，州吁觉得十分在理，便拿出一对白璧，派石厚带去赠送石碏，请石碏到朝里辅佐朝事。石厚见到父亲，送上礼物，说明了情况。石碏推说自己年老多病，不愿回朝。石厚只得失望而归。

不久，州吁又命石厚来向石碏请教如何巩固王位。石碏说："诸侯继位，必须得到周天子的同意。周天子同意了，众人也就会绝对服从。"

石厚担心周天子不同意，要石碏帮助向周天子说情。石碏说："陈国的桓公与周天子关系很好，只有他才能说情，我与桓公也有点交情，你可陪新君到陈国去，请陈桓公在周天子那里说情，然后再去拜见周天子，这样就可能得到批准。"

州吁听石厚说明一切后，觉得是个好主意，就带上厚礼去陈国拜访桓公。

与此同时，石碏也给陈国大夫子眣（nì）写了一封密信，要他为卫国臣民除害，斩了州吁和石厚。州吁和石厚到陈国时，子眣已收到石碏的密信。经陈桓公首肯，等州吁和石厚一到陈国，子眣就派人把他俩带到了太庙。

来到太庙，子眣忽然大声喝道："周天子有令：捉拿弑君乱国之贼！"两旁的武士一拥而上，将州吁和石厚捆绑了起来。

陈桓公打算把两人马上斩首，但子眣认为石厚是石碏的儿子，杀他不太妥当，还是让卫国来处理这件事。

石碏获知情况后，果断地说："州吁和石厚犯的都是死罪，而且州吁的罪过是石厚怂恿（sǒngyǒng）而成的。我不能因为私情而忘了大义。"随后，石碏派家臣前往陈国执法。家臣奉命来到陈国，先斩了州吁，接着也斩了石厚。

石碏大义灭亲的故事流传至今，为了国家的长治久安，他不徇私情，不惜除掉自己的儿子，这种大公无私的美德值得弘扬。人生之中，难免会遇到与石碏类似的情况，当此之时，就应该像石碏那样，以国家、民族为重，不枉国法，不徇私情。

石奢以身殉法

石奢是春秋时期的楚国人。有一次，他奉楚昭王之命巡视全国，楚昭王允许他顺路回家住上几天。

这一允诺，无疑给了石奢很大的惊喜。此时，石奢已经好久没有回过家乡了，他十分思念自己的父母。这次楚昭王主动提出让他回家看看，他心中自然是既感激又兴奋。

石奢完成巡视工作后，独自一人踏上了回乡的小路。眼看已经走到村边，忽听远处树林里传来两人斗嘴和呼救的声音。听闻有人在打架，他急匆匆地向呼救处奔去。走到近处，他看见一个人正举刀向另一个人砍去，被砍的人应声倒地而亡。

石奢一个箭步奔过去，紧紧地抓住了杀人的凶犯。可就在这个时候，他惊呆了。他万万也没有想到，这杀人凶犯竟是自己的父亲。面对父亲的哀求，石奢既矛盾又痛苦，但最后还是让父亲逃走了。

石奢再也没有进村探亲的兴致了。他日夜兼程地返回都城，立即把在路上遇见父亲杀人和自己放纵父亲逃走的事情，如实地报告了楚昭王。他细述了自己的苦衷，并请求楚昭王治他死罪。

楚昭王不肯。他认为石奢年轻有为，廉洁公正，办事井井有条，实在是国家的栋梁之材。如今突然出了这么一件事，如果按照法律把石奢处死，未免太可惜了。楚昭王劝慰石奢，开导他继续安心料理政事。然而，石奢却不愿原谅自己的过失，执意要承担维护国家法律尊严的责任。

最后，石奢向楚昭王拜谢告辞，然后离开王宫。他一走出宫门，就毅然拔剑刎（wěn）颈而死。楚昭王和朝中官员得知后，惊叹不已，都为楚国损失了这样一位奉公守法的优秀人才而感到惋惜。

法律面前人人平等，石奢为维护国家法律的尊严自刎身亡，实在令人叹惋，然而，叹惋之余，我们也不禁为他的精神所感动。我们生活在一个法治的年代，法律是我们社会运行最重要的机制之一，任何人都不能凌驾于法律之上，任何人都不应该成为法外之人。只有每个公民都遵纪守法，每个执法者都秉公执法，我们的社会才能秩序井然、清明公正。

晋文公赏罚分明

晋文公名重耳，是春秋时期晋国的君主。他开创了晋国霸业，文治武功卓著，"齐桓晋文"并称，是春秋五霸中最杰出的君主之一。

晋文公复国图卷局部（宋·李唐绘）

晋文公的事迹很多，其中有许多至今为人传诵。这里，只讲一个他赏罚分明的故事。

有一年，晋文公下令攻打曹国，大获全胜。为了报答恩人僖（xī）负羁，晋文公当着满朝文武宣布："大小三军，不得擅动僖负羁及其家人一草一木，否则问斩，绝不留情。"

原来，晋文公还只是晋国公子的时候，受到晋献公宠妃骊姬母子的迫害，在外流亡长达19年。其间，重耳曾经过境曹国，曹国国君曹共公不肯礼待，还在重耳洗澡时偷窥。曹国大臣僖负羁劝谏曹共公善待重耳，但不被采纳。僖负羁的妻子认为，重耳将来定会回到晋国执政，也定会讨伐曹国雪耻，她建议丈夫私下礼待重耳一行，以免将来得祸。僖负羁自行接待了重耳，还赠送一块璧玉给他。重耳接受了款待，但没有收下璧玉。

晋文公恩怨分明，这次攻打曹国，自然意在雪耻，而对恩人僖负羁，当然又是一番格外的优待。大臣们知道晋文公一向纪律严明，无人不对僖负羁一家礼让三分。

晋文公手下有两员大将——魏犨（chōu）和颠颉（jié），他们都在伐曹一战中立下了大功，深得晋文公赏识，加官封赏，名利双收。不过，这两人十分妒忌僖负羁，仗着自己劳苦功高，铤而走险，潜入僖负羁宅院，跳上房屋，商量着想把僖负羁捉出来杀了。谁知由于年久失修，魏犨和颠颉立足的房瓦突然坍塌，二人紧跟着栽到了屋里。一根大梁压在魏犨胸口，幸亏颠颉安然无恙，及时将魏犨救出，二人才灰溜溜地逃回了居所。

第二天，晋文公知道了这件事，大动肝火，他认为魏犨和颠颉身为大将，竟敢违背自己的号令，擅自行动，便打算将二人押入牢狱，并砍头问斩。

晋文公身边大臣赵衰觉得不妥，就对晋文公说："魏犨和颠颉，在战场上立下了汗马功劳,而且又是两员猛将,骁勇善战,如果仅仅因为这件事就杀了这两人,实在太可惜了吧?更何况,他们刺杀僖负羁并未成功啊!"晋文公一脸严肃,对赵衰说道:"功是功,过是过,赏罚必须分明。"

赵衰不甘心,又问道:"一定要问斩吗?"晋文公非常遗憾地回答:"先前两人立功我已封赏,现在两人犯错定要惩罚,何况魏犨看来已经残废,就杀了他吧!"

赵衰略加思索,对晋文公道:"让我先去看看吧,如果魏犨没有残废,那就让他戴罪立功吧!"晋文公点头应允,随后下令捉拿颠颉砍头问罪。

魏犨正在府中休养,心里一直惶恐不安,怕晋文公怪罪下来。此时听说大臣赵衰来看他,立即强忍痛楚,起床下地,装着没什么大碍的样子,出门迎接赵衰。赵衰仔细打量一番,问他感觉如何,有没有什么地方不妥。魏犨怕赵衰看出端倪,便一口咬定说是没什么,而且为了不使赵衰怀疑,还施展拳脚、上蹿下跳。赵衰见他确实没事,就回去禀报了晋文公。

晋文公得知魏犨并未残废,对赵衰说:"他没残废是万幸,我答应不杀他的头,但是他犯法却不能不办。"于是,晋文公下令革去魏犨的军职,让他戴罪立功。

上下三军领教了晋文公军令如山,从此之后,再也没人敢擅自做主有所行动了;同时,对晋文公赏罚分明的处事态度,众人也都很是钦佩。

赏罚分明,看起来简单,但如果功过纠缠起来,事情就不那么简单了。所谓"功过纠缠",也就是既有功、也有过,往往是先有功、后有过。对于曾经有过大功,甚至是有过杰出功勋者,犯了过错甚至是犯了罪,该如何处理?历史上有过既往不咎,有过功过相抵，但这都算不上赏罚分明，像晋文公重耳那样，才可谓赏罚分明。有时候，我们对一些先进人物给予了过多的荣誉和奖赏，而实际上每一个在平凡岗位上默默无闻工作的人，都在为国家、为社会做贡献。对某些行为的过分拔高，其实是对全社会道德水准的人为降低。俗话说："人人心头都有一杆秤。"人民的口碑，才是最严厉的赏罚。

赵奢秉公执法

赵奢是战国时期赵国的一位名将，他作战勇猛，善于用兵，多次为赵国立下战功。赵惠文王二十九年（公元前270），秦国派大军进攻阏（yān）与，赵奢奉命率大军前去救援，大败秦军。赵惠文王论功行赏，封赵奢为马服君。

赵奢年轻时，曾任赵国征收田租的小官。任职期间，他办事认真，公平严格，无论是官宦人家还是平民百姓，他都一视同仁，依法行事。

有一年，赵奢带人到平原君赵胜家去征收田租。赵胜是赵惠文王的弟弟，家有食客数千，声名远播、势力很大，是战国四公子之一（其他三位为楚国春申君、魏国信陵君、齐国孟尝君）。赵胜的管家见赵奢来收田租，仗势不缴，还纠集家丁聚众抗租。于是，赵奢根据当时的法令，接连惩办了平原君家的九个管家。

位于河北省邯郸市的马服君赵奢塑像

平原君赵胜得知赵奢接连惩办自己的管家，恼羞成怒，立即下令逮捕了赵奢，并准备把他处死。

面对平原君仗势欺人、公报私仇的行径，赵奢毫不畏惧。他义正词严地对平原君说："您作为赵国的王公贵族，竟然纵容自己的管家不去奉公守法，这样下去，财政就会空虚，国家就会因此衰弱。国家一旦衰弱了，必将遭到别国的侵犯，甚至有灭亡的危险。到那时，你也将保不住今日的荣华富贵，想缴纳租税为国家尽力也没有机会了。像你这么有权有势的人，如果能带头奉公守法，遵守国家法令，做到上下公平公正，按国家规定缴纳赋税，那么国家就会越来越强大。赵国强大了，你的荣华富贵也才能保持长久，而你作为赵国的贵公子，难道还会遭受别人轻视吗？"

听了赵奢的一席话，平原君深受感动，发自心底佩服他的胆识，立即放了他，并极力向赵惠文王推荐，让赵奢掌管赵国赋税的征收。赵惠文王欣然采纳了平原君的建议。赵奢上任后，严格执法，始终做到合理公正。经过一段时期的努力后，赵国变得国库充实，百姓富裕。

法律制度是一个国家长治久安的根本，不论职位高低，绝不允许有人无法无天；税赋法规是一个国家长期富强的根本，无论财富多少，绝不允许有人逍遥法外。只有每个公民都遵守它、维护它，才能使国家繁荣富强，我们的生活也才能安定富足。

董宣一心护法

东汉光武帝时期，洛阳令董宣以秉公执法、不留情面闻名，留下了"强项令"的佳话。

湖阳公主的苍头（奴仆）狗仗人势，常常横行霸道，强抢财物，欺压百姓。一天,为了抢夺一匹好马,他青天白日之下杀死卖主,然后扬长而去。

湖阳公主是光武帝的姐姐,因颇得皇帝的宠爱,十分骄横,朝中官员对她都避让三分。董宣接手这桩案子后,面色严峻,因为他深

连环画《董宣》封面(施大畏绘)

知,捉拿这个苍头还真要费些周折。他向府吏下令:"只要见到那个杀人的苍头,立刻抓捕归案。"可人们心里不禁嘀咕:"难道洛阳令连湖阳公主都敢触犯吗?"

这天,苍头赶着马车,载着湖阳公主前往皇宫。董宣带着府吏拦住马车,下令捉拿苍头。湖阳公主掀开车帘,气势汹汹地说:"董宣,你竟敢拦我的马车,抓我的家丁,好大的胆!"董宣进前给公主行了大礼,然后义正词严地说:"公主,您已犯了三条过错,臣下尚未追查。"公主瞪着眼说:"你倒是说来听听。"董宣回答:"公主,您身为皇上的姐姐,却藏匿杀人的凶手,是其一;这匹白马是你的恶奴杀人抢来的,您却据为己有,是其二;得知我们捉拿凶手,可您有意袒护,继续放任恶奴,是其三。"说完,董宣一指苍头:"这恶奴杀人,理当偿命。来人,就地正法!"说着,挥刀向苍头砍去,刀起头落。

此时,湖阳公主还没有从董宣历数她的三条罪状中缓过气来,就见苍头人头落地,顿时气得脸色铁青。于是,不顾满脸泪水,她就直奔皇宫去告御状。听了公主的一番诉说,光武帝果然大怒,下令对董宣施以笞(chī)刑,当场用木棍打死。

董宣进见，镇定自若，他叩头说："陛下，请容我说一句再动刑。"

光武帝怒道："你还有什么话要说？"

董宣说："陛下圣德，中兴汉朝，却让公主的家奴杀人，陛下如何治天下呢？臣不愿受笞刑，情愿自杀。"说完一头撞向宫殿的柱子，一时间血流满面。

光武帝见董宣性情如此刚烈，吃了一惊，仔细品味他的话，又觉得很有道理，就让董宣向公主叩头谢罪了事。董宣却倔强（jiàng）地说："臣无罪可赔。"

这时，一旁的湖阳公主不依不饶，只是向光武帝撒泼要赖。光武帝示意宦官们把董宣推倒，压着他的头往地下按，但董宣脖子始终挺直，头颅高昂，不肯叩首。

湖阳公主见此情景，对光武帝说："你做布衣平民时，家里藏了罪犯，官吏都不敢上门搜捕，如今贵为天子，难道一个洛阳令，你都管不了吗？"

光武帝笑道："天子和平民不一样嘛。"他见董宣威武不屈，心生敬佩，当即宽赦了董宣，赐钱三十万，并下诏称他为"强项令"。一时间，强项令刚正不屈的故事传遍京城。

不畏强权、秉公执法的美德，让董宣获得了"强项令"这千古流传的美名。他把法律法规放在极高的位置，用生命予以守护的行为，也为后世做出了表率。面对法律，面对正义，我们就是应该像董宣一样，不畏权贵，刚正不阿，捍卫法律，捍卫正义。

周亚夫治军严明

周亚夫是西汉时期的著名将领，汉朝开国元老周勃的次子。周亚夫为人耿直，不善阿谀，但他治军有方，在平定"吴楚七国之乱"

中起到了中流砥柱的作用。他最广为流传的事迹，被人们概括为"周亚夫军细柳"，堪称治军严明的典范。

汉文帝后元六年（公元前158），周亚夫由河内太守升职为镇守细柳营的将军。

当时，雄踞北方的匈奴人大举进犯汉朝边境，多次侵扰上郡、云中，都城长安也受到了威胁。在这种万分紧急的关头，汉文帝采纳众臣建议，在临近长安的三个要地部署重兵，设置军营，拱卫都城。这三个军事要地分别是灞（bà）上、棘门、细柳（在今陕西省咸阳市西南），分别任命刘礼、徐厉、周亚夫为将军。

为了鼓舞士气，汉文帝决定亲自到各个军营巡访，慰劳将士。在一个风和日丽的日子里，汉文帝带着随从人员出发了。

周亚夫治军细柳营

汉文帝一行到达灞上营和棘门营的时候，人马直驰而入，毫无阻拦。原来，镇守将军和属下将校早已在营门外恭候多时，他们见汉文帝一到，立刻大开营门，奏响鼓乐，将士们欢呼雀跃，热闹非凡。汉文帝在士兵们的热烈欢迎下，骑马飞奔到军帐之前。等汉文帝离开时，将士们又十分恭敬地送了很远的一段路程。

接着，汉文帝和随从来到周亚夫统辖的细柳营，情景却大不相同。只见守营将士披挂铠甲，手拿锐利的兵器，张开弓弩，拉满弓弦，营门紧闭，完全是准备作战的样子，丝毫没有迎接皇帝的意思。

面对这种情景，汉文帝派先导跑到军营前面喊道："天子就要到了，快打开营门！"把守营门的战士说："军中只听将军的命令，不听天子的诏令。没有将军的命令，谁也不敢开门。"

最后，汉文帝只得下旨，周亚夫这才命人打开营门，不过，他仍要求汉文帝进营门要下马，军营内不能骑马快跑。汉文帝一行只得下马徒步缓行。当他们走到将军帐前时，只见周亚夫身穿盔甲，威风凛凛地前来接驾。见到皇帝时，周亚夫只是手拿武器拱手作了揖，并没有下跪，说道："穿铠甲、戴头盔的将士不能跪拜，请允许我以军礼参见皇上。"汉文帝见状并没有发怒，而是微笑着表示赞同，并向官兵致敬。

在细柳营，周亚夫陪同汉文帝巡视了各处军事设施和布兵之地，慰问了驻守各处的将士。临走时，营中将士各安其位，也没有欢送汉文帝。

走出军门后，汉文帝的群臣都惊讶不已，议论纷纷。有的大臣认为，周亚夫太不把皇上放在眼里，是对皇上的大不敬。但汉文帝却说："不，恰恰相反。我认为周亚夫才是真正的将军。以前在灞上、棘门看到的军队如同儿戏，他们的将军本来可能遭受袭击而做了俘虏，但周亚夫却不同，他的军营戒备森严，即使匈奴突然袭击，他也不可能被冒犯!"

不久,周亚夫以治军谨严有方,被汉文帝予以嘉奖,并要求各营将士都要以周亚夫为榜样,严于治军。他还晋升周亚夫为负责守卫都城长安的最高军事长官。很快,周亚夫统率汉朝大军,经过激烈战斗,把匈奴赶到了长城以外,西汉的政权得以巩固。

治军不能形同儿戏,这是尽人皆知的道理,但是遇到权贵诸如皇帝,情形可能就大为不同,即如周亚夫的细柳营和灞上、棘门营之悬殊。律法是钢,规矩如铁,绝不能因人、因时、因地而有所区别。周亚夫没有因为皇帝而坏了规矩,依然固守心中从严治军的信条,从而赢得了皇帝的敬重,进而也赢得了胜利。恪守纪律,重要的是一以贯之、持之以恒,毫不通融、毫不放松。

桥玄深明大义

桥玄是东汉时期一位著名的丞相,曾在汉灵帝时任尚书令,后来还被提拔为太尉。他为人正直善良,性格耿直,敢于和贪官污吏、盗贼劫匪做斗争,百姓都十分敬重他。

当时,常有盗贼以绑架的手段勒索钱财,许多人深受绑架勒索之苦,但往往选择忍气吞声,以钱财消灾,不敢与盗贼作对,这反而使绑架勒索之徒更加肆意妄为。

一天,桥玄十岁的儿子正独自在家门前玩耍,忽然来了三个劫贼,趁无人注意将孩子绑走,然后向桥玄索要钱财,并威胁说如不照办,就杀掉孩子。家人担心劫贼伤害孩子,希望桥玄别把这事告知官府,花费些钱财把孩子赎回来算了。但桥玄不听,立即报告了官府。

当地守备阳球一向敬佩桥玄的胆识与为人,马上派兵前去包围了劫贼的住处。可是,桥玄的儿子此刻就在劫贼手中,阳球担心贸然冲进屋去抓人,劫贼会狗急跳墙伤害孩子,甚至会做出无法预料的举动,但是,如果不抓紧下手,到了夜晚,劫贼有可能会乘着夜色逃脱。怎么办才好呢?阳球一时左右为难,不知如何是好。

正在这时,桥玄大声喝道:"劫贼是众人的祸害,难道我今天就真的要为了自己的儿子而纵容众人的祸害吗?我不能遇到一点挫折阻力,就停滞不前。"桥玄再三催促阳球下令动手。士兵们被桥玄的深明大义所感动,阳球刚一下令,他们就个个奋不顾身地冲进屋内,活捉了三个作恶多端的劫贼。不幸的是,桥玄的儿子已被劫贼杀害了。

人们都十分敬佩桥玄果敢坚毅、勇往直前的大无畏精神,对他深明大义的美德更是世代传颂。桥玄死后,没有留下什么遗产,葬礼也极其简单,却受到了世人的景仰。有一年,曹操经过桥玄的墓,十分恭敬地祭奠了他。蔡邕(yōng)还为桥玄写了《太尉桥玄碑颂》,说他有"百折不挠,临大节而不可夺之风"。

古代有劫匪,现代也有劫匪,而且古今都有一些人面对劫匪,宁肯花钱消灾,也不愿意官府或者警察介入。殊不知,正是这种行为,纵容了劫匪,他们才敢一再作案。桥玄为人之父,自然也同他人一样心疼自己的孩子。但他深明大义,知道劫匪是众人的祸害,劫匪不除,就有可能继续为祸作恶。当此之时,他选择了向劫匪出击。桥玄的精神是难能可贵的,正因为难能可贵,也才值得我们学习。

京剧中的桥玄

苏章办案不徇私情

苏章是东汉顺帝时的一位名臣,因在朝中政绩卓著,所以就被派到冀州(今河北省)担任刺史。巧的是,他的童年好友贾明,正好在属他管辖的清河郡当太守。

苏章刚一到任,清河郡就有人控告贾明贪赃枉法,欺压百姓,无恶不作。苏章对此颇难相信,因为在他的记忆里,贾明和自己一样,从小就立下了报国安民之志,难道只有短短的几年时间,贾明就变得如此骄横无礼,目无国法与百姓?

由于案情严重,苏章决定派属下前往清河调查。经过调查,状纸上所列贾明的罪状件件属实。苏章对老朋友的犯罪行为深感痛惜,经过思虑之后,他决定亲自去劝贾明自首归案。

苏章带着衙役前往清河。安顿下来后,苏章便在官邸设私宴宴请贾明,还兴致勃勃地谈论起童年时代的乐趣和友情。酒足饭饱之后,贾明乘着酒兴,请求苏章对他多加包涵与照顾。

这时,苏章收起笑容,很严肃认真地对贾明说:"今天咱们好友久别重逢,是私事;明天我就要作为冀州刺史来清查你的问题,那是公事。公事就得公办。我听说,这些年你贪赃枉法,聚敛了许多不义之财。如果你想争取宽大处理,那就趁早坦白自首吧!"

听了这话,贾明登时傻了眼,他马上哀求说:"看在好朋友的情分上,你还是放过我吧!"

苏章却不为所动,果断地答道:"我是皇上派来专门惩治贪官污吏的。如果袒护了你,我下面的工作便寸步难行。如今贪污腐败之风盛行,若是放任自流,任其发展下去,那就会民怨沸腾,久而久之,百姓便可能揭竿起义。那时候,国家难以安定,你我和百姓都难以幸存。况且，你这么做也是违背了咱们童年立下的志向啊！你还是应该坦白自首，这是我的忠告。你要知道，我向来依法办事，绝不会为了庇护朋友去破坏朝廷王法。你还是回去好好考虑一下吧。"

贾明听了老朋友的一席话，低头沉思片刻，便起身告辞了。第二天一大早，贾明来到刺史官邸，主动向苏章呈交了坦白书，交出了全部赃款赃物。苏章核实了贾明的罪证，如实上报朝廷，贾明也受到了应有的处罚。

不法分子是社会的祸害，执法者必须坚决依法惩治；纵容罪犯，无异于破坏法制，必将贻害无穷。苏章不徇私情，为执法者树了一面旗帜，无声地影响着后人。在当今时代，反腐倡廉工作持续开展，取得了可喜的成绩。如果我们每个人，都能对身边的腐败现象毫不留情地批评指正，不遮掩、不包庇，我们的廉政建设将进行得更快、更好。

曹操割发代首

东汉末年，各路拥兵自重的军阀都想各自为政，一时间国内出现了混乱的局面。曹操把汉献帝迎接到许昌后，做起了总理军国大事的丞相，准备"挟天子以令诸侯"。他亲自领兵东征西讨，目的就是统一混乱的中国，成就霸业。

曹操在历史上，可以说是被大大地"妖魔化"了，成了"奸诈"的代名词。可是回头来看，曹操还是有不少可圈可点的地方，不容被抹杀。

198年夏，曹操在统帅大军出征的路上，看到沿途小麦长势较好，麦穗沉甸甸、金灿灿，十分喜人。然而，令曹操不安的是，由于战争频繁,老百姓逃亡在外,已经成熟的麦子却无人收割。曹操稍作思索,便传令全军:小麦已经到了收割季节,全军将士谁都不许践踏麦田、损坏庄稼,违者一律处斩。与此同时,他又派人通告沿途百姓:不要害怕,无须躲避,要抓紧时间把小麦收割回去。百姓们听了,无不欢呼雀跃,连声称赞。

大军在曹操率领下有序前进。突然,有个小校所骑之马抵不住麦苗的诱惑,把头一歪,就势啃了一口路旁地里的麦苗,曹操下令立即处死了小校。这件事引起了很大的震动,从那以后,行军中每逢遇到麦田,将士们都跳下马来以手扶麦,有的人甚至拢住马头,小心翼翼地走路,再没有人敢糟蹋庄稼了。

想不到意外的事竟发生在了曹操身上。曹操骑马正向前走,一群斑鸠从路旁的灌木丛中突然惊飞,曹操的马受惊狂奔,窜进一块麦田,踏坏了不少麦苗。

曹操的侍从忙把马拦住,惶恐地问丞相是否受惊。曹操毫不停

位于河南省许昌市的曹操征战浮雕

息,马上叫来军法官,认真诉说了自己的罪过,并要求治罪。军法官哪敢治丞相的罪,因而竭力为曹操开脱责任。

曹操见军法官不治自己的罪,十分生气,并说自己违犯军法就该处斩,随即拔出宝剑要自刎。旁边的人眼疾手快,赶忙夺下了宝剑。将士们全都跪在地上,苦苦哀求曹操千万不可轻生,因为失去他,大家就没有带兵的统帅了。

然而,曹操还是执意要治自己的罪。他从旁边的人手中夺过宝剑,"唰"的一声,割下了自己的一绺头发,掷在地上,说是以发代首,割发代罪。全军将士看到丞相带头守法,都肃然起敬。从此之后,军中没有人再敢违犯军法,军纪也更加严明了。

法律面前人人平等,纪律面前也应如此。纪律制定之后,制定者应该成为遵守纪律的表率,而不能凌驾于纪律之上,使之仅仅成为约束别人的工具。就此而言,带头遵守纪律应该说是一种很为重要的品德,体现着人的道德水准和精神境界。

隋文帝严惩皇子

隋文帝杨坚是隋朝的第一位皇帝,他勤政爱民,生活节俭的品德,在历史上也是少有的。他很注重孩子的教育,将之当作自己的职责,经常教育他们要厉行节约、勤政爱民。他还强调法律制度面前人人平等,王子犯法与庶民同罪。

隋文帝所有孩子中,三皇子杨俊功高气傲,常常以结束南北朝长期分裂局面的功臣自居,无法无天,恣意妄为,无恶不作。他霸占别人良田,抢夺百姓妻女,逼得老百姓无处安身,只得流落异乡。

消息传来,隋文帝非常震怒。但念及父子之情,隋文帝没有惩办杨俊,而是拿他的几个手下开刀,杀鸡给猴看。谁知杨俊不仅不

隋文帝杨坚（中）

思悔改，反而变本加厉，竟依照皇宫的规格来营造自己的王府，把天下许多奇珍异宝攫（jué）为己有，抢占良家女子以充内室，供他寻欢作乐，无法无天到了极点。

隋文帝见杨俊如此奢侈腐化、目无尊上，终于忍无可忍。他知道，如果再一如既往放纵杨俊，就会使群臣效尤，风气败坏，国将不国。于是，隋文帝断然下令把杨俊软禁了起来。

惩罚皇子一事，在朝中引起很大震动。将军刘升认为，这不过是皇帝一时气愤，时间久了定会后悔，便想做个顺水人情。于是，他上了一道替王子求情的奏折，但隋文帝没有批准。随后，刘升又进殿替杨俊求情，隋文帝不禁愤怒而起，拂袖而去。

过了几天，朝廷重臣杨素，也来为杨俊求情。隋文帝强调说：人情能容，国法却不容。杨素只好不再作声。

杨俊见此，知道父皇是真的动怒了，自己死罪怕是难免，因而又急又怕，吃不下、睡不稳，很快就病倒了。在病中，杨俊给父亲写了一封认罪书，请求从轻发落。隋文帝让送认罪书的人传话说，自己这样做，就是为了让子孙后代以此为戒，不再胡作非为。杨俊知道自己死罪难逃，不久便郁郁而终。

随后，隋文帝下令将杨俊的府第充公，奢侈华丽的装饰一概毁掉，以免蛊惑人心。

"王子犯法，与庶民同罪。"可历朝历代真正能够做到的，却是少之又少；多的倒是官官相护，权势凌驾于法律。隋文帝杨坚对于皇子杨俊的罪恶，可谓"严惩"，下得了这个狠心的皇帝并不多见。虽然隋王朝也像秦王朝一样，几乎是"二世而亡"，但我们不能因此否定隋文帝的作为。当今时代，作为父母，不论是官是富，或者是平民百姓，也都有管好自己孩子的义务。

戴胄高压之下不退缩

唐太宗在位时，戴胄（zhòu）担任大理寺少卿一职，掌管案件的审理。当时唐朝的法典《唐律》已经颁行，共 500 条，这为依法断案提供了坚实的凭据。

戴胄任职期间，秉公办案，执法甚严。他以《唐律》为判刑依据，即便是皇帝的圣旨，如果与《唐律》不符，他也不予理睬，依然照律办案。

唐太宗曾经发布过一道圣旨，说凡在科举考试中伪造出身和资历者，要立即坦白自首，否则判处死刑。不久，吏部查出有个已经金榜题名的举子，出身和资历都是伪造的。唐太宗知道此事后勃然大怒，立即下令革去这名举子的功名和官职，将他投进大牢，交由大理寺审判，责成戴胄将这名举子判处死刑。

然而，戴胄查明犯罪的情由和事实后，却根据《唐律》的有关条款，把他流放到边荒去了。唐太宗得知消息，十分恼火。他差人把戴胄叫进宫来，很生气地质问他为何要自作主张，违抗自己的命令。

戴胄解释说，他只是严格遵从《唐律》办事，害怕失职。唐太宗更加生气了，坚决要求戴胄重新判处举子死刑。

面对唐太宗的强大压力，戴胄丝毫没有退缩。在戴胄看来，与皇上的诏令比起来，《唐律》是国家参照前朝法典，依据本朝实际，集中众人的智慧，经过反复研究推敲制定出来的，并且是通过皇上批准才得以颁布实施的，而皇上的诏令大多是凭一时情事发布的，不如《唐律》那么客观。在这件事情上，与国家的大信用比起来，皇帝的小信用是微不足道的。

戴胄一五一十地把自己的观点和盘托出，据理力争。唐太宗不愧为一代明君，听了这番话，觉得言之有理，就不再强逼改判，并对戴胄的做法表示了赞许。

在一个法治社会里，法律是至高无上的，威权、人情都不能强加于法律之上。但是，拥有威权者往往不甘于受法律束缚，囿于人情者往往希望法网网开一面，在这里，一个人品德、节操的高下廓然自现。生活在一个法治社会，我们应该学法、知法、用法，捍卫法律的尊严，维护国家的信用。

包拯执法铁面无私

北宋的时候，有一位铁面无私、清正廉明的官员，可谓尽人皆知。他断案如神，执法严峻，不畏权豪，不徇私情，深得民心。不用说，这个人就是包拯。

包拯，字希仁，庐州合肥（今安徽省合肥市）人。宋仁宗天圣五年（1027），28岁的包拯考中进士，从此踏上了仕途。他一生做过许多官，小到县令，大到枢密副使，无论身负何职，他都执法如山，正直无私，被百姓称为"包青天"。

包拯所到之处，当地百姓若有冤屈，都会争相诉讼，因为他们相信包拯会秉公执法，为民请命。实际上，包拯也正是这样做的。对百姓，他认真查处案情，不偏不倚；对权贵，他敢于斗争，严惩贪官恶霸；对亲戚故旧，他也毫不偏袒。

那还是在庐州府做官的时候，百姓闻知"包青天"到任，纷纷赶到衙门投递状纸。包拯翻阅诉状后发现，案上厚厚一叠状纸，都是状告自己从舅（母亲的叔伯兄弟）的。原来，庐州是包拯的家乡，当地的亲朋故旧认为有包拯庇护，便干了不少仗势欺人，甚至扰乱官府的不法之事，而从舅就是其中突出的一个。

包拯看了状纸，十分恼怒，随即叫来当地县令询问。县令见隐瞒不过，只得承认确有其事。包拯质问他道："那你为何有案不审，为何不依法惩治？"县令吞吞吐吐地作了回答。原来，当地县令畏惧包拯的权势，不敢轻易审理有关案件。包拯心下顿时明白，于是决定亲自审理。

几天后，包拯派捕快将从舅缉拿归案。在家的时候，妻子董氏深知丈夫一向秉公办案，可又担心人家说他无情无义，因为儿子包意一家在庐州，全仗从舅照顾才得以衣食无忧。缘此，董氏语重心长地劝包拯："舅舅待我们不薄，你一定得手下留情，免得让人觉得你六亲不认。"

包拯却不这样看，他说："不能怪我六亲不认，无情无义。舅舅在庐州称霸一方，百姓怨声载道。做官就是要为百姓做主，既然大家状告到我这儿，我就得管。舅舅仗着我在朝中做官，横行乡里，连县令也不敢过问,长此以往,他的气焰会更加嚣张,如果我都宽恕了他,不依法惩治,你想想看,这庐州会成什么样子?"一席话,说得妻子哑口无言。

第二天,包拯升堂,亲自审理从舅的案件。舅舅上了公堂,本以为外甥会袒护自己,没想到包拯却厉声喝问,并把百姓递上的状纸摆在他眼前,又让衙役找来证人,当面对质。舅舅无话可说,只得认罪。

就这样,包拯依法将从舅在公堂会上责打了一顿。从此以后,庐州那些为非作歹的亲朋故旧都屏息收敛,再也不敢胡作非为,庐州全境太平无事。

包拯不徇私情,为民申冤,千载之后,美名依旧流传。公私的对立,自古至今都会存在,而大公无私也总是难能可贵。如今,干部子弟仰仗父母权势为非作歹的情况,时有耳闻,激起民众义愤,而不少父母却舐犊情深,纵容、包庇子女违法犯罪。如果真的对此

公堂上的包公铜像

法外开恩，不仅不利于子女改正，更是对国家法制和社会道德的戕害。有道是："法不容情。"法治社会的建设关键就在于此。

陈之茂抵制秦桧

南宋高宗时，宰相秦桧独揽大权，党同伐异，肆无忌惮。朝野内外，无不对他忌惮三分，溜须拍马更是大有人在。可是朝臣陈之茂却洁身自好，从不巴结秦桧，甚至敢于抵制秦桧的丑行。

绍兴二十四年（1154），陈之茂受命担任科举考试的主考官。巧的是，秦桧的孙子秦埙（xūn）也在这一年参加科考。于是，秦桧特地把陈之茂召到相府，直截了当地要求他把秦埙取为状元。

陈之茂考虑再三，觉得如果他当面拒绝，秦桧就会撤掉他的主考官职务，换一个唯秦桧之命是从的考官，那样公正取士便不再可能。于是，陈之茂模棱两可地回答说："只要令孙文章确实出类拔萃，我定会按照朝廷的标准，把他取为今科状元。"

秦桧听了，只顾高兴，也没有仔细推敲陈之茂话里有话，以为他已经满口应允。

科举考试完毕，陈之茂逐一批阅考卷。他觉得秦埙的文章虽然写得通顺，但山阴（今浙江省绍兴市）才子陆游的文章更胜一筹。陆游的文章文笔流畅，气势雄浑豪放，洋溢着爱国热情，于是陈之茂毅然取他为头名状元。

秦桧知道后，暴跳如雷，他想命人杀掉陈之茂以出这口恶气，又担心做得太露骨会引起众怒，更怕陈之茂把他以权压人的事揭发出来。再说，还有复试。只要在复试时做好手脚，秦埙也是可以当上状元的。这样，秦桧只是派人警告陈之茂复试时谨慎从事，小心性命。

面对威胁，陈之茂义正词严地说：自己公正取士，为国选才，即便被杀，也觉值得。

接着，陈之茂一面给陆游去信，勉励他为参加复试做好准备；一面给礼部去函，正式通知说：这次由他录取的状元是陆游。如果没有特别充分的理由，是不能另行更改的。

第二年礼部复试的时候，在陈之茂的坚持下，陆游仍被定为头名状元，秦埙只被取为榜眼（第二名）。秦桧竟因此制造事端，逼走才子陆游，然后把秦埙补为状元。

陈之茂对秦桧的丑行愤恨不已。他冒着生命危险，向宋高宗揭发了事实真相。陈之茂的勇敢鼓舞了大家，一些正直的朝臣和应试的举子群起攻击秦桧，甚至秦埙自己也觉得这么一闹脸上无光。后来，在皇帝亲自主持的殿试中，秦埙的文章因略显逊色，进而退居探花（第三名）。秦桧又羞又愤，因抑郁而大病一场，不久就一命呜呼了。

我们都知道，教育是立国之本，人才是强国之本。因此，在教育招考、人才录用方面能否公正公平，可以说关系重大。陈之茂爱才惜才，秉公办事，不为恶势力所威吓，毅然公正取士，为朝廷选出了真正的人才，可谓刚正不阿的典范。如今高考、国考中也存在一些歪风邪气，需要我们像陈之茂那样，公正办事，为国抡才。

朱元璋杀婿惩贪

明太祖朱元璋建立明朝后，吸取前朝灭亡的经验教训，制定了《大明律》，规定官吏贪赃80贯钱就要处死，并禁止官吏在商业活动中牟取暴利，违者要严加惩处。

欧阳伦是朱元璋的三女婿，官为驸马都尉。他文武双全，办事干练，给朱元璋出了许多治理国家的好建议。开始的时候，他兢兢业业为国效力，政绩不凡，朱元璋对他也赏识有加，委以重任。

明太祖朱元璋画像

"路遥知马力，日久见人心。"日子久了，欧阳伦一改夙（sù）行，贪图起钱财来。他看到茶叶由政府专卖，市面上的茶价很高，贩卖私茶利润可观，就利用自己的特殊身份，干起了走私茶叶的勾当。

欧阳伦是当朝驸马，地方官对他的走私行为都睁一只眼闭一只眼，无人敢管。有些不法之徒看到欧阳伦能如此这般地发财，也就赶紧走门子，托关系，行贿赂，与欧阳伦狼狈为奸，大摇大摆地干起了走私的勾当。就这样，欧阳伦走私受贿、贪赃枉法，他倒是发了大财，可国家的税收锐减，而且还滋长了贪污走私、行贿受贿的不正之风，影响极坏。

朱元璋得知此事后，雷霆大怒，立即派人拿下欧阳伦，严加审问。此时，欧阳伦的妻子安庆公主急忙来求见父亲，她跪在地下，声泪俱下地哀求父亲放过丈夫。

朱元璋面对女儿的苦苦哀求，毫不心软。在他看来，王子犯法，与民同罪，如果这次不依法办事，就会损害法律的尊严；如果有法不依，那么社会上就会贪污走私成风，大明王朝也会因此很快灭亡。

安庆公主见父亲的态度斩钉截铁，毫无回旋余地，只得作罢，痛哭而去。

过了几天，欧阳伦被斩首示众。贪污行贿和走私贩私之徒见此，个个胆战心惊，再也不敢为非作歹。缘此，"官倒"现象一时间销声匿迹,《大明律》也得以顺利推行。

朱元璋为了维护法律的权威,不徇私情,杀女婿以儆贪官,这种精神是难能可贵的。当今社会,法制还不算健全,依法治国还在路上,因此有人想方设法钻法律的空子,有人凭借手中特权知法犯法,这些都严重损害了法律的尊严,应该坚决予以打击。同时,每个人的意念中,都应该在头上悬一柄法律之剑,敬畏法律,遵守法纪。

海瑞不畏权势

海瑞是明朝大臣,号刚峰,史称"海刚峰",广东琼山(今海南省海口市)人。他也是史上有名的清官,为官严惩贪官污吏,打击徇私受贿,有"海青天"之誉。

嘉靖三十七年(1558),海瑞在浙江省淳安县做知县,他体察民情,革除弊政,十分清正廉洁。他爱民如子,对那些祸害百姓、以强凌弱的人,绝不手软。他办案公正,一视同仁,绝不放过一条漏网之鱼。

当时浙江总督胡宗宪,是明世宗时期权相严嵩的亲信。此人手握兵权,威镇东南,但他卖官鬻(yù)爵,欺压百姓,作恶多端。有其父必有其子,他的儿子也依仗权势,无恶不作。

胡公子曾在海瑞任县令时来到淳安,因为驿馆招待不够周到,他就将驿吏倒着吊起来,用棍棒殴打。海瑞闻讯,十分愤慨,但因是顶头上司的儿子,不便直接抓捕。于是他心生一计,将胡公子作为假冒之徒抓进了县衙。

在县衙公堂,海瑞升堂审案,他一拍惊堂木,喝问道:"堂下何人?"胡公子如实报上姓名,还详细说明了自己的身份。海瑞听后佯装发怒,说他必是冒充之徒,并下令将其责打四十大板,然后关进了牢房。

事后,海瑞将事情的经过,向胡宗宪作了详细报告。胡宗宪心知肚明,对海瑞恨得咬牙切齿,但因为自己的儿子不争气,把柄落在了人家手里,所以表面上还得夸奖海瑞办事认真,好说歹说把儿子从淳安县的监牢里接了出来。

严嵩手下的一个爪牙名叫鄢懋(yānmào)卿,常常狗仗人势,大肆敛财。有一次,他以总理盐法都御史的身份到东南各省巡视,为了标榜清高廉洁,曾向各地发出告示,假惺惺地说他"素性简朴,不喜逢迎,凡饮食供应,俱宜俭朴为尚,勿得过为华侈,糜费里甲"。官员们都深知鄢懋卿的为人,无不竭尽全力款待,而他每到一地,也总少不了敲诈勒索,大肆搜刮民脂民膏。

海瑞唯恐鄢懋卿来淳安骚扰百姓,就直接向他上了一个禀帖。禀帖中说:"大人您在告示中说,让各地的饮食供应要俭朴一些,可是据我们了解,您每到一地无不花天酒地,这就使我们很难办了。因为如果我们按照正式告示办事,生怕获简慢之罪;如果我们大肆招待,又怕违背了您体贴平民百姓的好意。现在请示您,我们究竟该怎么办才合您的意思呢?"

鄢懋卿细读海瑞的禀帖,反复推敲,自然理会了禀帖里的言外之意,对这个使他极度难堪的七品芝麻官怒不可遏。不过,为了面

位于长春市德苑的
海瑞雕像

子上过得去,他只得咬紧牙关同意按正式告示办事。他深知海瑞公正廉明、铁面无私,为了不碰这个硬钉子,他便绕过淳安地界改往别处。就这样,淳安老百姓逃过了这次劫难。

海瑞一生刚直不阿,不畏权势,秉公执法,严惩贪官,"海青天"远近闻名。他自己生活十分俭朴,其清苦为明朝第一,死后仅留下一只破箱子,装着葛帏(麻布帷帐)旧衣,在同僚的捐助下才得以殓葬。他深得百姓拥戴,发丧之日,士民哭送,绵延百里。

历史上像海瑞这样的清官,都是爱惜民众、清正廉洁、秉公办事的典范。他们爱护民众,民众也拥戴他们,从而能赢得一世英名,流芳百世。当今的为官者,如果都能向海瑞等人看齐,则国家大幸,百姓欢呼,社会和谐。

陈荐刚正不阿

陈荐是明朝官员,为官50多年,历任巡按使、巡抚及尚书、河漕总督等,可谓官高权重。他一生正气凛然、不畏权贵,坚持原则、刚正不阿、廉洁奉公、一心为民,无论是为人做官、还是修身克己,都堪称楷模。

明朝中后期,是我国历史上宦官为祸最猛烈的时期之一。陈荐做官时,正值宦官横行、作威作福之际,势焰熏天,不可一世。尤其是在官员使用方面,宦官们可以操纵政府官员的任免,甚至可以左右内阁大臣的去留。那时,上至朝廷大员,下至地方官吏,对他们都避让三分,就连首辅大臣(相当于宰相)有时也要看他们的脸色行事,而那些品格低劣者,则争相巴结、趋之若鹜,有些甚至甘愿做宦官的干儿义子。陈荐却不为所动,他决心以海瑞为标杆,做一个不畏权贵、刚正不阿的清官。

当时,朝廷设置的特务机关"东厂",由宦官把持,大臣们路过时,都要进去拜访。陈荐时任谏官,"却过而不入,并投侍生帖(一种礼貌性的名帖)而去"。东厂门卫多有不悦,有时还大声怒骂,可陈荐却不屑一顾,昂首而去。

陈荐刚正不阿的作风,受到了正直官员们的称赞,特别是内阁辅臣以及六卿,都交相推崇他。而那些品行不端的宦官,却总想借机非难他。有一次,陈荐在工作上出了点小

陈荐塑像

差错,宦官们就想乘机狠狠报复他一顿,好在有首辅张居正的"庇护",他才得以幸免。

陈荐总是说:"平生不为过分事,惟适当而已。"然而每逢大事,他却敢作敢为,并能坚守原则。担任松江司法官员时,县里有两个致仕还乡的宰相,因争夺势力而闹到了公堂。陈荐接案之后,不畏权势,不偏不倚,秉公断案,由此而声名鹊起。

还有一次,陈荐受命担任钦差大臣,外出巡视各地。出发前,张居正特意嘱咐,要他调查襄阳郑继子为官行事的情况。陈荐知道,郑继子曾经得罪过张居正,而他正是想借自己之手加害郑继子。经过探察,陈荐得知郑继子是个贤能好官,巡视回来后,不但没有一句诬陷之词,反而第一个保举他。张居正知道陈荐一身正气、一心为公,只好自圆其说:"先前我对你说的,正是想了解他的贤能,为

的也是重用他。"

陈荐身居高位，却廉洁奉公，非常痛恨那些贪官污吏。河漕总督是个肥缺，掌管着大把的公款，许多人在这个位子上大捞"油水"，腰缠万贯。而陈荐任河漕总督时，却能洁己奉公，不占丝毫公帑（tǎng，官府的钱财），人们对他"出淤泥而不染"的品节赞赏不已。

陈荐认为，时刻想着百姓，心系民众疾苦，乃治国之大计、为政之要务。他担任陕西按察使时，陕西因连年干旱，三秦大地一片荒凉，百姓生活水深火热。为了救民于水火，陈荐冒着身家性命的危险，下令清理陕西国库，并大胆上书朝廷，用库银赈济百姓。建议得到明神宗的批准，拯救百姓无数。

"平生不为过分事，惟适当而已。"陈荐的这话，看起来似乎有些"疲软"，可我们知道，他的一生却很直、很硬。原因何在？就在于"分"和"当"的把握。如果把为官利民当作本分，把做人正直当作恰当，那这人就不能不正直无私、洁己奉公，坚守原则、刚正不阿。而以权谋私、阿谀逢迎，于国于民，无论如何也不能不算是过分、不当。看来，简单的话语，道理深刻，值得我们记取。

曹学佺断案不惧皇亲

有一副对联："仗义每从屠狗辈，负心多是读书人。"算得上曲尽人情，向来颇得世人的肯认。这副对联出自明人之手，原本是写在断案的案卷上的，它的作者叫曹学佺（quán）。

万历二十三年（1595），曹学佺考中进士，后来历任四川右参政、按察使、广西右参议。在任期间，曹学佺一心为民，多有惠政；不畏权豪，敢于斗争。

曹学佺在四川任职之初，当地发生灾荒，民不聊生。曹学佺设厂煮粥，赈济饥民，又将饥荒情况绘图上报，获准发放了300万两赈济款。四川有行、坐二税，行税取自商贾（gǔ），坐税取自百姓。饥荒之后，百姓逃亡他乡，坐税无从征收。曹学佺以历年行税的盈余，抵作本年的坐税，使百姓免于追缴之苦。

四川道路险峻，曹学佺集资修复了不少道路、桥梁。而当蜀王府毁于火灾，蜀王要地方官筹资修复时，曹学佺却根据宗藩条例予以拒绝。朝廷考绩时，曹学佺因得罪了蜀王，为其所谤，被罢了职。曹学佺离开时，蜀地民众遮道相送，万分不舍。

后来，曹学佺被起用为广西右参议。桂林宗室皇亲素来骄横，常有不法行为。曹学佺执法不阿，遇到皇亲犯法者，即命主管官吏究治，又亲自反复开导，使皇亲肃然奉法。有人倚仗宗室势力，私铸钱币，曹学佺严加逮问，不稍宽纵，私铸之风得以收敛。钱局舞弊营私，两年赢利1000多金，曹学佺订立制度，严加管束，一年就获利5000金。

相传桂林的宗室皇亲好养斗犬，以此赌博娱乐，家奴们依仗权势骄横跋扈（báhù），不仅欺压百姓，甚至连官府都不放在眼里。每当闲极无聊时，这些家奴就牵出斗犬，让其随意撕咬路人取乐。对此，百姓和官府都敢怒不敢言。曹学佺到广西任职后，决心狠杀这帮恶棍的威风。

一天，皇亲的奴才故技重施，放出斗犬，让其撕咬路人。一个秀才奔跑不及，倒在地上，斗犬扑上前来又撕又咬，眼看秀才就要丧命。这时，路边冲出一个杀猪佬，手起刀落，剁了狗头，救下了秀才。皇亲的奴才见主子心爱的斗犬被杀，

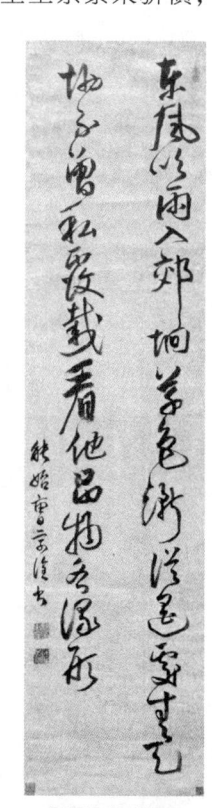

曹学佺书法作品

便把杀猪佬捆起来，连同死狗一起送到官府，要官府判他死罪、给狗偿命。

这案子正好落在了曹学佺手里。看过状纸后，曹学佺不惧皇亲，不仅判屠夫无罪，还判皇亲赔偿秀才医药费。皇亲不满这样的判决，但在律法上又不好过分，于是心生一计，要求重审。皇亲暗中恩威并施，要秀才改口供，说他自己和斗犬相好，那天是在一起玩闹嬉戏，屠夫杀了斗犬，理该偿命。

再审的时候，秀才贪图财物，又惧怕皇亲的势力，就改了口供，出卖了屠夫。听完秀才改的口供，曹学佺勃然大怒，拍案而起，骂道："人证物证俱在，况且屠夫救你一命，你不思回报，反而要置他于死地，与狗相好，认狗为友，伤天害理！天容你，我不容你！"说完，就要衙役杖击秀才。秀才挨不过，招了皇亲收买、威逼他做假口供之事。案件真相大白，曹学佺重判屠夫无罪，秀才革去功名，并愤然在案卷上写道："仗义每从屠狗辈，负心多是读书人。"

不惧皇亲，前有包孝肃（包拯），后有曹学佺，千古流芳。在曹学佺所断的这桩不无传闻性的案子里，人们更为心有戚戚的，却是那副对联。对联说出了一个算不得真理的道理：人世间的好多事，是非判断其实简单得很，之所以抉择困难，不是是非难明，而是利益权衡。平民百姓思维直截，反倒是容易决断；读书人考虑得多，患得患失，不免走错路。看来，简单质朴一些，倒更容易生长出义气来。

吕留良效梅傲霜

吕留良是明末清初的文士，号晚村，浙江崇德（今属浙江省桐乡市）人。康熙年间，他曾两次拒绝清廷的征辟，被迫削发为僧；雍正年间，他因受到牵连，陷入"文字狱"，被剖棺戮尸；辛亥革命后,他被尊为反清志士。

吕留良出身仕宦家庭,祖上在明朝世代为官。其父曾任知县,为人乐善好施。由于父亲早逝、母亲多病,吕留良由三哥吕愿良夫妇扶养。吕愿良曾组建民间社团"澄社",东南士子往来聚会,征选诗文,评议朝政,这对少年时代的吕留良深受影响。

明朝覆亡之后,吕愿良随史可法镇守扬州,吕留良与侄儿吕宣忠(长吕留良四岁)也在顺治二年(1645),散家财招募义勇,与入浙清军抗衡。后来兵败,吕宣忠因探父病回家被捕遇害;吕留良也在战斗中左股中箭,留下了终身创伤。

抗清兵败之后,吕留良隐居行医,他虽然在顺治十年(1653)改名光轮,应试而成诸生,但一直与坚持抗清的张煌言等保持联系。对于应试而成清朝诸生的经历,吕留良在后来的诗文中,多次表示反悔与自责,以"失脚"来比喻这次出试:"谁教失脚下渔矶,心迹年年处处违。……苟全始信谈何易,饿死今知事最微。……"

康熙五年(1666),浙江学使到嘉兴考核生员,吕留良拒不应试,被革除了诸生。此举在社会上引起震惊,而吕留良却怡然自得。从此,吕留良归隐崇德城郊南阳村东庄(在今桐乡市留良乡),继续编选时文,刻印出售,同时提囊行医。他创办的"天盖楼"书局,

吕留良小像及其手迹

通过选评八股文，宣传自己的民族思想和程朱理学。其间，他频频出游，写了许多记游诗，许多诗篇都具有强烈的反清意识。

吕留良晚年，正值清廷对文人软硬兼施加强专制统治的时期。康熙十七年（1678），清廷开博学鸿词科，企图笼络当时的一批名士。浙江当政者首荐吕留良，吕留良固辞获免。康熙十九年（1680），清廷为进一步拉拢和软化明朝遗民，征聘天下山林隐逸，嘉兴郡守复荐吕留良。被逼无奈之下，吕留良只好削发为僧，自建"风雨庵"，隐居讲学。

吕留良去世后，其弟子及湖南儒生曾静等人崇奉吕留良的学说，广为宣传。雍正七年（1729），曾静策动川陕总督岳钟琪反叛，被告发下狱，牵连到吕留良的两个弟子，吕留良被剖棺戮尸，著作也被全部焚毁。此时，已经是吕留良去世第49个年头。而吕留良的家人、族人、弟子，也广受株连，不是戮（lù）体，就是斩首，或者流放为奴。

吕留良获罪的原因，主要是他的著作、日记、书信中有"违碍文字"。比如雍正说吕留良日记里，多有"谤议及于皇考（即康熙）"的言论。又如对联："清风虽细难吹我；明月何尝不照人。"上下联各暗喻"清""明"两个王朝，而曾静、吕留良案可谓清朝文字狱之首。

文字狱虽说古已有之，但在清朝却是"于斯为盛"。这是一种彻头彻尾的"思想罪"，意在禁锢思想自由，奴化知识分子。除此之外，清廷还在编修《四库全书》时，对有"违碍文字"的书籍，一律毁书毁版，杜绝存留。这，其实是远甚于秦始皇"焚书"的文化暴行！

辛亥革命后，吕留良被尊为反清志士，获得昭雪。崇德地方官民，还筹资为吕留良建亭立碑。至今崇德县境内还有"留良""晚村"两乡，分别是用吕留良的名、号命名的。

吕留良曾在自己的厅堂题联："囊无半卷书，惟有虞廷十六字；目空天下士，只让尼山一个人。"这对联口气之大，令人咋舌。朋友倪鸿宝看后，很不以为然。后来吕留良回访倪鸿宝，看到倪的堂联写着："孝若曾子参，只足当一字可；才如周公旦，容不得半点骄。"吕留良看了，深觉惭愧，于是改题堂联曰："效梅傲霜休傲友；学竹虚心应虚情。"

明末清初，像吕留良这样不与新王朝合作的文士，还有很多，最突出者，如顾宁人（炎武），如傅青主（山）。就事论事，这不过是他们封建思想的体现；扩而论之，这也可以说是人格独立、思想独立的体现。毫无疑问，后者对一个国家、一个民族的存亡兴衰是极为重要的。任何国度，如果举国谄谀媚上，众口一词，没有独立、独特的声音出现，国家这样发展下去会如何，值得引人深思。

孙中山任人唯贤

辛亥革命成功之后，孙中山当选为中华民国第一任临时大总统。许多亲戚朋友知道他重权在握，纷纷登门，请求给安排个官职。但孙中山不为所动，用人"惟才能是称"，宁缺毋滥，断然拒绝了这些人的请求。

孙眉是孙中山的大哥，著名的华侨资本家。当初由于家中贫寒，孙眉没怎么念过书。他18岁便去檀香山做工，后来又经营生意，而且越做越大，成了家财万贯的农场主。孙中山在檀香山和香港上学的一切费用，都是由他供给的。在孙中山的影响下，孙眉第一批参加了革命团体兴中会。后来革命遇到挫折、经费发生困难时，孙眉毅然卖掉农场，赞助孙中山领导的民主革命。

孙眉对革命贡献不小，因而广东的父老绅商推举他出任都督，掌管全省的军政大权，但孙中山没有同意。孙中山十分了解自己的大哥，他认为大哥善于经商做生意，但不擅长政治活动。大哥虽然于己有恩，对革命也做过贡献，可这些都不能成为当官从政的资本。因此，孙中山致函广东各界团体和各家报馆，加以谢绝，又给大哥写了封信，婉言劝阻。

没料到自己的弟弟竟然不同意自己出任都督，孙眉不禁怨忿起来。1912年5月，孙中山回广东家乡视察，孙眉便当面质问弟弟为何不同意他做都督。

孙中山再次解释了自己"惟才能是称"的用人原则，孙眉听了后更加生气，历数自己的功绩，并责问孙中山是否忘了自己做出的贡献和牺牲。

孙中山听完大哥的话，稍作沉思，决定让大哥消消气，于是便慢条斯理说哥哥确实为革命做了不少贡献，这是谁都无法忘记的，然后话归正题，指出都督一职并非一般人所能胜任，只有具备政治才干的人才可当此重任，并说哥哥经商是一把好手，适合搞实业来造福国民。

听了孙中山真诚中肯的话语，孙眉被深深打动了，认为弟弟说得在理，自己确实不善于政事，经商倒是会更有成就。就这样，兄弟二人又和好如初。

孙中山"惟才能是称"的用人原则，给后人留下了深刻的启示。只有任人唯贤，才能为国家选用优秀人才。选才任能、不徇私情是美德，相应地，人不以私情，而是以真才实学求取工作、地位，同样也是美德。现代社会，竞争越来越激烈，每个人都应该练就过硬的本领，以适应社会，适应工作。青少年应该抓住大好时光，增长知识，增加才干，将来为国为家做出自己的贡献。

毛泽东严守医院规定

延安是名闻中外的中国革命根据地,抗日战争时期曾是八路军总部所在地。在那里,曾经发生过许许多多令人感慨唏嘘的故事,值得我们今天再度重温。

有一年,八路军一二〇师政委关向应患了严重的肺病,住进了延安中央医院接受治疗。关向应是红军高级领导,全面抗战爆发后,红军主力改编为"国民革命军第八路军",关向应任八路军一二〇师政委,与师长贺龙一起开辟了晋绥根据地。

关向应在延安住院期间的一天下午,当时的中央军委主席毛泽东带着几个警卫员,坐汽车到医院,来看望这位已经几年没有见面的老战友。中央医院离延安城比较远,在一座大山上,关向应就住在山顶的一孔窑洞里。

汽车停在山脚下,毛泽东和警卫员一起爬山前往。由于山高、坡陡、天热,他们在途中休息了两次,才来到关向应住的窑洞。医院非常安静,毛泽东轻轻推开窑门,轻手轻脚走到关向应的病床前。躺在病床上的关向应见毛泽东来了,连忙挣扎着要坐起来。

毛泽东上前握住关向应的手,亲切地询问病情。没等关向应回答,一个小护士突然从窑洞门口闯了进来。她看毛泽东虽然有些面熟,但一时认不出是哪位首长,就走到毛泽东面前,十分严肃地说医院有规定,病人不能会客。

原来,医院规定像关向应这样的重病号,必须安心静养,不允许其他同志来探视。毛泽东得知医院的规定后,急忙起身,深表歉意地离开了病房。

但是毛泽东对关向应的病还是放心不下,于是转身走进护士办公室想问明情况。可是办公室里没有别人，只有跟在身后进来的那个小护士。毛泽东详细询问了关向应的病情和治疗方案，又问了医院的许多情况，然后才和小护士握手告别。

毛泽东走后，小护士急忙去看关向应。她刚走进窑洞，关向应就问她可否知道刚才那个被赶走的人是谁。小护士摇摇头说不知道，这时关向应才告诉她，那个被她赶走的人就是毛泽东。小护士知道后惊呆了，急忙冲出窑洞，却只见毛泽东的高大背影渐渐远去。

作为人民领袖，毛泽东拥有崇高的威望，同时也是革命队伍中的普通一员。他和别人一样，严格地遵守医院的规章制度，毫不特殊。这种严格遵守规章制度的自律精神，值得我们学习。我们作为21世纪的年轻人，不但要学习这种精神，更要将它一代一代地传承下去，让它永放光芒。

罗瑞卿不搞特殊化

罗瑞卿是四川省南充市人，1929年参加中国工农红军，历经长征、抗日战争和解放战争，是共和国的元勋之一。新中国成立后，他出任第一任公安部部长。在职期间，他不仅严格要求自己，而且还经常教育公安干部要做遵守法纪的楷模，绝不利用自身的权势搞特殊，而是要将自己全部的精力倾注到为人民服务的工作中去。

罗瑞卿在家乡与乡亲们交谈

有一次，一位贵宾来

北京，罗瑞卿决定亲自到火车站迎接。不巧，那天忙完公务后时间已晚，当他赶到车站时，火车马上就要进站了。

按照惯例，火车站允许执行公务的公安干部进入站台，但罗瑞卿每次进站接人，总是自动去买站台票，以带动别人不搞特殊化。这一次时间紧迫，再买站台票已经来不及了，于是随行的小姚同志紧走了几步，向检票员说明了身份和来由。

检票员热情地请首长进入站台，罗瑞卿急忙走了进去，也没留意没买站台票。就这样，他们顺利地接到了贵宾。

在回来的路上，罗瑞卿问小姚刚才进站时是否买了站台票。小姚如实回答，说时间紧迫没来得及买。罗瑞卿责备他为什么不补票，小姚一时无言以对。

把贵宾送到住处之后，罗瑞卿用深沉的目光望着小姚，建议开车去补票。小姚正要去车站，罗瑞卿严肃而又慈祥地说："我国有句古话，叫'勿以恶小而为之，勿以善小而不为'。不买站台票进站，虽然是件小事，但我们不能因为它'小'就不去注意。我们应该'防微杜渐'啊！"

小姚听了罗瑞卿的话，连忙去车站补买了站台票。这件事令小姚终生难忘，在后来的人生道路上，他时刻铭记罗瑞卿的教导，从来不搞特殊化，任何小事都不放纵自己。

"勿以恶小而为之，勿以善小而不为"，这是中华民族的传统美德。我们从公安部部长补站台票这一小事上，可以得到一个不小的启示：好的思想或习惯，正是从一点一滴的小事中积累而来的；相反，坏的思想也是如此。我们应该严格要求自己，万万不可让不好的思想在头脑里滋生、不好的行为在行动中出现，而是要让自律意识自始至终主宰我们的人生。

刘胡兰严守党纪

宁死不屈、英勇就义的女英雄刘胡兰，1932年出生于山西省文水县云周西村一个贫苦农民家庭。

刘胡兰从小接受党的教育，积极参加革命斗争，在村里搞宣传、办冬学、组织妇女做军鞋，她工作都极为出色。1946年，刘胡兰14岁时，党组织经过研究，一致同意吸收她为中共预备党员，等她满18岁时再转为正式党员。

1947年1月12日，山西军阀阎锡山的军队突然袭击云周西村，逮捕了小英雄刘胡兰。其实，在这之前，已有人通知刘胡兰处境危险，要她转移到西山，但刘胡兰为了忙碌的工作而放弃了逃走的机会。

刘胡兰与村民被匪兵赶到一座观音庙前。这时，一个叛徒走了

刘胡兰雕像（山西省文水县刘胡兰纪念馆）

过来，恶狠狠地说："刘胡兰，今天你可要当心，待会儿向你问话，你可要老实回答，否则就别想过关。"

刘胡兰瞪了他一眼，心中暗骂不止。几个人端着枪，来到刘胡兰面前，将她带进了大庙西厢房。房中坐着两个匪兵头子，正等着审问刘胡兰。

一个叫张全宝的匪兵逼问刘胡兰是不是共产党，刘胡兰自豪地承认自己是共产党员，毫不讳言。张全宝又让刘胡兰供出村里和区上共产党的名单，刘胡兰坚决不说。张全宝威逼利诱，刘胡兰不为所动。连长许得胜沉不住气了，他抡起手中的皮带，怒吼道："你别不识抬举，要不然崩了你！"

张全宝制止住许得胜，对刘胡兰说："这样吧，一会儿开大会，你在众乡亲面前认个错，说你参加共产党是受骗的，就行了。"刘胡兰听了，愤怒地对他说："呸，办不到！"这下可惹恼了张全宝，他对匪兵一挥手，说："带出去！"

庙前广场上，被捕的石三槐、石天儿等六人列成一排，都对匪军怒目而视。匪军将刘胡兰带出，当着她的面将这六位英雄残忍杀害，刘胡兰心都碎了。

张全宝走近刘胡兰，奸笑着说："你还不自白？"刘胡兰依然毫不畏惧，说："要我自白，办不到！"

"你才15岁，难道不怕死？"

"怕死不当共产党，我死也不自白，绝不投降！"

匪军气得直打哆嗦，刘胡兰挺身上前，在穷凶极恶的敌人面前，从容地躺在了铡刀下，壮烈牺牲，当时还不满15周岁。据相关资料，刘胡兰是已知中国共产党女烈士中年龄最小的一个。

刘胡兰正如毛泽东所赞："生的伟大，死的光荣。"为了保卫党的利益，保全同志们的生命，刘胡兰严格遵守纪律，宁死不泄露党的秘密，这种高度的自律性，令我们赞叹不已。在和平年代，我们不会面临这种生命考验，但我们仍然需要遵守各种法规纪律，要能够做到利益面前不动邪心，困难当前勇于克服。

邱少云视纪律高于生命

邱少云是四川省铜梁县（今属重庆市）人，1949年加入中国人民解放军，1952年加入中国人民志愿军。在中国人民英烈榜上，他是一个为严守纪律而不惜牺牲性命的烈士。

1950年夏，四川人民迎来了新中国成立后的第一个丰收年，邱少云所在部队奉命前去帮助农民收割庄稼。邱少云熟练地挥动镰刀，一会儿就把别人落下了一大截。割了几趟后，邱少云忽然觉得头重脚轻，浑身无力，但他仍然坚持收割庄稼。晚饭后，卫生员测过体温，邱少云才知道自己发了高烧，连长对他说："你要好好休息，早点养好病，实在闷得慌，就擦一擦你们班的枪。"

邱少云因病不能帮农民劳动，就闷闷不乐地擦起枪来。待把其他战士的枪擦完，正要拆开自己的枪擦时，突然电闪雷鸣，眼看大雨将至。邱少云赶紧抓起扁担就往地里跑去，刚拆散的枪零件依然摆在桌子上。

邱少云没跑出多远，大雨就"哗哗"地下了起来，回去拿雨衣已经来不及，他便像落汤鸡一样和大家一起忙着挑运捆好的水稻。这时，朱连长把一件雨衣披到了他的肩上，并大声对他说："真是乱弹琴！这么大的雨，你的病加重了怎么办？还不赶快回去？"为了早点把水稻抢运完，邱少云没听连长的话，一直坚持到抢运完毕。

抢挑完水稻后，班长回宿舍看到散摆着的枪零件，大吃一惊。班长和连长商量了一下，找来邱少云，说道："有件事我要批评你。

你带病参加抢收,这种精神很可贵,值得表扬和学习。可是,你让大雨一淋,病情加重怎么办?连长让你休息,是从整个革命利益着想。有了好身体,才能多做工作、做好工作。你应该服从命令,好好休息。"

班长接着又说:"你急急忙忙就走了,把枪零件随便扔在桌子上,要是有敌情怎么办?难道你能赤手空拳上战场,用两个拳头打敌人吗?"

班长的话,让邱少云认识到了遵守纪律、服从命令的重要性。他立即向班长诚恳地做了检讨。从此,邱少云视纪律高于生命,严格遵守。

1952年10月11日,在抗美援朝前线,反击敌占金化以西三九一高地的战斗中,邱少云和全排战士奉命于夜间潜伏在距敌阵60米的山脚,待次日傍晚配合大部队发起总攻时突袭敌人。12日

邱少云雕像(邱少云纪念馆)

中午，敌人发射的燃烧弹引起烈火，蔓延到邱少云身旁，也烧到了他的身上。

邱少云身后就是一条水沟，那时候，只要他往后挪上几步，在水沟里打几个滚，就可以把火扑灭，但他始终一动不动。他心里很清楚，此刻，山上山下正有几十架望远镜注视着燃烧的地方，只要稍稍有一丝动静，敌人的炮火就会顷刻间把潜伏着五百名战士的这块开阔地炸成焦土。于是，邱少云一直忍受着烈火带来的剧痛，纹丝不动，直到壮烈牺牲，最终保证了战友们的安全和整场战斗的胜利。

年仅26岁的邱少云牺牲后，被追认为中共党员，记特等功，授予"中国人民志愿军一级英雄"称号，并荣获"朝鲜民主人民共和国英雄"称号及金星奖章、一级国旗勋章。

在和平时代的日常生活和工作中，遇到邱少云那样的纪律与生命绝对矛盾的时候也许并不多，但是，"视纪律高于生命"的精神却是时刻需要的。日常生活和工作中，与纪律冲突的，更多是个人的利益和个性。当今时代是一个崇尚个性的时代，尤其是年轻人，更是以张扬个性为尚。然而，张扬个性是时代的精神，严于律己也是不可或缺的美德。二者兼顾，完美统一，社会才是和谐的，个人也才是优秀的。

"环保卫士"索南达杰

"可可西里"（意为"青色的山梁"或"美丽的少女"），是藏羚羊的家乡，一个神奇的地方，曾经牵动过多少国人的殷切目光，也引起了全世界的广泛瞩目。而可可西里、藏羚羊，永远都会和一个名字紧紧联系在一起，他就是索南达杰。

索南达杰塑像与纪念碑

杰桑·索南达杰是青海玉树藏族自治州治多县人，1974年从青海民族学院毕业后，他放弃留在城里的机会，毅然回到故乡，先后担任民族中学教师、县教育局副局长、乡党委书记，在各个工作岗位上出色地完成了工作。

可可西里拥有丰富的矿产和野生动植物资源。尤其是藏羚羊，由于藏羚羊毛底绒细软、质地极佳，走私出国可以获得高额利润。因此，藏羚羊盗捕滥杀及走私现象一度十分严重。许多盗猎者结党营私，勾结帮派，不惜以身试法，甚至武装盗猎。

面对藏羚羊保护的严峻形势，1991年，时任治多县委副书记的索南达杰，提出了《关于管理和开发可可西里的报告》。县政府把索南达杰的提案上报玉树州人民政府，请示成立可可西里保护机构，并获得了批准。

1992年7月，治多县西部工作委员会（简称"西部工委"，别称"野牦牛队"）成立，索南达杰兼任西部工委书记。这是我国第一支武装反盗猎的队伍，专门负责该地区自然资源尤其是藏羚羊的保护。在任内，索南达杰曾12次率领工作组，进入平均海拔5000米以上的可可西里无人区，进行野外生态调查及以藏羚羊为主的环境生态保育工作，共计抓获非法持枪盗猎集团八伙，有效打击了盗猎者的嚣张气焰。

对于盗猎者的无法无天，索南达杰曾经感叹道："这里不是无人区，而是无法区。"在具体考察可可西里后，索南达杰主持成立了"可可西里野生动物保护办公室"及"可可西里高山草场保护办公室"，向有关部门申请成立了"西部林业公安分局"和"可可西里国家级自然保护区"。

1994年1月中旬，索南达杰和4名队员，在可可西里抓获了20名盗猎分子，缴获了7辆汽车和1800多张藏羚羊皮。1月17日早上，索南达杰带队出发：前方是租来的卡车，后面是西部工委的北京吉普，中间夹着几辆盗猎者的车。由于风雪交加，折腾一天也只能走很少的路，天黑后便在大雪峰上住宿。担心卡车车厢里的盗猎者冻坏，索南达杰让他们下来坐在驾驶室里，自己则驾车出去探寻路径。

第二天，行至太阳湖西岸时，卡车两个左轮爆胎，索南达杰便让队员乘吉普车加速前进，拦住前面的车队，再回来接自己。谁知那天夜里，接索南达杰的队员走后，狡猾的盗猎者趁着剩下队员不备，把他们捆绑起来，十几个人摆开车阵，等着索南达杰的到来。

索南达杰来了，他的车在车阵前50米处停下。索南达杰下车，慢慢地走过来。盗猎者举起枪，枪口对准了索南达杰。一个盗猎者走过来，像是打招呼，走到跟前，却突然一个虎扑将索南达杰抱起，两人厮打起来。索南达杰将那家伙一下子摔在地下，抬手一枪，那人再也不动了。接着，枪声连串响起，子弹密集射来。索南达杰手持旧手枪与盗猎者对峙，打光了所有的子弹，流尽了最后一滴血，在可可西里-40℃的风雪中铸成了一尊英雄的冰雕。

杰桑·索南达杰牺牲后，中共青海省委授予他"党的优秀领导干部"称号；国家环保局、林业部授予他"环保卫士"的称号。

近些年来，环境保护问题越来越突出，引起了人们的广泛注意。但环境问题绝不仅仅是空气、水体污染，还有生态和生物多样性等，这方面的工作还有很长的路要走。目前，我国的环保法规逐步完善，如果每一个公民、每一家企业、每一个机关都能遵纪守法，环境保护工作就会做得更好。同时，对于那些以身试法者，要坚决予以打击，以告慰烈士的在天之灵。

梁雨润执法严明

2002年，长篇报告文学《根本利益》在社会上引起轰动，主人公梁雨润为民申冤、为民办实事的事迹感动了广大读者。

梁雨润是山西省运城市纪委常务副书记，他以一心为民，执法严明，真正做到了权为民所用、情为民所系、利为民所谋，在三晋大地上广为传颂，赢得了广大干部的衷心拥护和爱戴，被誉为"百姓书记""爱民干部"，2003年12月18日，中央纪委发出通知，号召全国纪检监察干部向梁雨润同志学习。

1998年6月，上级安排梁雨润任山西省夏县纪委书记。到任后的第六天，梁雨润很早就起来批阅群众来信。埝掌镇枣庙村农民胡正来的控告信，引起了他的重视。信中讲述了这样一件事：1996年9月，胡正来的儿子胡宏鸰新婚不久便到太原一家工厂打工，不幸触电身亡，厂方给了1.68万元抚恤金。儿媳李某提出改嫁，并要带走这笔钱。老两口不答应，李某反将他们告到县法院法警队，法警

梁雨润深入群众

队把胡正来存在本村信用社代办站的抚恤金,连本带息共 1.7 万元非法提走。闻此消息,胡正来的老伴立即口吐鲜血昏死过去,醒来时已精神失常。在两年多的时间里,胡正来不停反映,可事情始终没能得到解决。

梁雨润坐不住了,刚上班,他就叫上信访室主任前往 25 千米远的胡正来家。半路上,他们接到县委办公室通知,要梁雨润马上回去,下午与各乡镇的党代表见面。原来,第二天就是党代会换届选举,而与代表见面,有助于顺利当选。梁雨润当然知道"见面"重要,但一想到手头的案子已拖了两年多,而且自己已经走到了半路,如果仅仅因为担心丢掉几张选票就半途而废,他觉得对不起百姓,于是不再犹豫,继续上山。

胡正来家所在的埝掌镇,在横亘百里的中条山上,崎岖的山路使吉普车颠簸不已。来到胡家的窑洞,眼前的胡正来夫妇让梁雨润感叹不已。听了事情的原委,梁雨润按捺不住心头的激愤,当场对胡正来承诺:只要事情属实,保证尽快解决。

梁雨润是个急性子,回到办公室,他就主持召开了由公、检、法、司四部门负责人参加的专门会议,研究解决胡正来案。经过七个昼夜的内查外调，梁雨润和同事们终于查清了法院法警队违法违纪的基本事实：除付给原告1000元外，还有吃喝玩乐挥霍7000元，法警队队长贪污、挪用9000元。很快，胡正来的款追了回来，法警队队长被开除党籍并移送司法机关，其他相关人员也得到了相应的处理。

梁雨润到夏县不久就变群众上访为干部下访，一时间，这个县拖了十几年甚至几十年的积案，全部被翻腾出来，一一得以解决。还查处了几起腐败案，对违法违纪分子予以公开处理。这在夏县民众心中产生了巨大反响，梁雨润"百姓书记""梁青天"的名号在百姓中广为流传。

梁雨润以自己的实际行动，赢得了党和人民的信任。2001年3月5日，省委将梁雨润调任运城市纪委副书记，夏县上千群众自发为他送行，场面感人。

梁雨润对自己严，对家人和身边的工作人员同样严。对家人，他约法三章：不收与案件有关人员的礼物，不替任何人说情，不打听案件情况。对司机，他提出三个不准：不准代收礼品，不准提分外要求，不准借领导之名办私事。

近些年来，像梁雨润这样铁腕反腐、一心为民的纪检监察好干部，在全国各地涌现出来的还有很多。前两年，电视剧《人民的名义》的热播，也反映了广大民众对优秀纪检监察干部的推崇。当前，反腐败形势依然严峻，党和人民需要纪检监察干部无私无畏，依法依规整治腐败，清除各种各样的腐败阴霾。

【肆】

勤学上进
志存高远

专心致志的学徒

古时候有一个名叫秋的棋手,由于棋下得特别好,所以人们都称他为"弈秋"。

弈(yì)秋收了两个徒弟,一心想把自己的高超棋艺传给他们,便每天辛勤教导,非常耐心细致。谁知一样的老师,一样的教导,两个徒弟的学习效果却大为不同。

一个徒弟,生性朴实,谦虚好学。他学习非常专注,全部心思都放在了下棋上。弈秋教导他的时候,这个学生仔细观察弈秋的每个动作,认真思索弈秋的每一步安排,细致品味弈秋的每一句言谈。所以,他迅速准确地领悟了弈秋棋艺的精髓,进步得飞快,连弈秋都为之惊叹不已。

弈秋课徒

另一个徒弟却大相径庭,他同样天天跟在弈秋身边学习,却总是心有旁骛(wù)。弈秋认真讲解下棋要领之时，他眼睛好像盯着棋子，可心思却被空中的大雁所占据：看到天空飞过一只大雁，恨不得马上弯弓搭箭，一下子把它射落。结果弈秋的讲解，他一句也没有听进去。日复一日，年复一年，这个学生的棋艺依旧拙劣不堪，没有丝毫的进步，弈秋对他失望至极。

两个学生共同学棋，又是同一名师传授，最终的结果却天差地别：一个成了棋艺高超的名手，另一个却一无所获。其中原因，不言自明：一个专心致志，另一个心不在焉。

"蚓无爪牙之利，筋骨之强，上食埃土，下饮黄泉，用心一也。蟹八跪而二螯，非蛇鳝之穴无可寄托者，用心躁也。"这是荀子在《劝学》中的文字，它以比喻的形式，阐述了两种截然不同的学习态度。学习态度的不同，必将导致不同的结果。那些有所成就的人，之所以比别人走得更高更远，就在于他们具有专注的品质。无论思考还是行动，只有聚精会神、专心致志，才能把握好人生旅程的风向标，向人生价值的最高点迈进。

熊渠子刻苦练箭

西周时期，楚国有个酷爱射箭的青年，名叫熊渠子。他自幼学箭，刚开始的时候，由于力气小，射出的箭不成直线，轻飘飘地飞行一小段距离，便从半空落到地上，根本射不到目标。因此，他开始锻炼臂力。过了两年，他已经练得虎背熊腰，可以拉出满弓、射出远箭了，可他射出的箭却常常偏离靶心，有时候一连几箭射空。于是，他又加紧练习眼力，每天勤奋刻苦，坚持不懈。终于，他射出十箭，就有七八箭会射中目标，箭法可谓娴熟。

对于这些小小的进步，熊渠子并不是十分满足，因为他希望自己射出的箭能够百发百中。他不断地练习,却好像卡在了瓶颈,就是不能提高。熊渠子左思右想,找方法,下功夫,可还是照旧,这令他非常苦恼,于是就去向别人请教。

熊渠子找到一位当地的贤士,请教那人说:"我习箭多年,自以为尽了最大的努力,每天起早贪黑,苦思冥想,可就是达不到百发百中,我不明白这是为什么,难道真的是我能力有限,成不了射箭高手吗?"

那人摇摇头,笑着说:"不然。你现在是靠技术射箭,十有七八射中目标已属不易,但这不算高明的射手。高明的箭手都是靠心去射每一支箭,这就是你所欠缺的。"

熊渠子听了贤士的教导,回去细细品味、反复揣摩,更加刻苦地练习。一次,熊渠子与人在山路上行走,猛然看到树丛中卧着一只老虎,众人大吃一惊,更有人掉头就跑。熊渠子把心静了一静,心想我有弓箭在手,何必害怕。随后他操起长弓,集中注意力,对准树丛中的猛虎一箭飞出,"嗖"地射中了老虎,可老虎却毫无反应。熊渠子认为这一箭至少会射伤猛虎,可它仍是一动不动,这令熊渠子大感不解,便同两个人上前去看,原来那根本不是老虎,而是一块像老虎的石头。石头上插着一支箭,正是熊渠子刚刚射出的,那支箭竟然射入坚硬的石头之中,而且一直没到箭翎,众人惊讶不已。

这件事很快传扬开来,人们都为熊渠子的高明箭术叫绝。熊渠子也豁然领悟:只要集中精力,以必胜的信念迎战,就一定会取得胜利。

在现实生活中,每个人都有许多美好的愿望,尤其是在青春岁月里,更是拥有无数绚丽多姿的人生理想。然而,随着时间的流逝,许多人很快就自觉不自觉地改变了自己的信念,放弃了自己的初衷。对年轻人来说,在对梦想的追求中,不仅需要耐心的等待,不懈的奋斗，百折不挠的拼搏，还需要对自己的信念坚信不疑，不能产生丝毫的动摇。只有如此，才能坚持到成功的那一刻。

越王勾践卧薪尝胆

吴、越是春秋时期相邻的两个诸侯国，为了争夺霸权，两国之间连年征战。吴王夫差的父亲阖闾（hélú），就是在攻打越国时被越国将士乱箭射死的。临终之前，他叮嘱儿子夫差，一定要为自己报仇雪恨。

三年后，吴王夫差为报越王杀父之仇，举兵攻打越国。双方交战于夫椒（今江苏省苏州市一带），结果越国战败，越王勾践成了吴王的俘虏。

越王勾践为了保住性命，以求将来寻机报仇雪耻，便低声下气地请求，到吴国做吴王的臣子，心甘情愿伺候吴王。为了显示自己的大度，吴王夫差答应了这一请求，决定暂且留勾践一命。

到吴国之后，吴王安排勾践住在阖闾坟墓旁的一间石屋里，每天干些喂马、扫粪的活计。吴王每次出去游玩，勾践都要趴在地上做人体马墩，让吴王踩着自己的背脊上马，然后再拿着马鞭走在车子前面。周围的人见此情形，都取笑说："看，这是大王的马夫。"勾践听了，就像无事一般，脸上没有丝毫怨恨的神情。

有一次，吴王生病，勾践赶紧跑来问候。正好此时吴王要大便，于是勾践搀扶着他大便完，又返回去掀开马桶盖看了看，闻了又闻，然后转过身对着吴王磕头说："恭喜大王，您的病已过了危险期，再过两天就好了。"吴王好奇地问："你怎么知道？"勾践回答道："我检查过大王的大便，发现大王肚里的毒气已散发出来了。"

勾践就这样在吴国忍受了三年的屈辱。这三年中，他忍辱负重，小心翼翼地伺候吴王，百依百顺。吴王被他的"忠心"所感动，就放他回到了越国。

回到越国后,勾践念念不忘在吴国所遭受的奇耻大辱,决心报仇雪耻。为了不至于忘记在吴国时的悲惨境遇,勾践每天晚上都睡在柴草上,还在睡处上方吊了一只苦胆,吃饭、睡觉前都要尝一尝,以提醒自己永远不忘失败的耻辱。

十年之间,勾践采取许多措施富国强兵,越国终于富强了起来。公元前437年,越王勾践亲自率军攻打吴国,结果吴国大败,吴王无奈自杀。

越王勾践为洗雪耻辱、复兴越国,忍辱负重,刻苦自励,发奋图强,卧薪尝胆十年,励精图治十年,最后一举灭吴,得偿夙愿。正如蒲松龄所写:"有志者事竟成,破釜沉舟,百二秦关终属楚;苦心人天不负,卧薪尝胆,三千越甲可吞吴。"作为新时代的青少年,为了实现中华民族的伟大复兴,我们同样需要具备刻苦自励的精神和坚持不懈的恒心,以达到成功的彼岸。

勾践卧薪尝胆

孔子虚心学琴

孔子是我国古代著名思想家、教育家，儒家学派的创始人。他"学而不厌，诲人不倦"，学习在他的一生中占有极其重要的地位，甚至他自认为胜过别人的唯一长处就是学习。

孔子兴趣广泛，其教学内容涉及"六艺"——礼、乐、射、御、书、数，堪称通博。自然，孔子也非"生而知之"，而是"学而知之"，他所教诲别人的知识、本领，都是学习得来的。孔子精通琴艺，这正是他努力拜师学艺的结果，而他学琴的专注和执着，也很值得后人效法。

鲁国有位著名音乐家，名叫师襄，弹琴技艺出神入化。孔子得知后，便专程登门拜师学艺。师襄见是大名鼎鼎的孔子，刻意推托，但孔子再三恳求，师襄无奈，只好应允。

初学时，师襄把自己最喜爱的曲子教给孔子，讲解完弹奏要领，就让孔子独自练习。孔子认真地按照老师的要求去做，一遍一遍，

《圣迹图》中所绘孔子学琴

不间断地练了10天。师襄认为孔子弹得已经很不错了，就对他说："这首曲子你已经学会了，从明天开始，我们改弹新的曲子。"

没想到孔子却说："这支曲子的弹奏技法，我基本掌握了，但对它的精神和内容却理解不深。所以只是会弹奏而已，缺乏神韵，您还是再让我练习几天吧！"师襄听了这话，心里十分高兴，他觉得孔子严格要求自己的态度很难得，于是又辅导孔子练习了几天。

几天之后，孔子已经完全掌握了这支曲子，师襄又提出让他改弹新曲。不料，孔子又一次拒绝，他诚恳地对老师说："我虽然理解了这支曲子的精神和内容，但并未吃透它的主题思想和深刻含义，您能让我再多练习几天吗？"孔子一针见血地指出了自己的不足，师襄顿时哑口无言，只好同意他再多练几天。

又过了几天，孔子的琴艺有了更大的进步，连他自己也喜上眉梢，师襄便再一次提出更换新曲。可孔子还是认为自己没资格更换新曲，因此，他又一次恳求老师："我还未体会到乐曲中人物的形象，想再练一练。"孔子竟然能体会到这支曲子的主旨，师襄颇感惊讶。之前，师襄担心此曲太过艰深，并未挑明它意在刻画人物形象，没想到此时，孔子却自己体会到了曲子的真谛，作为老师当然是异常兴奋了。

几天后，师襄来听孔子弹琴。一曲弹毕，孔子激动地对老师说："我似乎从乐曲中看到了一个人，他黑黝黝（yǒu）的脸，身体高大魁梧，目光深邃（suì），有称王四国的气概。对啊，这不是周文王吗？除了他，还有谁？"

此时此刻，师襄终于明白孔子为什么会成为大学问家了，他快速离席，佩服地冲孔子一拜，说："你说得对，这曲子确实名叫《文王操》。"

孔子学琴，就如同他做学问，绝不只是浅尝辄止，而是认真刻苦，专注投入，不耻下问，不断深入，直至洞悉事物的本来面目。

大凡有成就、有学识之人，没有一个不曾下过一番苦功夫，只有具备这样的决心、这样的努力，才能学有所成、为有所就。

颜回安贫乐道

颜回字子渊，又称颜渊，后人尊之为"颜子"。他和父亲颜路，先后同列孔门。他是孔子最得意的门生，他和老师安贫乐道的精神，被后世称为"孔颜乐处"，深受推崇。

在孔子弟子之中，颜回以好学知名。有一次，孔子问子贡："你和颜回，谁更出色一些？"子贡回答说："我怎能比得上颜回呢？颜回，闻一知十；我呢，也就是闻一知二。"孔子表示赞同："不如啊！我和你不如颜回。"有一个叫季康子的人问孔子，弟子当中谁最好学；孔子答说是颜回，但不幸短命去世，现在没有好学的了。

颜回去世以后，孔子哭得十分悲痛，并且连说："这是老天跟我过不去啊！这是老天跟我过不去啊！"孔子之所以如此看重颜回，不仅在于他的好学，还在于他的志愿和德行等。

关于自己的志愿，有一次颜回回答老师问话，曾经说：

"回愿得明王圣主辅助之，敷（fū，播布）其五教，导之以礼乐，使民城郭不修，沟池不越，铸剑戟以为农器，放牛马于原薮（sǒu），室家无离旷之思，千岁无战斗之患，则由无所施其勇，赐无所用其辩矣。"

意思是说：我希望得到明王圣主来辅佐他们，向人民宣传五教，用礼乐来教导他们，使百姓不必修筑城墙，不用过护城河，剑戟之类的武器改铸为农具，平原、湿地放牧牛马，妇女不因丈夫长期离

颜回（左）画像

家而独处相思，一千年都没有战争的患难。这样，子路就没有机会施展他的勇敢，子贡就没有机会运用他的口才了。孔子听了这话，表情严肃地说："这种德行是多么美好啊！"

颜回的诸多德行中，最突出的是安贫乐道。有一次，孔子问他："你家境贫困，住居低矮，为什么不去当官呢？"颜回回答说："我有些田地，足可以供养简单的衣食，还有鼓琴和跟老师学习的乐趣，所以不愿去当官。"

孔子曾极力称道颜回的安贫乐道，他说："贤哉，回也！一箪（dān）食，一瓢饮，在陋巷。人不堪其忧，回也不改其乐。贤哉，回也！"（《论语·雍也》）就是说，颜回用简陋的竹器吃饭，用瓢饮水，住在陋巷里，别人受不了这种困苦，他却始终快乐不已。

《论语·述而》也记载了孔子同样的言行："子曰：'饭疏食，饮水，曲肱（gōng）而枕之，乐亦在其中矣。不义而富且贵，于我如浮云。'"就是说，吃粗粮，喝白水，弯着胳膊当枕头，也充满了快乐。靠不义的手段得到富贵，对于我而言好像浮云一样。（参见《美德箴言》）

孔子、颜回这种为追求真知、实践仁义，不以箪食瓢饮、饭疏饮水、曲肱而枕为苦，而乐在其中的精神境界，后人概括为"孔颜乐处"。简单来说，"孔颜乐处"就是儒家士人（知识分子）安贫乐道、达观自信的处世态度与人生境界。自古以来，中华民族的仁人志士，大都认为人生快乐不在于物质享受，而在于精神的追求。古人把"孔颜乐处"奉为至高无上的人格理想与道德境界，我们对此也应该心向往之、奋起践履。

毛遂自荐救邯郸

战国时期，秦国出兵攻打赵国，才几天工夫，就把赵国国都邯郸团团围住。慌忙之中，赵王一边命令将士坚守城池，一边派平原君前往楚国请求派兵救援。

平原君是战国四公子之一，家里养着三千多名门客，这些门客有的能文，有的能武，但也有不少混饭吃的无能之辈。接到赵王的诏令后，平原君深感此行责任重大，困难重重，于是决定从三千门客中挑选 20 名文武双全者，一同前往楚国求救，并商议联合抗秦之策。

接着，平原君开始在门客中挑选文武兼备之才。起先还比较顺利，很快就挑选到了 19 个人，但挑到最后一个时，却怎么也选不出来了。这可难住了平原君。

邯郸市的毛遂塑像

正在这时，有个叫毛遂的门客，主动找到平原君，要求一同前往。他对平原君说："我听说将军此次挑选的人还差一个，就匆忙来向将军推荐自己，请您带上我吧！"

平原君仔细打量了一下眼前这个人：个头不高，其貌不扬，还一脸的凶相。由于门客太多，平原君根本记不起门下有这么个人，便问道："你叫什么名字？在我这里多少年了？"

毛遂回答说："我叫毛遂，在您这里已经有三年了。"

平原君听了，有些生气地说："有才能的人，如同一把锥子放在布袋里，它的锥尖会刺破袋子露出来。可你在这里待了三年了，我却从来没有听说过你的情况，可见你并没有什么才能。我看，你还是回去吧！"

听了平原君的话，毛遂并没有气馁，而是继续请求道："我今天就是像锥子放进袋子一样请求您。如果早能这样，我早已经刺破袋子显露锋芒了！"

平原君见毛遂胆略不凡，言辞犀利，觉得是个人才，于是决定把他带上，也好凑够 20 的整数。

平原君一行马不停蹄，来到楚国后，就立即与楚王协商联合抗秦之事。然而，不管怎么说，楚王就是不肯出兵。看到这种情况，毛遂有些不耐烦了，便手持宝剑走到楚王面前，慷慨陈词。楚王见毛遂手持宝剑站在自己面前，心里不禁有些慌张，加之毛遂的话很有道理，最后终于答应派兵救赵，联合抗秦。

不久，秦军大败而归，邯郸解围。事后，平原君称赞毛遂说："毛先生以三寸之舌，胜过百万雄师。"从此，平原君把毛遂待如上宾。

我们的传统文化是很讲究谦逊的，但谦虚、退让要看在哪些方面。求学上进途中，还是谦虚一些好；利益好处面前，还是退让一些好。但是，国难当头之时，民族危亡之际，切不可谦虚退让，而要勇于毛遂自荐、主动请缨。毛遂自荐、主动请缨，同样是我们的传统美德。在全球竞争异常激烈、国家又需要大量优秀人才的今天，我们每一个年轻人都应该掌握硬本领，勇于毛遂自荐、承担重任，让自己的才能尽快得到充分发挥，服务国家，造福人民。

张良诚心拜师

张良字子房，他出身韩国贵族，祖父、父亲都做过韩国的宰相。公元前230年，秦国灭了韩国，张良因此与秦国结下深仇大恨，他发誓要杀掉秦始皇，灭亡秦国。

公元前218年，张良得知秦始皇巡游车队的行进路线，便与所雇大力士埋伏在博浪沙官道旁，等秦始皇的车队路过，大力士一跃而出，将巨椎（chuí）击向辇车，随后逃走。但这次行刺并未成功，因为秦始皇早有准备，一模一样的辇车有好几辆，外人根本不知道他坐在哪辆辇车里。

秦始皇得知是张良雇人行刺，一怒之下，下令全国缉拿刺客。张良无奈，只得逃往下邳（pī）（今江苏省邳州市南），以图他策。

张良漫无目的地游荡在下邳的小镇上。一天，张良信步来到一座小桥上，见一位鹤发银须的褐服老者，正坐在那里享受着湖边徐徐的清风。看着这位年迈老人，想到自己正在奔波逃亡，张良不禁对老者的清闲深感羡慕。

就在张良经过老人身边时，褐服老人当着他的面，把自己脚上的鞋子扔到了桥下。张良心下纳闷，随即听见老人喊他："小子，去把鞋子给我捡回来。"张良很是恼怒，但念及老者年事已高，便忍气吞声地下到桥底，拾回了鞋子。没想到褐服老者又朝张良伸出脚，让他给自己穿鞋。张良心想：好人做到底，就屈膝把鞋子穿回了老者脚上。褐服老者站起身大笑而去，张良更加感到惊奇。老者走时

张良"圯上敬履"彩绘

告诉张良,要他五天后天一亮在此等他。张良此时才领悟到,这位老者是个奇人,定有来历,于是恭恭敬敬地答应下来。

五天后,天刚一放亮,张良就来到了指定地点。可一上桥,就看到老者背着手守在桥栏边,面色极不和善。老者说:"你迟到了,五天后同一时间,你再来。"

又过了五天,等鸡叫头一遍,张良就赶紧穿衣出发。等到桥头一看,老者又先到了。老者十分气愤,对张良说:"又迟到了,五天后你再来。"

又过了五天,张良半夜时分就从床上爬起,赶奔桥头。这次他松了一口气:桥上此时就他一人。没过多久,老者也来了,他见张良早他到达,很高兴,说:"年轻人就该这样。"

从此,张良拜老者为师,学到了不少兵法谋略。张良之所以能够成为辅佐刘邦打天下的谋士,成为"汉初三杰",与这一段学习、求教经历密不可分。

学贵有师,但名师难得。幸遇名师,就要不失时机,虚心求教。张良起初虽然不知道褐服老者是名师,但他尊敬老者,虚心诚恳,谦恭礼貌,最终获得了良师益友。俗话说:"心诚则灵。"拜师学习也是如此，因为诚心不仅意味着诚恳，也意味着恒心——名师希望出高徒，一时心血来潮想起学习的学生，不会入他的法眼。

悬梁刺股苦读书

关于刻苦学习，悬梁刺股、凿壁映雪，都是人们耳熟能详的例证。其中的悬梁刺股，悬梁说的是汉朝的孙敬，刺股说的是战国的苏秦。

孙敬是东汉时人。他家居河北冀县（今河北省冀州市），是当地远近闻名的读书人。孙敬勤奋好学，读起书来从早到晚足不出户，也不爱与朋友、邻里来往，只是关上房门，手持书本一个人不停钻研，常常是通宵达旦，夜以继日，甚至一连几晚都不睡觉，所以当地人称他为"闭户先生"。

人的精力是有限的，由于长期疲劳，孙敬夜间读书时，往往会感到十分困倦，不停地打瞌睡。这令孙敬很为恼火，觉得浪费了宝贵的时间，但又想不出什么好的方法来。

一天，孙敬读书读到深夜，困意又一次袭来，便不知不觉倒在书案上睡着了。不知过了多久，孙敬从梦中醒来，想起身继续读书，但实在太困，头也抬不起来，眼睛也睁不开。孙敬为此很是自责，生气地用手狠扯自己的头发。用力扯头发的时候，疼痛立刻激醒了神智，于是孙敬心头一亮，想到了好主意。他找来一根绳子，一头拴在房梁上，另一头系在自己发髻上，长度控制在书案之上，恰好令他无法低头。等到瞌睡袭来的时候，头一接近书案，绳子就会绷紧，扯得头皮生疼，让他顿时清醒，继续读书。

孙敬就是凭着这种不眠不休、勤奋刻苦的精神，终于成为一代儒学大师。

苏秦是战国时期人，有名的策士。他年轻气盛，胸怀壮志，一心要做大官、谋厚禄。他怀着满腔抱负四处拜访，可跑了好多地方，都因为出身卑微、家境贫寒，屡屡得不到提拔重用，还常常被人瞧不起。

无奈之下，苏秦不得不回到了家里。家人见他一无所获，灰溜溜地回来，都没有好脸色，有的不给做饭，有的出言讥笑。于是，苏秦决心发奋读书，增长才干，进而实现自己的抱负。

在强烈信念的支持之下，苏秦开始潜心钻研兵法。他经常闭门苦读，夜以继日，不肯休息。夜间屋里的灯光，总是会亮到很晚很晚。

在夜以继日地苦读中，苏秦也遇到了人们经常遭遇的困境：夜间读书时，每到某个钟点，就会有一阵困意袭来，令他不停地打瞌睡。这种困意，总是难以克服，想了不少办法也没能制止。

后来，苏秦准备了一把锥子，每到困意袭来的时候，就一边骂自己没出息，一边用锥子刺向大腿，困倦越重刺得越用力，经常鲜血淋淋。这不仅驱走了睡意，而且令他更加清醒，苏秦十分满意。从此以后，苏秦就采取这种引锥刺股的办法，使自己振奋精神，刻苦学习。

经过一年的苦熬，苏秦熟读了姜太公兵法，丰富了军事、政治、地理知识，其中尤为精通周书《阴符》，并从中领略到了如何投主人之所好的奥秘，摸索出一套游说的策略。这样，他先去燕国进见文侯，提出合纵主张；后又游说六国联合攻秦，担任纵约长，"并相六国"——担任了战国七雄中六个国家的相国，成为驰名天下的大纵横家。

孙敬和苏秦刻苦学习的故事，后人合称为"悬梁刺股"，并逐渐成为刻苦学习的代名词。在当今时代，科学技术的发展一日千里，知识正在以爆炸般的速度增长。这就要求我们刻苦学习,日日进步,以求自身的发展和完善。当然,我们没有必要"悬梁刺股",读书学习,关键还是要看效率,而且要注意劳逸结合。但"悬梁刺股"的学习精神,却是我们应该继承和发扬的。

司马迁忍辱著《史记》

《史记》是我国第一部纪传体通史,在历代史籍中具有无可替代的地位,鲁迅先生誉之为"史家之绝唱,无韵之离骚"。而这部不朽的历史巨著,史学家司马迁为之忍辱负重,倾注了毕生的精力。

司马迁出生在一个世代担任史官的家庭,父亲司马谈是掌管天文、历法和历史文献的太史令。父亲去世后,司马迁继承父亲的志向,在汉武帝时入朝做了太史令,公元前104年开始撰写《史记》。

为了完成这部史书,司马迁做了长时间的准备,不仅广泛阅读前人著述,而且遍游祖国名山大川,收集资料和见闻。开始写作后,他不分寒暑,夜以继日,拒绝了一切应酬,全身心投入其中。可谁知,一场飞来横祸却从天而降。

公元前99年,与司马迁同朝为官的李陵,在与匈奴的战争中

司马迁及其所著
《史记》

因寡不敌众,矢尽粮绝,又无援兵,战败被俘,不得不投降了匈奴。这个消息传回京城,汉武帝听了大怒,认为李陵贪生怕死,有辱大汉颜面,下令杀了李陵全家。

　　对于汉武帝的处置,所有官员都三缄其口,没有人出来替李陵说一句话。司马迁为此深感不平,他与李陵虽无深交,但对李陵的为人一向很敬佩,认为李陵被俘投降情有可原。于是,司马迁挺身而出,仗义执言,细数李陵之功,认为皇上做得有些过分。汉武帝因此勃然大怒,下令把司马迁投入大牢,判以死刑。

　　当时,司马迁的《史记》还未完成,他心急如焚,担心自己死了无人接着著书。依照汉朝法令,死刑有两种减免办法:一是用钱赎罪;二是"减刑一等",受宫刑。司马迁官微禄薄,家中无钱,而宫刑又是对人体的摧残,对人格的侮辱。面对如此现实,司马迁悲痛欲绝,但他转念想到撰写《史记》的使命,便决意接受宫刑。他曾在狱中给好友任安写信说:"……人固有一死,或重于泰山,或轻于鸿毛……"这正体现了他当时心中的不满,以及隐忍苟活的原因。

　　接受宫刑之后,司马迁极度痛苦,几番想到人生无味,欲自杀以求解脱,但撰写《史记》的崇高理想激励着他,令他顽强地活了下来。

　　不久,汉武帝冷静下来,觉得对司马迁的处分有点过分,就赦免了他,让他做了中书令。司马迁接受了这个卑微但可以为他提供著述便利的职务——中书令为皇帝掌管文书,起草诏令,可以随时接触到皇家书库收藏的大量图书和档案资料。就这样,司马迁继续忍辱发奋、昼夜不眠地辛苦了八个春秋,历史巨著《史记》终于完成。成书之日,司马迁已经是花甲老人了。

　　道路皆有坎坷时,人生总有无奈日,可不管有多糟糕,假如胸怀大志、肩负使命,就要永远不言放弃。古往今来,世界上的丰功伟业，大多是在艰难困苦中成就的；何况"柳暗花明又一村""风雨之后见彩虹"。太史公司马迁虽然承受了肉体和精神上的极大痛苦，但他不辱使命，最终以自己的伟大著作为人类做出了杰出贡献。

匡衡凿壁偷光

西汉末年，东海郡（今江苏省、山东省交界处）有一户穷苦人家，靠仅有的一块薄田维生，可家里却出了个爱读书的少年，名叫匡（kuāng）衡。因贫寒至极，家里实在无法供孩子读书，这令匡衡十分苦恼。后来，匡衡听说村里有一个大户人家，家里有许多藏书，便有了主意。

匡衡来到这户人家，见到主人，请求让自己到他家来干活儿。主人问他："你要多少工钱呢？"

匡衡回答说："不要工钱，我可以给你家里白干活儿。"

主人不解，惊讶地问道："白给我家做工，对你有什么好处？莫非你是另有所图？"

匡衡如实回答说："我到这儿干活，是为了能读到书。听说你家有很多藏书，我只请求主人把家中的藏书借给我读，也算顶了我的工钱了，主人以为如何？"

这户人家的主人非常钦佩匡衡的求学精神，答应了他的请求，并特别嘱咐家人：书房里的书，匡衡可以随意借看。

匡衡遂了心愿，高兴极了。他感激主人借书给自己，做工十分努力，勤勤恳恳，从不耽误。白天空闲有限，到了晚上才有充足的时间，于是匡衡就把书借回自己家来看。可匡衡家境贫寒，根本买不起灯油，一到天黑，他就焦虑起来。

匡衡的邻居家里很富有，每天灯火通明，匡衡就问邻居借了几

匡衡凿壁偷光雕像

次烛火。可日子一久,邻居就吝啬起来,匡衡又犯愁了。

一天夜里,匡衡面对隔壁明亮的烛光,忽然有了主意。匡衡试着把自家的墙壁凿开一条小缝,立刻透过一线光亮照了进来;继续开凿,更多的光亮透过小洞照了进来。从这往后,匡衡就蹲在小洞边,借着微弱的烛光照明读书。

就这样,匡衡想尽办法勤苦读书,后来终于成了博学多才之士,并在汉元帝时担任太子少傅,官至丞相。

"凿壁偷光",也是古代刻苦勤学的著名故事,同样激励着后世的人们。无论古代还是当今,不同人的学习条件,总是会有些差别,甚至是很大的差别。我们知道,在基层农村,在边远地区,小朋友们的学习条件十分艰苦,甚至也会为书本、为电灯而犯愁,但他们依然利用各种条件,刻苦学习。他们是值得敬佩的,也是应该被帮助的——全社会的帮助,包括条件稍好一些的我们的帮助。

耿弇有志竟成

西汉末期,刘秀起兵反抗王莽政权,麾(huī)下名将云集。其中一员大将,名叫耿弇(yǎn),作战勇敢,又足智多谋,屡立战功,很得刘秀信任。

王莽政权被推翻后,刘秀建立了东汉政权,登基做了皇帝。此时,各地的农民起义依然如火如荼,并在很多地方形成了割据势力。这严重威胁到光武帝刘秀对国家的治理,甚至连他的帝位都受到了很大的威胁。

一天,耿弇进谏刘秀,建议他出兵镇压已经呈现燎原之势的各地农民军,铲除各地割据势力,以尽早统一全国,扩大统治疆域。

耿弇画像

刘秀问耿弇:"那你觉得派谁去征讨叛军最合适呢?"

耿弇毫不犹豫地毛遂自荐说:"如果陛下允许,那就让我前去消灭他们。"

刘秀采纳了耿弇的建议,随后诏令他率兵征讨各地的农民军。于是,耿弇率领大军奔赴河北,决定先平定河北,巩固根据地,然后进一步扩大攻势。

耿弇大军一路猛冲猛打,很快就平定了河北全境,巩固了根据地,并准备进一步扩大战果。此时,河北一带的农民军大都被镇压了下去,赤眉军也被迫往西撤退,开始向河南、陕西一带移动,只有张步依然占据着山东。

张步兵力强大,将士作战勇猛,耿弇不敢轻易进攻,便在重新整顿并配备了足够的兵力后,才开始向张步驻守的临淄(zī)发动猛烈攻击。但连攻数日也不能取胜，而且耿弇还在一次进攻中中箭受了伤。

这期间，刘秀一直在关注着前方战事。当他听说临淄久攻不下，耿弇还受了伤，一时急得不得了，立即亲自率军赶去支援。耿弇一听刘秀亲自率军前来增援，倍受鼓舞。为了表示自己对皇上的感激和忠心，耿弇立即下令继续对张步发动进攻。

部下见耿弇要带伤上阵，竭力劝他等援军到了之后再作计议。耿弇根本听不进去，他说："皇上驾临，我们只能宰牛备酒欢迎，怎么能把困难留给他来解决呢？"于是倾全力率军出击，最终在刘秀到达之前攻下了临淄。

刘秀到达后，见耿弇已拿下临淄，便称赞他说："将军前在南阳，建此大策，常以为落落难合，有志者事竟成也。"(参见《美德箴言》)

人贵立志，没有志向，没有奋斗的目标，就难免蹉跎岁月，一事无成。人贵立长志，古往今来立下志向者不少，但半途而废者多，坚持不懈者少。耿弇的故事说明，只要有高远的志向，并努力去做，就一定能达到目标。现实生活中，我们常会遇到各种各样的困难，只要我们毫不气馁，坚持不懈，一定会像光武帝称赞耿弇的那样，有志者事竟成。

董遇寒夜苦读书

董遇是三国时期的著名学者，他一生酷爱读书，常常手不释卷，达到了废寝忘食的地步，有时甚至忘记了时间。

有一年冬天，天气寒冷，西北风呼呼地刮个不停，外面连一个人影都见不到。此时此刻，家家户户都已经灭灯入睡，只有董遇还在埋头苦读。他伏案读书，全神贯注，任凭窗外狂风乱刮，他都一动不动。他忘记此时已经是夜半时分。

由于长时间读书，董遇的双眼开始感到有些疲劳。忽听"砰"的一声，门被大风吹开了。董遇想去关门，可是腿已经冻得有些麻木，不听使唤，一步也挪不动，他只好伸手扶案，支撑住身子，一摇一晃地走到门前。凛冽的寒风扑面而来，董遇使出好大的力气才把门关严。随后，他又回到窗前坐下，继续苦读。

时间一分一秒地过去，董遇感到有些困倦，于是他急忙抬起头，深吸一口气，放下手中的书。他把双手举过头顶，放松了一下筋骨，可仍然觉得疲倦，思维也不像刚才那样敏捷了。于是，他到水缸里舀了盆冷水，沾湿手巾，贴在脸上。冰凉的手巾敷在脸上，着实使他感到清醒多了。接着，董遇翻开书，又认真地读了起来。

董遇书读得多了，知识渊博，名气也渐渐大了起来，人们纷纷前来向他请教。当人们让他讲书时，他却说书一定得自己读，而且要反复地读，这样才能体会到其中真正的含义——"书读百遍，其义自见"，也才能真正掌握其中的知识和道理。

有人反驳说："那岂不太浪费时间？每天都有干不完的事情，哪有时间读书啊？"董遇说："时间总是有的，就看你愿不愿意利用。"他还提出了"三余"读书之说："冬者岁之余，夜者日之余，阴雨者时之余也。"(参见《美德箴言》)

像董遇这样寒夜苦读之人，自古以来代不乏人，但他苦读的坚韧精神，他关于读书的卓越见识，联系到我们这个时代，却不能不令人感佩不已。

我们的时代，虽说是进入了所谓"学习社会"，但像董遇那样苦读的人却越来越少，全社会都在追求轻松阅读，甚至沉溺于"碎片化"阅读。殊不知，读书学习，从来就不是一件轻松的事情，而且总的来说应该算一件"苦差事"，读书的快乐，全在于从书籍中获得真知灼见所带来的愉悦。因而，要想获得真正的学问，懂得更多的道理，还是要下一番苦功夫，董遇的苦读精神，今天的我们仍旧需要。

当然，今天，我们大多不会再受破屋漏风的寒冷，远离了无灯照明的无奈，更无须锥刺股头悬梁，但头脑中必须有吃苦、上进的意识，这样才能学有所成，终成大器。

祖逖闻鸡起舞练本领

西晋时期，由于朝政腐败，国势衰弱，边防戒备不力，北方部族统治者乘虚而入，经常进犯边境之地，使百姓生活在水深火热之中。

当时，有两个热血青年，一个叫祖逖（tì），一个叫刘琨（kūn）。他俩从小一起长大，相处融洽，感情深厚，经常同床而卧，同被而眠。面对昏暗衰弱的社会，他们感到既难过，又愤慨，总希望有一天能做点什么，让自己的国家富强起来，让自己的乡亲安居乐业。

后来，祖逖和刘琨一同担任了州里的主簿。主簿之职，类似于今天的秘书，官小职卑，难以施展他们的抱负。可要实现宏大抱负，

闻鸡起舞雕像

必然需要出众的本领。而此时，他们二人几乎没有什么过人之处。

一天晚上，祖逖和刘琨共卧一床，久久难以入睡。到了半夜三更，祖逖听到外面雄鸡啼鸣，认为是上天在激励他上进，便叫醒刘琨，说："此非恶声也。"半夜鸡叫，民间俗信以为是不祥的声音。可祖逖不认为这是"恶声"，而是冥冥之中上天激励他们积极上进，练就本领，报效国家。

听了祖逖的话，刘琨非常赞同。两人立刻起床，来到院子里开始练武。皎洁的月光下，两人一个挥动大刀，一个舞起长剑，你来我往，龙争虎斗，练得非常认真、投入。

从此以后，只要一听到鸡叫，他们就起床来到院子里一起练武，从来没有间断过。日子一天天过去了，两人的武艺也越来越高强。

不久，祖逖和刘琨都带着一身好武艺应召入伍。在战斗中，他们作战英勇，杀敌无数，立了不少战功。后来，祖逖被提拔为奋威将军，统兵北伐。他治军有方，智勇双全，打了无数次胜仗，还留下了"击楫中流"的美谈。而刘琨也不甘落后，对人说："我枕戈待旦，志枭（xiāo）逆虏，常担心祖逖先吾着鞭。"担心祖逖赶在自己前面建立功业。后人的诗文中，常引用"先鞭""祖鞭"来形容奋勉争先。

祖逖、刘琨闻鸡起舞的故事，早已深入人心。这故事给人的启发在于学习知识，掌握本领，不能等到要用了才"临时抱佛脚"。虽然说"临阵磨枪，不快也光"，但毕竟比不上平日里秣马厉兵，临阵制胜。许多人埋怨自己运气不好，殊不知"运气好"的人，都是因为早有准备。尤其是那些高难、精湛的本领，都是长时间习练的结果，绝非可毕其功于一役。希望为国效力，希望有所成就，那就要从眼下做起，从手头做起，奋发自励，练就一身真本领，掌握一些真本事。

崔鸿对月苦读

崔鸿是南北朝时期北魏的历史学家,曾奉诏编修国史。而他在史学领域的杰出贡献,则是其所著的《十六国春秋》。这部史著,是西晋灭亡至北魏统一北方之前,北方十六个部族政权的断代史,不仅具有宝贵的史料价值,而且在史学史上也因给少数民族政权著史而独具特殊意义。

崔鸿出身于书香世家,家里颇有些藏书。小的时候,崔鸿酷爱读书,常常为之着迷,废寝忘食。后来,由于父亲受贿被查,家境败落下来,再也没钱买书了。因此,家里的藏书读完之后,崔鸿就只好向别人借书来读。

在崔鸿生活的年代,书还算得上是"奢侈品",并不易得。借书来读,一般都会约定归还期限,出借人总是催要得很紧。为了既按时还书,又不放过每一种书,崔鸿决定把书抄下来读。

崔鸿墓志碑拓(局部)

崔鸿节衣缩食,用省下来的钱买纸,解决了抄书的一个问题。可晚上抄书、读书,要耗费很多的灯油,还是需要用钱来买。一天夜里,灯油耗尽,崔鸿的母亲已经睡下,崔鸿也不得不放下手中没有读完的书。虽然躺在床上,可崔鸿心里还在想着没有看完的书。

久久无法入眠,于是崔鸿翻身下床,信步走到了门口。此时,他抬头仰望,天空晴朗,明月当空,将大地照得如同白昼。崔鸿眼前一亮，把没有看完的书拿来，借着月光展卷阅读，字句竟清晰可辨。崔鸿高兴得跳了起来，这下他又能读书了。

崔鸿急忙跑进屋里，搬出一个小凳子，坐在月光之下，认真地读了起来。不知不觉，崔鸿发觉书上的字迹逐渐模糊起来，抬头一看，原来月光已经移动了。于是他也移动小凳，追随着月光读书。就这样，月光不断移动，崔鸿也随之不断移动。直到月亮渐渐西斜，光线暗淡下来，书上的字实在看不清了，他才恋恋不舍地放下书本，回屋睡觉。

从那以后，每当皓月当空、月光明亮的时候，崔鸿就来到院里，借着月光读书、抄书。有时为了追随月光，他竟然坐到院门外面还不知道。

崔鸿通宵达旦地在浩瀚的书海中遨游，积累了丰富的历史资料。正是凭着这种勤奋刻苦的精神，他终于成了知名的史学家，兼具历史、文学价值的《十六国春秋》，就是他勤奋苦读的最好见证。

无独有偶，历史上无钱买灯油、借光苦读书者，可谓代不乏人，一直持续到新中国成立以后。我们不能因为不具备条件，就停止了学习、进步；没有条件，要设法创造条件。如果一味地等条件具备才去学习、进步，显然为时已晚，也将一事无成。如今，单就读书来说，大部分人不会再为灯油所困扰，但崔鸿追着月光读书的刻苦精神，似乎是我们所欠缺的，因此，崔鸿对月苦读，仍然应该是我们的榜样。

持之以恒，磨杵成针

历史上的许多名人，并非全是毫无瑕疵的，他们最后之所以有所成就，往往源于某种契机。唐朝诗人李白就是如此——李白小时候十分顽劣,他最终能成为人人敬仰的"诗仙",正是缘于某种契机。

李白幼年时非常贪玩,不肯用功读书,经常逃学游玩。久而久之,李白的这种顽劣习性不仅没有丝毫收敛,反而有增无已,家人为此很是头痛。

有一天,李白依旧逃学,来到一条小河边游玩。走着走着,他看见不远处有一位白发苍苍的老婆婆,手中握着一根铁杵(chǔ),在石头上十分用力地磨着。

李白感到奇怪,心想:铁杵有什么好磨的,磨出来又有什么用处呢?虽然生性顽劣,但李白却有个特点,就是遇到问题喜欢一问到底,不解开心中的疑团绝不甘心。于是,他走到老婆婆身边,恭恭敬敬地问道:"老婆婆,你磨这根铁杵,要做什么呀?"

太白行吟图(宋·梁楷绘)

老婆婆看了看李白,又低头磨起来,边磨边回答:"我要把这根铁杵给我女儿磨成一根绣花针。"

李白听了,更觉得奇怪了,便不死心地追问:"老婆婆,这么粗的一根铁杵,怎么可能磨成一根绣花针呢?"

老婆婆笑了笑,抬头对李白说:"孩子,这没什么可奇怪的,只要肯下功夫,有恒心,再粗的铁杵也能磨成针啊!"

听了老婆婆的一番话,李白深受感动,心中思索:连铁杵都能磨成针,那么只要尽心尽力,就没有什么事情办不到了。

自此以后,李白不再贪玩,而是一心扑在学业上,发奋读书,不断研习。后来,他终于成了一代著名诗人。

铁杵磨成针，不难，难的是，有谁肯下这番笨工夫。世界上从来都不缺少聪明人，可许多聪明人却一事无成，甚至还不如"笨人"。聪明人之所以一事无成，就在于他们自恃聪明，不肯下一番笨功夫。许多事情，就是需要日复一日、循序渐进的笨功夫。如今，我们赞叹杰出工匠的精湛技艺，提倡弘扬工匠精神，而这些工匠的技艺，正是磨杵老婆婆那般练就的。若是能理会了聪明与笨拙的辩证法，进步就能够把握在自己手中了。

李相不耻下问

李相是唐朝的一名武将，可他虽然身为武官，对文学却颇为偏爱，最喜欢读史书《春秋左氏传》（即《左传》）。无论公务怎样繁忙，他每天都坚持阅读一卷书。

李相少年时，因家贫无力拜师读书，常常引以为憾。他读《左传》时，总是把鲁国大夫叔孙婼（chuò）的"婼"字读成"若"。李相身边有个小文官侍读，每当李相把"婼"读成"若"字时，那小文官的脸色就显得极不自然。

李相对小文官的举动感到很奇怪，一天，他再也忍不住了，就问小文官是否也常读《春秋左氏传》。小文官急忙点头。李相接着追问：为什么自己一读叔孙婼时，他的表情就显得有些怪异。小文官见李相一脸严肃，吓得连忙解释说：自己过去随老师读《左传》时，与将军的读法不一样。现在听将军把"婼"字读成"若"，才知道老师的读法有误，故而羞愧难当……

李相听小文官说是老师教错了，不由得心中暗生疑窦。于是，他对小文官坦言，自己小时候读书没有拜过老师，是按本朝陆德明先生的《经典释文》上的注音读的……说着，李相顺手从书橱里取下《经典释文》。小文官凑过去仔细一看,才知道李相是把"嗫"字的注音看错了。其实,小文官所做的这一切,都是在委婉地为李相纠正错误。

得知真相,李相顿时面色通红。他觉得自己身为高官,熟读《左传》,多次误读而不自知,若不是小文官给予纠正,恐怕这辈子就要一直误读下去了。想到这里,李相离开座位,把椅子搬到北边正面,要请小文官坐上去,接受礼拜。小文官说什么也不敢坐,武将出身的李相这时真的有些急了,他严肃而又十分认真地请小文官坐了上去。

小文官见此情形,知道李相是诚心诚意的,只好尴尬而又勉强地坐了上去。李相面向小文官,整了整衣冠,然后躬身施礼,并说小文官为他纠正了错误,要拜他为"一字师"。

小文官见身为高官的李相能如此虚心求教,不耻下问,深为感动。从此以后,他便将自己从师所学的学问都教给了李相。这样,李相的学问也就与日俱增了。

"一字师"的故事,绝不止李相一人,报章之间,我们总是能看到关于这方面的讲述,而且往往是一些大家的夫子自道。学问既深且广,莫说普通人,就是大家硕学,也有学力不及之处,何况在自己的专业领域之外呢。缘此,我们要像李相一样,常怀一颗谦恭之心,虚心求教,不耻下问,使之成为我们必备的素养。

白居易谦虚好学

白居易是唐朝著名诗人,其"三吏""三别",以及《卖炭翁》《琵琶行》《长恨歌》等作品,脍炙人口,千古传诵。

白居易自幼虚心好学,一有机会就向人求教,反复修改自己的诗作,从而留下了不少文坛佳话。

20岁的时候,听说有个叫顾况的大诗人,在吏部担任著作郎,为了提高诗作水平,白居易就带了自己的几首诗,到长安来拜访顾况。

顾况一见是个无名小辈,又见名字中有"居易"二字,就很幽默地打趣说:"米价方贵,居亦弗易。"(这句话,后来演变成了"长安米贵,居大不易")言外之意是说:没些个本事的人,在京城里是很难站住脚的。听了顾况的话,白居易不以为意,只是恭敬地走上前去,递上自己的诗作,恳请老诗人做些指点。

顾况展卷阅读,第一首诗写道:"离离原上草,一岁一枯荣。野火烧不尽,春风吹又生。"读到这里,顾况连声称赞,说:"道得个语,居亦易矣。"意思是说:"说得出这样的话,写得出这样的诗,住下来也是很容易的。"之后,顾况还逢人便夸,一时间,白居易名声大振。

白居易的诗作能够受到顾况的称赞,并非偶然。还是在孩童时期,白居易就对写诗产生了浓厚的兴趣。他白天写诗、作文,晚上挑灯苦读,几乎到了废寝忘食的地步。由于念书、吟诗太过勤劳,口舌上经常生出疮来,又因终日伏案疾写,臂肘也磨出了硬茧。

经过长期不懈的努力,白居易的诗写得越来越好。然而,每作完一首诗,他都要再三修改,不仅自己修改,还请朋友评

白居易念诗给老婆婆听

点,提出修改意见。有时候,他还把自己写的诗,念给不识字的老婆婆听。老婆婆听懂了,他就十分高兴;要是听不懂,他就会立即修改,一直改到她们能听懂才罢休。

就这样,白居易将众人的智慧凝结在了自己的诗歌之中,所以他的诗作才能通俗易懂、流传至今,成为诗歌史上的杰作。白居易谦虚好学的精神,也和他的诗一样流芳百世,成为人们学习的典范。

人生在世,只有谦虚好学,转益多师,才能增长才干,才能做出成绩,才能有所贡献,才能获得尊重。白居易虚心求教的事,正说明了这一点。难能可贵的是,白居易不仅向行家老诗人求教,还向不识字的老婆婆求教,可见只要有心求学,人人皆可为师。"生活是最好的老师",不仅为人处世如此,高深学问也未尝不是如此。

杨、游程门立雪

北宋学者杨时,从小聪明好学,胸怀大志,后来不负众望,考取了进士。可杨时不愿做官,只想专心研究学问,于是辞去官职,奔赴河南颍昌(今河南省许昌市),拜当时的理学大家程颢(hào)为师,潜心为学。

杨时40岁时,程颢去世,重新拜师成为当务之急。为进一步丰富知识和提升学养,杨时和同学游酢(zuò)一起到洛阳,拜访程颢的弟弟程颐,继续跟随同样是理学大家的程颐求学。

有一天,天气异常寒冷,眼看一场大雪即将来临。杨时与游酢在家研究问题时,遇到了难点,二人你一言、我一语,僵持不下,可总也找不出解决问题的办法。于是,他们决定去老师程颐家请教。

杨时和游酢顶着寒风,艰难地走到老师家,正欲上前敲门,却隔窗望见程颐正在椅子上打瞌睡。他们知道老师因为治学辛苦,经常不定时小睡一段，以养精蓄锐。杨时就对游酢说："我们别打扰老师休息，先在这里守候吧。"就这样，杨时和游酢一声不响地站在门口，等候程颐醒来。这时，天上已经下起大雪，寒风更加刺骨了。

足足等了好几个小时，程颐才从睡梦中转醒，见窗外下起了大雪，就披衣推开房门。这时，他才发现学生杨时和游酢站在门外，鹅毛大雪已经积了一尺（约33.33厘米）多厚，而他俩依旧没有一丝不耐烦。他们见程颐开门，立刻恭恭敬敬地向老师行礼，说明来意。

《程门立雪》（明·仇英绘）

程颐一见之下，心疼地责备道："这么大的雪，你们怎么一直站在这里？怎么不把我叫醒，或者改天再来呢？"杨时说："我们不忍心打扰您，又不甘心一无所获地回去，所以站在门外等候。"程颐为两个学生的好学精神和坚强毅力所感动，知无不言，有问必答，教学相长，使两人不断长足进步。

这个故事，就是古来传颂的"程门立雪"，体现的既有尊师，又有好学，而这一切都是为了求得真知，把握大道。尊师重道，是古人向来推崇的美德。在知识日加深广和重要的今天，从师更是不可或缺的。只有尊师重道，虚心求教，我们才能获得丰富的知识，取得丰硕的成果。

李时珍潜心医药

李时珍画像（蒋兆和绘）

李时珍是我国古代最为著名的医药学家之一，他的《本草纲目》被誉为"中国古代医药的百科全书"。

李时珍出生于湖北蕲州一个医生世家，从小就对医药很感兴趣，并从祖父和父亲那里学到了许多医学知识。14岁时，李时珍中了秀才，后来三次参加举人考试全都落榜，于是他放弃科举，以医生为终身职业。

在长期行医过程中，李时珍发现以前的医书里，有许多药物记载不全，甚至有些药性、药效的记载还存在不少错误。为了对病人负责，为了给子孙后代留下详细而严谨的医药知识，李时珍决定编写一部新的医药书。

于是，李时珍一边给人治病，一边钻研医术。他阅读并搜集整理了大量前人留下的文献资料，从中汲取医疗和用药经验。而对各种药物的效用，李时珍更是亲自予以确认。他不怕艰险下到黑暗的炼窑洞，不畏生死攀登悬崖绝壁，不惜前往炼铅的闷热作坊，实地研究工人中毒的现象……这一切，都是为了获得第一手的珍贵资料。

有一次，李时珍得到一种叫曼陀罗的草药。这是一种专门用来麻醉病人、减轻患者痛楚的药物。为了确定这种药物的药效，又不好拿病人做试验，李时珍就拿自己"开刀"。曼陀罗强烈的药物刺激，使李时珍顿时精神恍惚，失去知觉，幸好最终得救生还。

李时珍广泛深入民间，行走于荒山草原，风餐露宿，白天翻山采药、治病救人，晚上便伴着枯灯，将搜集来的一个个药方筛选整理，依次记录。这期间，有过困苦挨饿，有过被猛兽追袭，更有过人们的讥笑嘲讽，可他都咬牙挺了过来。

三十年如一日，李时珍终于完成了医药巨著《本草纲目》。这部经典药学著作，共记载了1892种草药，10000多个药方，为我国和世界医药科学做出了巨大贡献。

在我国漫长的封建社会，始于隋唐的科举，一直是人们出人头地的终南捷径。然而，不少人皓首穷经，却一事无成，大好年华徒然浪费。李时珍没有在科举之路上过多流连，而是毅然决然调整方向，开始自己新的人生，从而做出了卓越贡献。华谚有云："行行出状元。"西谚有云："条条大路通罗马。"我们在自己的人生道路抉择中，没有必要非得过诸如"高考"之类的独木桥，只要志向明确，意志坚定，肯下苦功，就一定能够做出一番成就来。

谈迁两度著《国榷》

明朝末年，有一位著名的史学家，名叫谈迁。他历经20多年的长期考察、搜集，废寝忘食、呕心沥血的写作，终于完成了史学名著——《国榷（què）》。

《国榷》为明朝的编年史，是谈迁多年经营的学术成果。面对这部巨著，就如母亲面对刚刚诞生的孩子，谈迁的喜悦可想而知。然而，造化弄人，现实却没有让谈迁高兴多久。

谈迁《国榷》书影

一天夜里,小偷"枉驾"光顾了谈迁家。谈家甚是清贫,家徒四壁,只有一套桌椅,以及墙角存放书稿的竹箱。小偷四处搜罗,见实在没有什么东西可偷,就把上了锁的竹箱偷走了。就这样,谈迁积年辛苦撰写的书稿,从此不知所踪。

20多年的辛劳结晶,转眼间化为乌有,这样的事,对任何一个人来说,都是致命的打击,而当时谈迁已经年逾花甲,两鬓花白,这对他来说更是一个无情的重创。谈迁伤心欲绝,整日茫然无措,每每想到凝聚自己半生心血的著作,内心既自责,又气愤。可无论多么悔恨,都已经无济于事。谈迁很快冷静了下来,他下定决心,从头开始,再次撰写。

又一个10年,谈迁不懈地努力奋斗着,终于,编年史著《国榷》重生了!新的《国榷》脱胎换骨,共104卷,500万字,内容比原先那部更翔实精彩。也正是这部史著,使谈迁名垂青史。

像谈迁这样的遭遇,并非仅见,尤其是在动乱年代,书稿被毁或遗失的事情时有所闻。比如,在抗日战争时期,在十年动乱期间,我国学者和作家,就有过这样的遭遇。而遇到这样的事情,人们的态度截然不同:有的就此颓丧,不再前进,从学界文坛销声匿迹;有的奋然振作,从头开始,旧著重新,新著迭出,蔚然大成。

一个人做一点事并不难,难的是能够持之以恒地做下去,直到最后成功。许多人之所以没有收获,主要原因就是在最需要下大力气、花大工夫坚持下去的时候,却懈怠起来,甚至干脆停止努力。平庸的人和杰出的人,他们的不同之处,就在于肯不肯、能不能坚持。如果能百折不挠,持之以恒,就没有什么事情做不成。

冯玉祥嗜书如命

冯玉祥是我国现代史上的著名将军,有"布衣将军"之称。他爱国爱民，在抗战、反蒋中均有突出表现。

冯玉祥出生在河北农村一个贫寒的小泥瓦匠家庭。父亲在军队当兵时，染上了吸食鸦片的恶习，连母亲也染上了烟瘾。后来，母亲戒掉烟瘾不久就去世了。

由于家境困穷，父亲供不起两个孩子念书，只好让哥哥一人进了私塾。哥哥在私塾念了不到一年，父亲军中突然有了吃军粮的职位，就退学当了骑兵，父亲交给私塾的学费还可以读三个月的书，于是冯玉祥就趁机进去补读。为此，冯玉祥高兴得手舞足蹈，以至于先生用旱烟管敲他的头，他都觉得疼得有趣。在私塾里，冯玉祥刻苦读书，不肯浪费一点时间。

工作中的冯玉祥

三个月时间很快就过去了，冯玉祥只好离开私塾。稍微有了一点基础，冯玉祥便开始自学起来。他每天练习写字，家里买不起纸和笔，他就在一根细竹管里塞一束麻当笔，再用水和黄土作墨，然后在洋铁皮上写字，后来又改用方砖练习。

不久，父亲退伍，冯玉祥补了父亲的空缺。当兵之后，冯玉祥并没有去兵营操练，而是一直在家里读私塾，只是发军饷时才去军营报到一下，叫作吃"恩饷"。这也是当时人们抢着去当兵的原因之一。

在家里读了一年私塾后，冯玉祥正式走进了军营。在军营里，他依然没有间断学习。起初，冯玉祥不知道学什么好，读的都是《施公案》和《水浒传》等小说，读不懂的，就找人请教。后来，冯玉祥又开始攻读文言文。经过一番努力，较难的古文他也能读懂了。在读古文的过程中，冯玉祥学到了很多历史知识，视野也比以前开阔了。

在那时的军队里，士兵们大多是混一天算一天，因为他们知道仗一打起来，转眼间连脑袋都会不翼而飞，还读什么书，就算见别人读书也会觉得别扭。所以，他们见冯玉祥整天抱着书本在军营里走来走去，就故意找他的麻烦，常常在冯玉祥读得起劲的时候，故意把蜡烛吹灭，并责怪影响了他们睡觉。冯玉祥也不与他们计较，悄悄拿书到营房外面的月光下去读。有一次，一个老兵喝醉酒，撕了冯玉祥的书。冯玉祥气得实在忍无可忍，就狠狠地揍了那个老兵一顿，从此再也没有人敢动冯玉祥的书了。

为了不惹麻烦，冯玉祥做了一个木箱子，把书全装在里面，无论行军走到哪里都随身携带。每逢夜深人静，他就把箱子放倒在床铺上，在箱子里点上一盏油灯，把头和肩膀缩进箱子里，津津有味地读起书来，一读就是大半夜。

大量的阅读，使冯玉祥的分辨能力和思想觉悟大大提高，远远超越了一般士兵的水平，这为他后来成为著名将领奠定了基础。

周恩来总理曾这样评价冯玉祥："从一个典型的旧军人，转变为一个民主的军人，他经过曲折的道路，最后走向新民主主义的中国。"而这一切，不能不说是得益于冯玉祥一直以来的嗜书如命、勤奋苦读。冯玉祥在书本中找到了救国救民的真理，他的这一经历和精神，对我们每一个人的人生道路，无疑深有启发意义。

徐悲鸿勤学争光

徐悲鸿是我国现代著名画家、美术教育家、写实主义美术的开拓者，他画的奔马，已经成为现代中国画的一个象征。

徐悲鸿出生在一个贫苦家庭，他从小开始学画，由于悟性很高，绘画技艺进步神速。1917年，徐悲鸿东渡日本求学；1919年，又赴法国留学。1927年回国后，徐悲鸿为变革中国美术做出了很大贡献。

坎坷的求学生涯，使徐悲鸿饱尝人生辛酸，激发出他奋进向上的精神；祖国的动荡不安，又让徐悲鸿心系国难，励志报国，无论何时何地，他心中都充溢着中国人的志气和聪明才智。

在法国巴黎高等美术学校留学时，徐悲鸿深切地感受到中国留学生地位低下，中国人学习、办事都备受歧视。尽管徐悲鸿成绩名列前茅，并具备别人望尘莫及的艺术天赋，可依然处处遭人忌恨。

有一次，一个狂妄的洋学生肆无忌惮地闯进教室，讽刺中国留学生都是无知的蠢材。尽管在场所有中国人内心全都充满怒火，可身在异国，却又是谁都敢怒不敢言。徐悲鸿极力控制着自己的愤怒，针锋相对地说："先生，你不要说得那么早，到底谁是蠢材，就让我们各自代表自己的祖国比试一下，等到学业结束的那一天，高低上下就自然分明了。"说完，他愤怒地走开了。

徐悲鸿心里憋了一口气，他废寝忘食，拼命地学，刻苦地练，不顾身体的疲劳，不管胃病的折磨，参加严格的素描训练，到卢浮宫、凡尔赛宫等处临摹名画，学业、画艺进步神速。1924年，徐悲鸿的毕业油画展出轰动了整个巴黎美术界，给那些瞧不起中国人的洋学生以有力的回击。

徐悲鸿学成归国，先后任教于南国艺术学院和中央大学，并从事绘画创作。他的作品大多寄寓着反抗侵略，抨击卖国投降，同情人民，追求光明的思想，表现了中国人民对祖国的炽热情感和高尚的思想境界。他以一个美术家的身份奔赴国难，参与拯救国家和民族的战斗。直至今日，他的《田横五百士》《愚公移山》，仍然给人以巨大的震撼力，而他的奔马，则无疑是中华儿女不断奋进的象征。

为了中国的美术事业，为了中华民族的荣誉，留学期间，徐悲

徐悲鸿在作画

鸿勤学苦读,奋发向上,赢得了巴黎美术界的高度赞誉。他的精神,就如他擅画的奔马一样,将永远留在后人心间。而像徐悲鸿这样杰出的中国留学生,近代以来还有很多,他们为祖国争得了荣誉,为科学、艺术做出了贡献,也成就了自己的辉煌人生。他们刻苦求学、为国争光的精神,至今仍旧感染着千千万万的中国青年。

周恩来为中华崛起而读书

周恩来是新中国的首任总理,在人民群众心目中享有崇高的威望。少年时代,他就立志为中华崛起而读书;在革命生涯和祖国建设中,他始终是为人民服务的典范。

周恩来的少年时代充满艰辛。1907年和1908年,两年之中,生母和养母相继去世。这时,周恩来刚满10岁,父亲又远在他乡,于是,他不得不像成年人一样挑起了家庭的重担。

周家的家业原本就已败落,加之给两位母亲治病、安葬又花了不少钱,因而周恩来不得不经常出入当铺,把家里稍微值点钱的东西,都拿到当铺里换成钱来维持生活。东西当尽了,只能硬着头皮向亲戚借钱。可是,即便是周家兴旺时经常来拜访的亲戚,也没有一个愿意伸出手来帮上一把。世态之炎凉,使周恩来感触

位于辽宁省沈阳市的周恩来少年读书旧址

颇深。

　　于是,周恩来决定靠自己的劳动来维持生活。他把自家的花园改成了菜园,然后种上玉米、南瓜和豆角。当时他还没有锄头高,但他不怕吃苦,辛勤耕耘。一分汗水、一分收获,到了秋天,玉米和南瓜都长得大大的,成了一家人的主要口粮。

　　12岁那年,周恩来被大伯父周贻(yí)庚,拜托堂伯周伯谦带到了沈阳。在大伯父的资助下,周恩来进了沈阳的东关模范学校,一学就是三年。

　　在东关模范学校的三年里,周恩来学习刻苦,勤奋努力,各门功课都不错,每学期都名列第一。学校的学生很多都是富家子弟,但都很尊敬周恩来,老师更是对他喜爱有加。

　　这时候,周恩来最赞赏的就是范仲淹在《岳阳楼记》中喊出的

"先天下之忧而忧，后天下之乐而乐"的济世思想。由于周恩来品学兼优，加之作文非常出色，他的国文老师感叹道："我教了几十年书，从未见过这样好的学生，为这样的学生，就是呕心沥血也心甘情愿！"

一天，东关模范学校的魏校长亲自为学生上修身课，课题是"立命"。课堂上，魏校长提出了一个问题：为什么而读书？教室里静悄悄的，没一个学生回答。魏校长走下讲台，一个一个地提问。结果，问了好几个人，回答都不令他满意。

最后，魏校长走到周恩来跟前，问他为什么而读书。周恩来立即站起身来，非常郑重地回答道："为中华之崛起而读书！"魏校长根本没有想到，在他的学校会有立下如此远大志向的学生。他很高兴地示意周恩来坐下，然后对大家说："有志者，当效周生啊！"

学校有位何老先生，他经常和周恩来对对子。有一次，他说上句："不为列强之奴仆。"周恩来想了一会儿，对了下句："誓作中华的主人。"何老先生听了，连声说道："好、好！绝好！"

周恩来总理的一生，是为中华之崛起而努力奋斗的一生，是真正为人民服务的一生。这种志向，这种精神境界，是他早在少年时代就树立、确定的。唯其如此，学习才有目标，努力才有动力。现在，中华民族正处在和平崛起、实现伟大复兴的关键时期，我们仍然需要刻苦努力学习，"为中华之崛起而读书"。

高士其战残疾献身科普

高士其是新中国科普事业的主要开拓者，他将深邃严谨的科学和浪漫多姿的文学结合在一起，写出了人们喜闻乐见的科普小品《细菌的衣食住行》《细菌大菜馆》《微生物漫话》和《菌儿自传》等多部科普著作。

高士其毕业于清华大学，后赴美国留学。毕业后，他留在芝加哥医学研究所深造。1928年，高士其23岁的时候，有一天正在细菌实验室做实验，一个装着甲型脑炎病毒的试管破裂，病毒顺着耳膜侵入脑部，几天后脑炎发作，严重

高士其在创作

损害了他的神经。此后，他瘫痪了，头向左歪，语言含混，双眼发直，生活不能自理。

突如其来的事故，给了高士其沉重的打击。然而，生理上的痛苦，心灵上的创伤，并没能击倒高士其。他在逆境中自强不息，坚持学习，最终获得了医学博士学位。1930年，怀着振兴祖国科学事业的满腔热情，他毅然回到了祖国。

1935年，高士其开始创作科普小品。他尝试着写了一篇《细菌的衣食住行》，发表在李公朴等人主编的《读书生活》杂志上。没想到，这篇科普小品引起了不小的反响，深受读者的欢迎。从此，高士其就将全部精力投入到了科普小品的创作之中。

高士其的科普小品，以轻松愉快的笔调，通俗易懂的文字，把细菌学和卫生学的知识介绍给广大读者，使民众在有趣的故事中掌握了许多知识。他的创作灵感犹如源源不断的清泉，自然流泻到民众的心田，浇开了朵朵科学普及的鲜花。

然而，病魔并没有因为高士其的勤奋就停止脚步，侵入他体内的病菌再一次向他发起进攻，气势汹汹。他的手颤抖得更加厉害，写字已经十分困难。但他以顽强的毅力，使出全身的力气握紧笔杆，

继续笔耕不辍。

从 1935 年到 1937 年抗日战争爆发前夕，高士其在两年多的时间里，发表了一百多篇科普小品和科学论文。

抗日战争时期，高士其冲破重重阻力，到达革命圣地延安。毛泽东接见了他，称他是"中国的红色科学家"。两年后，高士其光荣地加入了中国共产党。与此同时，他的病情又继续恶化，说话和行动已十分困难。当时的延安缺医少药，高士其被送往香港治病。治病期间，他坚持进行科普小品的创作：自己口述，请人笔录。

新中国成立初期，为了提高广大民众的科学文化水平，高士其不顾疾病的折磨，全身心地投入科学普及工作之中。从 1949 年至 1965 年，他创作了大约 60 万字的科学小品和科普论文，写下了两千多行科学诗。他撰写出版的科普作品，达到 20 多部。

高士其的科普小品涉及领域广阔，从电子到宇宙，从微生物到人类，从火到原子能，从石器到自动化，可以说是无所不包。为了写好科普小品和科普著作，他阅读了大量的科学著作。由于疾病已使他不能进行资料摘抄，所以他硬是凭着大脑将有关资料牢牢地记住。他写的科学诗风格独特，深受读者喜爱。

高士其是传奇式的残疾人科普作家，他身残志坚，用自己的行动和成绩谱写了一曲生命赞歌。高士其始终把为国家、为民众服务作为自己人生的奋斗目标，他的灵魂是纯洁、高尚的。我们虽然不一定有高士其那样渊博的学识，但我们可以学习他身残志坚、自强不息的精神，做到这一点，我们就能做出更好的成绩来。

李四光为祖国找油

李四光是我国著名的地质学家，新中国石油工业的开拓者。他出生在中华民族遭受帝国主义、封建主义双重压迫而内忧外患、灾难深重的年代。为了民族振兴和国家强盛，李四光东渡日本、远赴英国求学。学成后，他拒绝了外国高薪聘用的优厚待遇，于1920年毅然回到祖国，决心为发展中国的地质科学事业贡献力量。

20世纪20年代，中国地质科学的发展刚刚起步，石油勘探开发工作处于困境。早在20年代初，美国的美孚石油公司曾投资300万美元，在陕北延安打了七眼深井，最终失望而去。1922年，美国又派斯坦福大学著名地质学教授布莱克·威尔德来到中国，这位教授经过一番勘探调查，得出了中国"贫油"的结论。美国教授的结论带有"权威性"，使中国的许多地质学家陷入悲观失望之中。然而，李四光却迎难而上，他对中国石油前景态度乐观。

1926年，39岁的李四光作为北京大学的代表，到莫斯科参加一个地质科学会议。列车驶过乌拉尔山的时候，李四光突发奇想：奇怪，这里是辽阔的西伯利亚平原，怎么会在平原上出现这座大山脉呢？他打开随身携带的世界地图，地图显示乌拉尔山脉从南到北横亘在平原上，它的东面是西伯利亚平原，西面是俄罗斯平原。他心中的疑问越来越强烈：绵长的乌拉尔山脉，为什么会如此南北纵贯在辽阔的西伯利亚平原和俄罗斯平原中间？在那次地质科学大会上，李四光就这一问题向一些地质学权威请教，但没有人能给他满意的回答。

回国后，李四光翻阅了许多地质学论著，并结合地质图进行仔细研究。他注意到，乌拉尔山脉的南面，还有一条呈东西延伸而又向南突起的巨大弧形山脉，东起阿尔泰，经高加索，西到黑海以北，与乌拉尔山脉一起构成一个巨大的"山"字，平铺在欧亚版图上。这一发现使李四光产生了一个大胆的设想：乌拉尔山脉形成于古生代一次巨大的地壳构造运动中，难道这"山"字形构造正是地壳运动的结果？如果真是这样，一定还有类似构造的山脉存在。

李四光决定到大自然中寻找"山"字形构造，1928年，他带领几名地质队员到江苏、广西一带考察，又发现了两个"山"字形构造。后来，除了"山"字形结构，李四光又在我国东北地区发现了由大兴安岭、小兴安岭和长白山脉构成的"多"字形构造体系。

通过研究，李四光还发现，不同构造带对矿产的形成有着不同的影响。各种地应力除了影响地球表层——地壳的形状外，还会影响到地球深处，驱使地下的矿藏沿某一构造带集中，形成矿床。比如，在东西走向的山脉中，常见铜、钨、锡之类重金属矿体；在"多"字形构造的沉降带，由于其具有沉积某些矿物的条件，因而多见石油及天然气；而"山"字形构造，则会造成煤田。

1928年，李四光发表《燃烧的问题》一文，指出热河和四川值得勘探。1935年，他在英国讲演时，说我国东部地区可能蕴藏着石油资源。他以自己的研究，对中国"贫油"的观点给以强有力的反驳。

1953年，为了解决国家建设所必需的石油，毛泽东主席、周恩来总理任命李四光主持中国石油资源的勘探工作。

李四光运用地质力学分析了中国东部地质构造的特征，提出了"新华夏构造体系"的概念。根据地质力学的理论，他认为"新华夏构造体系"包括三个沉降带和相应的隆起带，而三个沉降带具有广阔的找油远景。

1955年，李四光首先

李四光野外地质勘探

组织了开赴新疆柴达木、内蒙古鄂尔多斯、四川、华北和东北等地的五个石油普查大队，展开了大规模的普查工作。基于普查所得到的资料，李四光提出，华北平原和松辽平原具有较好的含油远景。1959年，李四光在听取松辽石油普查大队负责人的报告后，进一步指出："如果在松辽盆地南面的隆起上找油，可能希望很大。"

根据李四光的建议，我国集中主要勘探力量在东北找油。1959年9月24日，也就是在新中国十年大庆的前夕，在黑龙江省肇州县高台子构造松基三井，首次获得自喷工业油流，这就是后来形成的大庆油田。不久，胜利油田、大港油田、华北油田等大油田相继被发现，彻底摘除了以往外国学者所谓中国"贫油"的帽子，为国民经济建设提供了能源保证。

李四光求实的科学精神，严谨的治学态度，迎难而上的坚韧性格，敢于挑战权威的胆气，勇于创新的积极思维，为祖国做出了巨大贡献，令人佩服不已。在佩服的同时，我们也应该积极向他学习，做一个勤于钻研、敏于思考、善于创新的新时代青少年，为国家做出我们应有的贡献。

屠呦呦埋头科研获诺贝尔奖

2015年，屠呦呦（yōu）获得了当年的诺贝尔生理学或医学奖。她是第一位获得诺贝尔科学奖项的中国本土科学家，也是第一位获得诺贝尔生理学或医学奖的华人科学家。屠呦呦获奖，既是她的荣誉，也是我国相关领域一批科学家的荣誉。而他们的科学贡献，造福人类，功莫大焉。

屠呦呦大学期间读的是药学专业，考入北大医学院时，她就和植物等天然药物的研发应用结下了不解之缘。

屠呦呦获奖留影

1955年,屠呦呦进入中医研究院(现中国中医科学院)。科研工作即枯燥又辛苦,屠呦呦除了在实验室里"摇瓶子",还常常"一头汗,两腿泥",去野外采集样本。就是这样,几十年如一日,屠呦呦始终埋头在她深爱的事业之中。

屠呦呦入职时,正值中医研究院的初创期,条件艰苦,设备奇缺,实验室连基本通风设施都没有。由于经常和各种化学溶液打交道,屠呦呦的身体很快受到损害,一度患上了中毒性肝炎。但她没有退缩,一直坚持了下来。

在几十年的科研中,屠呦呦先后解决了中药半边莲及银柴胡的品种混乱问题,为防治血吸虫病做出了贡献;结合历代古籍和各省经验,完成了《中药炮炙经验集成》的主要编著工作。

屠呦呦最引人瞩目的成就,当然是发现青蒿素。根据世界卫生组织的数据,全球每年感染疟疾5亿人次,每年有110万人因此死亡。而青蒿素是防治疟疾的一线药物,"它每年在全世界,尤其是发展中国家,拯救了成千上万的生命,并且在与疟疾这种致命疾病的持续战斗中产生了长远的医疗福利"——拉斯克基金会如是说。

1967年5月23日,我国紧急启动"疟疾防治药物研究工作协作"项目,代号"523"。屠呦呦临危受命,被任命为"523"项目中医研究院科研组长。

要在设施简陋、信息渠道不畅的条件下,短时间内对几千种中草药进行筛选,其难度无异于大海捞针。这些看似难以逾越的阻碍,反而激发了屠呦呦的斗志。通过翻阅历代本草医籍,四处走访老中医,甚至连群众来信都不放过,屠呦呦终于在2000多种方药中整理出一张含有640多种草药,包括青蒿在内的《抗疟单验方集》。可在最初的动物实验中,青蒿的效果并不出彩,屠呦呦的寻找也一度陷入僵局。

此时,屠呦呦再次转向了古老中国的智慧,重新在经典医籍中细细翻找。就这样,葛洪《肘后备急方》中的几句话,引起了屠呦呦的注意:"青蒿一握,以水二升渍,绞取汁,尽服之。"屠呦呦马上意识到,问题可能出在常用的"水煎"法上,因为高温会破坏青蒿中的有效成分。随即,屠呦呦另辟蹊径,采用低沸点溶剂进行实验。

在190次失败之后,1971年,屠呦呦课题组在第191次低沸点实验中发现了抗疟效果为100%的青蒿提取物。1972年,研究人员从这一提取物中提炼出了抗疟有效成分青蒿素。这些成绩并未让屠呦呦止步,1992年,针对青蒿素成本高、难以根治疟疾等缺点,屠呦呦又发明出"升级版"——双氢青蒿素,它的抗疟疗效是前者的10倍。

2011年9月,因创制新型抗疟药——青蒿素和双氢青蒿素,屠呦呦获得被誉为诺贝尔奖"风向标"的拉斯克奖。

2015年10月5日,瑞典卡罗林医学院在斯德哥尔摩宣布,中国女科学家屠呦呦和一名日本科学家及一名爱尔兰科学家分享2015

年诺贝尔生理学或医学奖,以表彰他们在疟疾治疗研究中取得的成就。

屠呦呦获得诺贝尔奖,也引发了人们的思考:屠呦呦没有博士学位、留洋背景和院士头衔,研究工作也没有发表过"SCI"论文,曾被戏称为"三无"科学家。在现体制内,与那些院士科学家比较起来,她的研究条件可想而知,而她却在三流条件下创造了世界领先的一流成果。因此,我们在进行体制追问的同时,还应该坚信一点:科学研究是踏踏实实的事情,甘于寂寞、坚持不懈、百折不回,才是通往光明未来的道路。

钟南山为科学追求不息

新世纪之初,我们国家发生的一场灾难性疫病,至今令人记忆犹新,那就是2003年爆发的恶性传染病——非典型性肺炎(简称"非典")。也就是在这场抗击"非典"的战役中,人们也记住了一个名字——钟南山。

那时候,钟南山是广州医学院第一附属医院呼吸疾病研究所所长,已经67岁了。但他不顾年事已高,凭借自己的工作经验,一直坚守在工作第一线上。

2003年初,"非典"疫情来势汹汹,广州好几家专门接纳"非典"病人的医院已经不堪重负。这时,钟南山带着他的呼吸研究所站了出来。"把重病人都送到我这里来!"整个2003年春节期间,钟南山几乎都是在医院里陪着病人度过的。

有一天,一位刚转送来的病人出现了严重的呼吸窘迫综合征,生命危急。钟南山坐镇指挥:先经鼻插管,然后接上呼吸机使病人通气,再选择合适的通气参数,同时注意对可能受到影响的器官的

钟南山工作十分投入

监视。遇到危急情况,钟南山甚至亲自动手救护。

由于过度劳累,钟南山病倒了,出现了感冒发热、全身乏力等症状。医院为了保护钟南山,强制他回家休息。但休息不到两天,钟南山又强撑着回到了工作岗位,连续工作了38个小时。休息时间少,工作强度大,使钟南山再次病倒。

钟南山是个极富科学追求的人,对于扑朔迷离的"非典",他一方面心急如焚,另一方面却非常兴奋,认为对于科学家来说,遇上"千载难逢"的难题无疑是"幸"事。因此,钟南山根本不在乎自己年事已高,也不怕被感染,始终忘我地钻研着——及早找出病因,找到治疗的有效方法,成了他最大的心愿。

探索的道路总是艰辛的,钟南山经常夜不能寐,书房的灯光也总是亮彻通宵。同事们怕他累倒、病倒,劝他不要这样拼命,可他却说:"不找到解决问题的办法,我一天都无法安心。"这种执着,不仅体现出一个医学专家对人民群众的深情厚爱,同时也表现了一个学者对真理、对科学的追求。

终于，经过大量的临床研究，钟南山和他的助手们摸索出了一套行之有效的治疗方法：用针对性的抗生素来缓解病情。运用这一方法治疗，多数危重病人病情趋向好转和稳定，早期的已经能康复出院。

虽然临床治疗已见成效，但病原体的寻找迟迟没有突破。寻找病原体不仅仅意味着一种医学上的突破，更重要的是对病人负责。在强烈的职业责任感驱使下，钟南山毫不放松对病人的密切观察，并通过互联网查找资料、联络相关专家等各种途径，积极寻找病原体。

经过几个月的临床检测和研究，最终找到了行之有效的治疗方案，祖国大地的"非典"疫情得到了有效控制。而钟南山领导的呼吸研究所摸索出的这套"非典"防治经验，被世界卫生组织认为对全世界抗击"非典"具有指导意义，后来成为通用的救治方案。

钟南山对事业始终保持着炽热的追求，始终跋涉在科学探索的道路上，勇于接受风险大、难度高，最具有挑战性的考验。由于工作与民众的健康密切相关，而且实事求是、敢于直言，钟南山一直受到广大民众的关注，他的意见和建议往往成为人们的"定心丸"。2018年庆祝改革开放40周年之际，钟南山获得"改革先锋"称号，被誉为"公共卫生事件应急体系建设的重要推动者"。

作为胸怀远大抱负的科学家，就是要有以难题为"幸事"的心态，有勇于接受各种挑战的准备，有生命不息探索不止的精神。尤其是关涉大众福祉的事情，一刻也不能懈怠，甚至要以身涉险，排除万难。钟南山做到了这一点，因此他得到了民众的敬重；同时，从事科学研究的人，也应该像钟南山那样，不图名利，为民众办实事，为国家解危难。

许振超爱岗敬业争一流

许振超是青岛港的一名桥吊司机,他在平凡的岗位上,勇于进取,积极探索,刻苦钻研,耐心实践,创造出了世界一流的工作纪录,被誉为新时期产业工人的杰出代表。

1974年,许振超初中毕业,进入青岛港当了工人。1984年,青岛港组建集装箱公司,许振超成了青岛港的第一代桥吊司机。

桥吊作业有一个高、低速减速区,减速早了,装卸效率下降;减速太迟,又影响货物安全。为了获得最佳效果,许振超带着测试表反复测试,终于成功地将减速区调到最佳位置。以前一台桥吊每小时吊14、15个箱子,革新后能吊近20个箱子。

一次,一场大雾使整个码头的装卸作业被迫停止,直到中午,雾气依旧不散。货轮的船长急匆匆地找到许振超,请求他马上把集装箱卸下来。原来,该轮装载的全是冷藏箱,而供电电源突发故障,如不抢卸,一旦箱里温度升高、货物变质,损失就是好几百万元。一台桥吊有十几层楼那么高,而集装箱上起吊用的四个锁孔,每个不过一块香皂大小。司机在40多米高的桥吊上,要让四个爪准确插入集装箱的锁孔中,好天气操作起来都困难,何况大雾弥漫。但考虑到客户的需要,许振超一咬牙答应了。他在船上、岸边各安排了两个经验丰富的老司机,通过对讲机随时

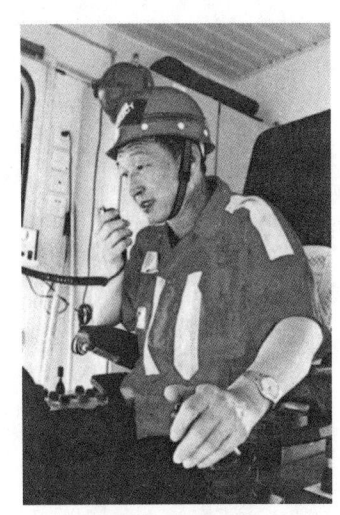

许振超在专心操作桥吊

报告集装箱位置，自己登上桥吊，精心操作。随着船上、岸边清晰的报告声，一个个箱子一钩到位，被顺利地卸了下来。凭着过硬的功夫、娴熟的技巧，许振超和同事们闯过了雾天作业禁区，为客户挽回了巨额损失，获得一致好评。

　　1991年，许振超当上了桥吊队的队长。担任队长的许振超，除了自己操作桥吊，还想做更多的事情。一次，队里的一台桥吊控制系统发生故障，得请外国厂家的工程师来修。专家干了12天，一下子赚走了4.3万元。这件事深深刺痛了许振超。他想：如果自己会修，这笔钱不就省了吗？然而，桥吊构造很复杂，涉及电力拖动、自动控制等六门学科，就是学起重机械专业的大学生，至少也得两三年才能够处理一般性故障。许振超只有初中文化，可为了攻克难关，他着魔似的钻研，终于发现，所有的技术难点都集中在一块块控制系统模板上，这正是外国厂家全力保护的尖端技术，不仅没提供电路模板图纸，就连最基本的数据也没有。

　　许振超不信邪。每天下班后，他就拿着借来的备用模板，一头扎进自己的小屋里。一块书本大的模板，一面是密密麻麻镶嵌的上千个电子元件，另一面是弯弯曲曲的印刷电路，这样的模板在桥吊上一共有20块。为了分辨细如发丝、若隐若现的线路，许振超专门用玻璃做了个支架，将模板放在玻璃上，下面安上100瓦的灯泡，通过强光使模板上隐身的线路显现出来，然后一笔一笔绘制成图。两千多个焊点，一个点前后左右可能有四条连线，而且每一条连线又延伸出两条连线，两条再变成四条，最多的变成20根甚至30根连线。每个点、每条线，许振超都要用万用表试了又试，一条线路常常要测试上百个电子元件，直到最终试出一条通路来。就这样，许振超用了整整四年时间，一共倒推了12块电路模板，画了2尺（约66.67厘米）多厚的电路图纸，终于攻克了技术难点。这套模板图纸，后来便成了桥吊司机的技术手册，成了青岛港集装箱桥吊排障、提效的"利器"。

一次，一台桥吊上的一块核心模板坏了，许振超跑到电器商店花8元买了一个运控器，回来换上后，桥吊就正常运行了。而这要是在以前，换一块模板得花3万元。2000年，队里的6台轮胎吊发动机又到了大修的时候。许振超找到公司领导主动要求，把这个项目交给他组织技术骨干来完成，一来锻炼队伍，二来节约资金。面对复杂的维修工艺，他与攻关小组一起边琢磨、边实践，加班加点，提前完成了轮胎吊发动机的大修。

许振超成为"桥吊专家"，靠的就是30年来从不间断的刻苦学习。一有空，他就捧着书本，或者拎着图纸，一门心思学习技术，还经常追着技术员问这问那。遇到设备故障，他就一边维修设备，一边详细记录设备故障的原因和排除经过。日积月累，他的工作笔记写了数十本，摞了大半个书柜。

许振超不仅自己学，还把技术和经验奉献出来。他系统总结自己多年来驾驶和维修桥吊的经验，专门编制了《青岛港集装箱装卸桥吊司机操作手册》。如今，每台桥吊的驾驶室里都有这样一本手册，成了桥吊司机的必备教材。

2002年3月4日，许振超和他的队友们以每小时299.7自然箱的单船效率，刷新了中国沿海港口集装箱装卸的最高纪录；2003年4月28日，又以每小时339自然箱的单船效率，刷新了世界集装箱装卸的最高纪录，并被命名为"振超效率"；2003年9月30日，再次以每小时381自然箱的单船效率，创造了世界集装箱装卸的最高纪录。世界航运业权威杂志《港口与港湾》专门刊发了这一纪录。

老话说："行行出状元。"可见，"状元"并非学院派的专利，任何一个岗位上的人，都可以做出自己的杰出贡献，成就自己的卓越人生。众所周知，世界上的工作，更多的是平凡的岗位，谁都不应该因为岗位平凡而甘于成绩"平平"。我们应该学习许振超强烈的爱岗敬业精神，在工作岗位上，干就干一流，争就争第一；我们还要学习许振超的刻苦钻研精神，努力成为勤奋学习的模范。

【伍】谦恭礼让 重义守信

尧舜禅让传佳话

尧、舜是我国上古时期两位贤德的君主，儒家理想中的圣人，他们的事迹广为流传，影响深远，其中禅（shàn）让的故事更是令人称道。

尧是上古"五帝"之一，因此也称"帝尧"。他姓伊祁，号放勋，是古唐国（今山西省临汾市尧都区，古称河东地区）人。父亲是帝喾（kù），母亲为陈锋氏。他曾先受封于陶（山西省襄汾县陶氏村），后又改封于唐地（今山西省翼城县），因此又号"陶唐氏"，史称"唐尧"。

父亲帝喾去世后，尧的异母长兄挚继位。挚在位九年，其间，尧从16岁开始辅佐他理政。帝挚为政不善，因此让位于尧，于是20岁的尧继承帝位，开始他的执政历程。

尧执政初期，国家还只是部落联盟，非常松散。这无疑不利于国家的统一管理。因此，尧在积累一定的施政经验后，开始建立国家政治制度。其中很重要的一条，就是按各种政务任命官员。在我国历史上，尧首次建立了较为系统的政治制度，为奴隶制国家的产生奠定了基础。

尧当政后，生活非常俭朴，住茅草屋，喝野菜汤，穿用葛藤织成的粗布衣。为了时刻倾听百姓的意见，尧在简陋的宫门前设了一张"欲谏之鼓"，谁有什么意见或建议，随时都可以击鼓。尧听到鼓

尧舜禅让砖雕

声,就会立刻接见,认真听取意见和建议。为方便民众找到朝廷,尧还让人在交通要道设立"诽谤之木",就是埋一根木柱,木柱旁有人看守,民众有批评甚至抨击意见,可以向看守人陈述;如果愿去朝廷,看守人会给予指引。由于能及时听到民众的意见,尧对民间疾苦非常了解。

尧还十分重视访贤任能。史载尧有能干的"功臣"九人(或说十一人),诸如羲和、后羿、散宜氏等,可算是人才济济。但他唯恐野有遗贤,埋没了人才。所以,他还常常深入穷乡僻壤,到山野之间去寻访,求贤问道,察访政治得失,选用贤才。《庄子》等史籍,曾详细记载过尧访贤的事情。

尧还是许多制度、物质文化的发明者。他曾经派羲、和二氏制定历法,然后颁行天下,使农业生产有所依循。据传说,围棋也是尧发明的,史书有"尧造围棋,以教丹朱"的记载。

尧治理天下后,做了数不清的好事。他贵而不骄,富而不惰,威武而和气。在位期间,尧忙忙碌碌几十年。到86岁的时候,他觉得自己年老力衰,想找一个德才兼备之人代替自己,便找谋臣商量人选。

起初，人们都建议尧从儿子中间选拔，但尧却说："我并不打算选自己的儿子或者亲人，更不在乎此人出身是否卑贱、贫穷。重要的是，这个人是不是心地仁爱，拥有真才实学。"

原来，尧的儿子丹朱，虽然长大成人，但十几岁了还不务正业，游手好闲，朋聚斗狠，经常招惹祸端。尧认为要使丹朱归善，必先稳其性、娱其心，教他学会几样本领才行。起初是教他学习打猎，可丹朱不喜欢；后来又教他行兵征战的石子棋，丹朱起先还能专心，但很快旧态复萌，甚至阴谋夺取父亲的帝位。这让尧彻底灰了心，便把丹朱迁往南方，再也不想看到他。

听了尧的一番话，领会了尧的心思，人们开始留意尧所说的"德才兼备"者。就这样，许多人想到了舜，于是大家一致推举舜，说他诚实、善良、孝顺，又有才干，可谓德才兼备。

听了众人的介绍，尧非常满意。但他一向谨慎，而且事关国计民生，所以他决定先来考验舜。就这样，尧把自己的两个女儿——娥皇、女英，嫁给了舜。娥皇、女英出身高贵，可舜并不以此为意，而是细心教导她们，一起劳动，一起持家，一起孝敬父母。娥皇、女英向父亲报告了这一切，尧也喜欢上了这个青年。

接着，尧又派舜到各地，同百姓一起生活、做事，看他如何处理复杂的问题。舜到各村落去种地、做工，所到之处，人们都紧紧跟随。舜教他们互相谦让，你帮我、我帮你，和和睦睦，亲如一家。三年后，几个村落年年丰收，而且制作出来的东西都精美而细致。

尧了解了这些事情之后，十分高兴，认为舜的确是一个不可多得的人才，就把大权交给舜，自己则带一班人去各地考察。舜上任后，行了20年的治理大权，恪尽职守，知人善用，把各种事情都办得井井有条，全天下人都敬佩这个君主。尧也深知舜可以使人民过上幸福的日子,就更安心地享受天年去了。

后来舜年老之时,又在部落联盟会议上,把帝位传给了治水有功的大禹。

尧、舜选贤任能、宽厚豁达、恪尽职守的高尚品德,后人世世代代传颂,"禅让"故事也成了千古佳话。然而,尧舜禅让的规制,却在后来变成了家族继承制,而这种制度影响我国长达数千年,流毒深远。说起来,选贤任能,不仅应该体现于最高权力者,也应该见诸平常的遴选举荐。只有凡事选贤任能,才能做好事情,整个社会也才能充满活力。

柳下惠不以三公易其介

柳下惠是春秋时期的鲁国人。他本来姓展,名获,字子禽(一字季),"惠"是他的谥号,因封地在柳下,后人尊称其为"柳下惠"。他品德高尚,孔子称他是"逸民"(被遗落的贤人),孟子尊称他为"和圣"。

柳下惠出生在周朝诸侯国鲁国的柳下邑,父亲展无骇也是鲁国大夫。

柳下惠生活的年代,主要在鲁国的庄、闵、僖、文四朝。其间,他曾担任"士师",是个掌管刑罚狱讼之事的小官。当时鲁国王室衰败,朝政把持在臧(zāng)文仲等人手中。柳下惠生性耿直,直道行事,不事逢迎,自然容易得罪权贵,所以曾受到黜(chù)免,而且是三起三黜。对此,孔子曾经十分气愤地说:"臧文仲其

柳下惠画像

窃位者与？知柳下惠之贤而不与立也！"（《论语·卫灵公》）孔子认为臧文仲是个窃取高位而不干好事的人，因为知道柳下惠贤能却不让他跟自己一起共事。

鲁僖公二十六年（公元前634）夏，齐孝公出兵征伐鲁国，臧文仲问柳下惠如何措辞，才可以使齐国退兵。柳下惠说："听说大国做好小国的榜样，小国好好侍奉大国，这样才能防止祸乱。现在鲁国作为小国，却狂妄自大，触怒大国，这无异于自取其祸，怎么措辞都是没有用的。"柳下惠这样说，其实是对臧氏执政行为直言不讳的批评。

柳下惠虽然在鲁国屡受排挤，但他的道德、学问却名满天下，各国诸侯都争着以高官厚禄礼聘他，可他都拒绝了。有人问是何故，柳下惠回答说："直道而事人，焉往而不三黜？枉道而事人，何必去父母之邦？"（《论语·微子》）意思是说，坚持直道而行的待人原则，在鲁国会受到黜免，到别的地方也难免一再遭遇黜免；如果放弃这个原则，走邪道来待人，在鲁国也可以得到高官厚禄，那又何必离开父母所在的祖国呢？

还有两则流传很广的故事，说明了柳下惠的信、义。

早年间，齐国国君曾派人向鲁国索要传世之宝——岑鼎。当时，鲁庄公舍不得，却又怕得罪强横无礼的齐国，便打算用个假的冒充。可齐国人说："我们不相信你们，只相信以真诚正直名闻天下的柳下惠。如果他说这个鼎是真的，我们才放心。"鲁庄公只好派人去求柳下惠。柳下惠说："信誉是臣下一生唯一的珍宝，如果说假话，那就是臣下自毁珍宝。以毁珍宝为代价来保住你的珍宝，这样的事怎么干？"鲁庄公无奈，只得把真鼎送往齐国。

"坐怀不乱"的故事是说，有一次，在一个寒冷的夜晚，柳下惠夜宿城门，碰到一个无家的女子。柳下惠担心她冻死，就叫她坐在自己怀里，解开外衣把她裹紧。就这样，孤男寡女同坐一夜，并没发生非礼行为。于是，柳下惠被誉为"坐怀不乱"的正人君子。这个故事自汉朝以来广为传颂，可谓家喻户晓。

柳下惠退居封邑柳下之后，曾经招收生徒，传授文化、礼仪，深受乡人的爱戴。柳下惠去世后，弟子们商量他的谥号，柳下惠妻子说："要说关于夫子的德行，你们几个小子比不上我更知道啊。……夫子的谥号，应该是'惠'。"

虽说柳下惠"坐怀不乱"的故事最为人们熟悉，但从以上介绍可知，他绝非因此而得到孔、孟的高度评价。史籍里有所谓"虽遭三黜，不去故国；虽荣三公，不易其介"（虽然遭到三次黜免，也不离开自己的故国；虽然身居三公高位，也不改变耿直的禀性），这恐怕才是对柳下惠高尚品节的最好概括。不去故国，说明他热爱祖国、节操不亏；不易其介，说明他正直行事、坚持原则。尤其是一个"介"——耿直、有骨气，在为人处世乃至治国理政上是多么难能可贵啊！

"齐邦三杰"的信义

朋友间交往，最重要的就是讲信义。春秋时"齐邦三杰"的故事，恐怕是史上重信重义篇章中最执着而惨烈的，至今引人深思、予人启迪。

春秋时期的齐国，齐景公在位时，晏婴担任相国，国治民安。与晏婴同朝共事的，还有被称为"齐邦三杰"的田开疆、古冶子和公孙捷。这三人都异常勇猛，而且功劳很大，齐景公列之于"五乘之宾"（有五辆从车的贵宾）。

"齐邦三杰"志趣相投，义结昆仲（兄弟），抱团行事。三位"豪杰"处世高调，往往仰仗功劳和神勇，口出狂言，傲慢无礼。

齐国有位大臣叫陈无宇，是个野心家。他图谋篡夺齐国政权，

《二桃杀三士》连环画

暗中四处收买人心，便和"齐邦三杰"结成了一伙。齐景公和晏婴察觉了这一阴谋，深为三人的实力担忧，于是决定尽早除掉他们。晏婴立即设好圈套，以便伺机下手。

有一天，鲁国国君来访，齐景公设宴招待，三位"豪杰"及晏婴都到场作陪。齐景公叫人端出园中称作"金桃"的鲜桃，分发给功劳最大之人。谁知到了田开疆、古冶子、公孙捷面前，却只剩两个桃子。齐景公让三人陈诉自己的功劳，并说谁功劳大就颁给谁。

公孙捷第一个站出来，说："当年，我跟随主人在桐山打猎，力杀猛虎，这功劳够得上吃金桃吗？"晏婴点头称赞，说他护驾有功，便让侍者递给他一个桃和一杯酒。公孙捷食桃饮酒之后，退回了原位。

接着，古冶子一跃而出，说："我曾在黄河斩杀妖鱼，使主公转危为安，这够得上吃金桃吗？"晏婴未及说话，赶快让侍者递上鲜桃一个、美酒一杯。

这时，田开疆开言道："我奉命讨伐徐子，斩杀徐子著名大将，使徐子归服于齐，安定了各国诸侯，使他们推举主公为盟主，这样的功劳还够不上吃金桃吗？"

的确，三人之中，田开疆功劳最大。面对此情此景，齐景公假意安慰说:"你功劳最大,只可惜开口晚了,桃子已然分完。赐你美酒一杯,金桃就等待来年吧!"

功高而无桃,田开疆从未受过这等委曲,便怒吼道:"我血战疆场,反而吃不到金桃。当着众人的面受这等耻辱,会被千秋万代耻笑,我还有何脸面立于天地之间呢?"说完,挥剑自刎,当场殒(yǔn)命。

公孙捷见此情形,大吃一惊,内心巨浪翻滚。他认为,取桃而不让,是不谦;田开疆死而自己不跟从,是不勇。于是,公孙捷也当即挥剑自刎,追随田开疆而去。

古冶子见状,大声说:"我们三人亲如兄弟,曾发誓同生共死。现在他二人已死,我又岂能苟活于世?"说完,也自刎而去。

顷刻之间,三勇士殒命朝堂,场面悲壮惨烈。史上这"二桃杀三士"的著名故事,大多意在表现晏婴的智谋,其实这或许正是不智,因为有可能是自毁长城。"齐邦三杰",兄弟相随而去,可谓重信守义,但如果面对功劳、荣誉时能够谦逊退让,也许就不会着了别人的道。由此可见,人与人之间,信义重要,谦让也必不可少;也许有了谦让宽容,信义才可能维持久远。"齐邦三杰"留给我们的,既有经验,也有教训。

豫让舍生取义

"滴水之恩,当涌泉相报",这是古代侠客义士的生命信条。春秋时期晋国的豫让,就是这样一位知恩图报的人。

豫让是春秋时期晋国贵族智伯的家臣,出身卑微。但智伯敬重豫让,以国士的规格厚待他,这令豫让深受感动,并时刻铭记在心。

后来,智伯联合魏、韩,共同讨伐赵襄子,结果被赵襄子用计

位于山东省嘉祥县武梁祠内的豫让刺赵襄子画像

杀害。豫让得知此事,义愤填膺,发誓要不惜一切代价,替智伯报仇雪恨。

在为智伯复仇的过程中,豫让几乎用尽了所有办法。起初他更名换姓,装成服苦役的人,到赵襄子府中打杂,为其修厕所,实则腰揣匕首,准备随时刺杀可能出现的赵襄子。但这一计谋被识破了,赵襄子搜出豫让的匕首,心中大为不快,可又敬佩他的勇气和苦心,就网开一面,把他放了。

豫让回到家中,后悔自己没把握好时机,决心重新部署,再次出击。随后他开始彻底改变自己的形象:身体上涂满胶漆,而且弄得遍布癞(lài)疮;口吞火炭,烧伤声带,使声音变得嘶哑。接着又找来破衣烂衫,装扮成乞丐的样子,以至于连妻子几乎都认不出来。

随后,豫让又开始继续寻找机会。可机会来了,却又一次功败垂成。原来,豫让埋伏在赵襄子出游必经的一座小桥旁,谁知赵襄子的马车到达桥头时,驾车的马似乎觉察到了什么,竟受惊不前。随从们四处搜查,很快就找到了豫让,也识破了他的本来面目。

赵襄子得知又是豫让,便非常生气地问道:"上次我敬佩你的勇气,留你一命,你为何还要前来?难道你非得给智伯报仇吗?"豫让坚定地回答说:"女为悦己者容,士为知己者死。智伯若以常人规格对待我,我便会以常人的反应回报,但智伯是以国士的规格厚待我,我当然必须以国士的行为回报他。既然我再次失手,也许是天不遂我愿。你能否借我一件外衣,让我'刺杀'你的外衣,来满足报仇的心愿?"

一席话,说得赵襄子也不禁心生感慨,一方面赞叹豫让的确乃人间义士,一方面又羡慕智伯有这样的知己。他随即脱下外衣,满足豫让。豫让拔剑出鞘,向赵襄子的外衣连刺三剑,待这一象征性的复仇仪式完成后,便挥剑自刎。这一举动,使在场的赵襄子等人惊讶不已。

豫让是千古知名的义士,他的行为有令人叹服之处,但在今天的法治社会看来,其断不可行也是尽人皆知。古来人们敬仰豫让,在于一个"义"字,但这个"义",应该是国家、民族大义,是道义,是公义,而不是一己私义。我们所推崇的"义",是能够挺身而出,维护公众认可的价值和利益,为此牺牲自己的生命亦在所不惜。豫让给我们的启示,就是为了道义、公义而舍生取义、百折不挠。

燕昭王屈尊求才

战国时期,燕(yān)国发生内乱,将军市被与太子姬平,二人密谋攻击国君子之。齐国获知此事后,趁机大举进攻燕国,使燕国遭受了一场少有的灭顶之灾。

燕国国君子之死后,太子姬平继承了王位,是为昭王,并任郭隗(wěi)为宰相。在遭受国破家亡之痛后,姬平决定洗心革面,奋发图强,尽快恢复和增强国力。于是,他沉痛哀悼为国捐躯的将领和兵卒,抚恤死者的家属,并与国民同心同德、同甘共苦。

要使国家强盛,人才极为关键。燕昭王一心招揽人才,为此还

北京地铁金台路站壁画《金台求贤》

修筑了黄金台。人们却认为他不过是叶公好龙,并非真的求贤若渴。始终难以找到治国安邦的英才,燕昭王整天闷闷不乐。

一天,燕昭王对郭隗说:"齐国趁我们内乱,狠下毒手,此仇不报,枉此一生。我们燕国虽是小国,力量薄弱,但我仍然希望能得到贤能之人,同我一起治理国家,以求来日有机会、有能力洗雪奇耻大辱。如果能找到可使燕国富强的贤才,我甘愿侍奉他。可是,到哪儿才能找到这样的人呢?"

郭隗略作沉思,然后给燕昭王讲了一个故事:有个国君愿意出一千两黄金求购千里马,但三年过去了,始终没有买到。又过了三个月,好不容易发现一匹千里马,可国君派人带着黄金去买的时候,那马已经死了。派去买马的人,用五百两黄金买回了千里马的马骨。国君很生气,说:"我要的是活马,你怎么弄来一匹死马的骨头?"那人说:"您舍得花五百两黄金买死马骨,还怕没人送活马来吗?"

果然，没过几天，就有人送来了三匹千里马。

接着，郭隗郑重地对昭王说："大王如果诚心诚意招贤纳士，那就先请从我开始吧。像我这样才疏学浅的人都能受到您的礼待，比我贤能的人才，必然会千里迢迢闻风赶来的。"

听了郭隗的话，燕昭王觉得很有道理，就为他修建了漂亮的房子，并谦恭地拜他为老师。

燕昭王诚心求才的消息传开后，各国贤能纷纷前来投奔燕国。这些人当中，有魏国的乐（yuè）毅、齐国的邹衍、赵国的剧辛，都属一时之选。他们悉心辅佐昭王，经过长期不懈的努力，燕国终于强盛了起来。

后来，燕昭王命乐毅为上将军，率军进攻齐国，齐国惨败，燕国得以一雪前耻。

"千金何足惜，一士固难求。"求贤才，纳良士，历来就是古代帝王成就霸业的基础，更是治国安邦的重要依靠。千金买骨，金台求贤，都是我国古代著名的重才、求才典故，古诗文中屡见不鲜。自然，人才的重要，古今一理；同样，求才的不易，也是如此。这就需要人们真心重视人才，悉心发现人才，真诚延揽人才，科学使用人才。对于青少年来说，应该刻苦学习，多方锻炼，使自己成为社会需要的人才，从而为国家、为社会做出自己应有的贡献。

季布之诺，曹丘之德

秦汉之际，楚汉相争。楚霸王项羽有个部将，名叫季布，颇有些将略，曾多次打败刘邦。他性格耿直，乐于助人，凡是他答应了的事，就一定办到，从不违约，因此很深受人们的敬重和赞赏。

后来，项羽兵败垓下，别姬自刎，楚汉相争以汉王刘邦胜出告

位于长春市德苑的季布一诺千金雕塑

终。刘邦建立汉朝,做了皇帝,就四处张贴告示,悬赏千金,缉拿季布。然而,重信义的季布深得人心,人们甘冒诛灭三族的危险,也不愿为千两赏金而出卖他。

后来,有人秘密地把季布送到了鲁地义士朱家那里。朱家也很欣赏季布的信义,尽力将他保护起来。不仅如此,朱家还专程到洛阳,说动刘邦的老友汝阴侯夏侯婴,转请刘邦撤销了对季布的通缉,并封季布为郎中官,后又升任河东太守。

季布有个同乡,名叫曹丘生,听说季布做了大官,特地请窦长君介绍他与季布见面。可季布见到曹丘生,却很不高兴,甚至露出了厌恶的神情。曹丘生是个机敏之人,也十分善辩,他见季布不怎么欢迎自己,连忙深深一揖,随后说出一番话来。

曹丘生究竟说了些什么?太史公《史记·季布传》中描述如下,曹丘至,即揖季布曰:"楚人谚曰:'得黄金百(斤),不如得季布一诺。'足下何以得此声于梁、楚间哉?……仆激扬足下之名于天下,顾不重邪?何足下拒仆之深也?"这段话的意思是:"楚人有句谚语,叫

'得黄金百斤，不如得季布一诺'。你为什么会在梁、楚一带有那么大的名声？这都是我四处替你宣扬的。可你为什么对我爱理不理呢？"

季布听了曹丘生的一席话，非常高兴，遂把他当作上宾来招待，经常陪他在一起闲聊、游玩。在季布那里盘桓了几个月，曹丘生才起身告辞而去，走的时候，季布还送了他一份厚礼。

曹丘生回去之后，依然四处宣扬季布，季布的名声因此越来越大。后来，人们就把宣扬别人长处并乐于荐贤的美德，称作"曹丘之德"。

基于季布的故事，后世产生了"千金一诺"的成语，也作"一诺千金"，形容履行承诺，价值千金。由此可见，信用无论于个人、于社会，都可谓价值连城。当今世界，诚信似乎已经成为最为突出的社会问题，假冒伪劣猖獗，信任危机频发，诚信成为人类社会亟（jí）待唤回的德性。生活在新世纪的青少年，应该具备一诺千金的美德，言必行，行必果。

同样要说的是，曹丘生宣扬别人德行的品德，也是当今社会所应提倡的。殊不知，这些年来，人们越来越"见不得别人的好"，"羡慕嫉妒恨"似乎成了芸芸众生的行为模式。显然，这样的状况也很是令人忧心，因为美德得不到提倡、受不到追捧，就意味着恶德恶行也可以堂而皇之、招摇过市。因此，古人善善恶恶（wùè）的行为规范，也应该是我们所遵循和倡导的。

韩信甘受胯下之辱

人生在世，难免会遇到不顺心的事，这就要求我们要多一分宽容和忍让。但宽容和忍让说起来简单，做起来就不那么容易了，它需要有坚强的意志品质来支撑。两汉时期的韩信，就可谓隐忍而成的人士。

韩信少时因家里贫穷,经常吃不饱饭。他天生虎背熊腰,高大魁梧,没事做的时候,喜欢佩戴刀剑,在街上晃来晃去。城里有一群市井无赖,整天好吃懒做,以欺负路人为乐。他们见韩信如此贫穷,还装模作样腰挂长剑,装出气宇不凡的样子,便心中有气,只要遇到他,就要围住讥笑,而且还动手动脚。韩信一身功夫,却从不还手,始终不言不语。

一天,一个无赖又纠集一帮人,拦住韩信的去路,放肆地哈哈大笑,并讥讽说:"你虽然长得高高大大,腰间还挂着一把长剑,其实不过是个无用的胆小鬼罢了。"众人趁势你一言、我一语地侮辱韩信,一时间,四周围满了看热闹的百姓,可韩信却无动于衷。

那帮无赖见韩信不理,择路要走,就上前拉住他,得寸进尺地说道:"你不是有剑吗?如果你不怕死,就刺我一剑!如果怕死,就从我胯(kuà)下(裤裆下面)钻过去。"说罢,叉开了双腿,等着韩信来钻。

围观的人看到韩信一个堂堂七尺男儿被人这样羞辱,有的大笑起哄,有的摇头叹息。

韩信当众受到如此侮辱,恨不得拔出佩剑,一剑刺死这个无赖。但他略微思索后,便咬咬牙,俯身从那个无赖的裤裆下钻了过去。人们发出一阵不可思议的惊呼,那群无赖也愣了一下,随后哄然大笑。

韩信真是个胆小鬼吗?历史已雄辩地证明:不是。那

韩信甘受胯下辱(清·改琦绘)

么，为何他不拔剑还击呢？道理显而易见，假如韩信当年逞一时之勇，与对方争斗，将对方一剑刺死，早已依律处斩，怎能有日后叱咤风云的常胜将军呢！正是这种巨大的承受力和忍耐力，才使韩信没有因小失大，从而成为"汉初三杰"。

众所周知，屈辱是有分别的，有一时之辱、一世之辱，有一人之辱、一国之辱，因此对待的态度也应不同。不能忍受一时之辱，就有可能留下一世之辱；一人之辱或可淡然处之，一国之辱则绝对不能漠然视之。明乎此，韩信甘受胯下之辱就很容易理解了。

孔子曾告诫门人子路："好斗必伤，好勇必亡。百行之本，忍之为上。"韩信是否受到了孔圣人的启发，不得而知。但对每一个人来说，大事当前，如果无法忍受小的不快，将无法成就远大的理想。忍让不只是为了保全自己，它也可以说是保持一种积极进取的心态：放弃无关大局的小事，去追求在忍让中腾出的更宽广之路，积蓄冲刺的助跑区，赢得大事业的成功。

河间王实事求是

西汉时期，汉景帝刘启多子，有14个儿子。刘德是汉景帝的次子，被父亲封在河间（今河北省沧州市）为河间王，去世后谥"献"，因此又有后人称之为"河间献王"。

据记载，刘德酷爱藏书。历经秦始皇焚书和长时间战乱，汉王朝建立之初，秦以前的旧籍极为少见。而和平时代奉行文治，图书文献必不可少。于是，刘德不惜重金，四处求购。为此，刘德不畏劳苦，身体力行，听说民间有善书，就亲自前去重金购买，并命人重抄一份，留给百姓；对不愿意出让的，则好言相求，从不采取强制手段。刘德求书的贴心态度，对于当时的统治者来说，实在是难能可贵。

刘德贤名远扬，民间众多知识分子和平民百姓都不远千里，携带先祖留下的旧书，前来奉献，刘德则均给予重用和奖赏。就这样，刘德获得了大量的先秦旧籍，数量之多，充满楼阁，"其量可与汉朝（中央朝廷）"等。其中一些极为珍贵，诸如《诗经》《左传》《周官》《礼记》等，多达几十种。

对于得到的古籍，刘德不仅精心保管，收拾得干干净净，摆放得整整齐齐，而且还认真钻研书中学问，与同道的文人学者精心研究，归纳整理。于是，很多人都愿意和刘德探讨学识，甚至皇帝和大臣官府中的学者都来向刘德讨教问题。一时间，河间王刘德脚踏实地、刻苦钻研的治学态度，尽人皆知，传为佳话。

对刘德广求旧籍、潜心学问的精神，后世给予了高度评价。东汉史学家班固，在撰写《汉书》的时候，为刘德单列专传，题名《河间献王传》。在这篇列传的开头，班固对刘德的治学态度和搜求古籍做了总体评价，文中说："修学好古，实事求是。从民得善书，必为好写与之，留其真。"我们后来所说的成语"实事求是"，便是由此而来。

反映真实情况，按实际情况办事，是我们中华民族的传统美德。只有遵循实事求是的原则，才能从平凡的实践中总结出规律，才能找出解决问题、做好事情的办法。就像刘德那样，实事求是，不能大而化之，而要细致贴心；不能师心自用，而要体察民情。青少年正处于增长知识、养成习惯、求索真理的关键时期，务必要面对现实，实事求是，踏踏实实，一步一个脚印地前行。

"大树将军"冯异

冯异是东汉中兴名将，"云台二十八将"之一。他较早跟随刘秀起兵反抗新莽，在刘秀落魄时，能及时为其解脱困顿，而诸将议论功劳时，他却躲在一旁的树下从不参与，因而被誉为"大树将军"。

冯异早年曾为王莽效力，坚守父城（今河南省宝丰县），抵抗刘秀。后来因出巡属县，被汉兵俘获。当时，在刘秀手下效力的亲属、同乡，共同推荐冯异，希望刘秀能够收用。刘秀召见冯异，希望他留下来，跟随自己。冯异却说："我留在军中，不过是一个人，不会有太大的助益。况且，城里还有我的老母。我希望回去，为你据守父城，效力报德。"刘秀觉得冯异说得在理，便同意了。

冯异画像

不久，先后有十几波军兵来攻打城池，冯异始终坚守，绝不屈从。等到刘秀升任司隶校尉，再过父城，冯异则大开城门，献上牛酒，欢迎他的到来。

农民起义军拥立的更始帝，猜忌刘秀兄长刘縯（yǐn）的威名，便找个由头将其杀害。当时，刘秀的势力还不强，地位也不稳固，因此只好隐忍以待。刘秀面上不敢显露悲戚之情，饮食言笑一如平常，心里却非常难过。独居的时候，他一点酒肉也不肯用，枕席间也往往有哭泣之痕。

冯异单独拜见刘秀，劝他节哀，并乘机进言："天下百姓，苦于王莽的统治，思念大汉王朝。如今更始帝部下将领纵横暴虐，到处抢掠，百姓很是失望，觉得无所依托。您现在应该广施恩德，壮大实力，获取民心。"

要想发展自己的势力，必须远离中央朝廷。然而，当时的许多将领，都不同意刘秀出外。冯异劝刘秀结纳左丞相曹竟，因为曹氏父子当朝用事，有左右皇帝之力。后来，由于曹氏父子等人的力劝，更始帝遂命刘秀为大司马，持节渡河，镇抚河北诸郡。

一到河北，刘秀就采纳冯异的建议，分派官员巡视属县，清理冤结，广布惠泽。冯异等所到之处，释放囚徒，抚恤鳏寡（guānguǎ），对亡命投案者既往不咎。他们还暗中考察地方官员是否愿意归附，然后把名单上报给刘秀。

后来，河北地区的王郎聚众起事，在邯郸称帝，悬赏购求刘秀的头颅，各地纷纷响应。刘秀见状，连忙率部向南疾进。当时形势危急，刘秀昼夜不敢进入城邑，吃住都在路旁。到达芜蒌（wúlóu）亭（今河北省饶阳县境内）时，天气寒冷，北风凛冽，大家饥渴劳顿，不可名状。谁知冯异却给刘秀端来了热腾腾的豆粥。第二天一早，刘秀对将领们说："昨天吃了冯异的豆粥，饥饿寒冷一扫而空。"部队进至南宫（今属河北省）地方，天降大雨，刘秀等在道旁的空房子里避雨，冯异又抱来柴草，还献上了麦饭等食物。

冯异为人谦和礼让，从不居功自傲。每到一个地方，安营完毕，将领们总是坐在一起，论功行赏。冯异则往往避开，独自坐大树之下，概不参与其事。因此，军中都称他为"大树将军"。攻破王郎，刘秀整编部队，对将领也重新进行调整，使之各有统属。军中吏士，纷纷愿意跟从"大树将军"。从此，刘秀对冯异更为欣赏、重视了。

奖赏面前，退避一旁，"大树将军"的美名，流传后世，广受称道。现代史家白寿彝说："冯异既有文才，也长于武略，不仅战功卓著，在云台诸将中名列前茅，而且治理郡政也是很有成绩。其为人谦退不伐（夸耀），居功不傲，可谓难能可贵。"是的，"大树将军"的作风，在我们这个"羡慕嫉妒恨"的时代，真可谓是"难能可贵"了。然而，我们不能不说的是：不推崇英雄的民族，不会是真正的强大；不珍惜美德的民族，不会是纯粹的文明。

田豫知止，情安钟漏

田豫，字国让，是三国时期曹魏的将领。他历任地方官，任职之地都得到了很好的治理；他担任边疆地区的统帅，文武并用，威震北疆。他清廉自守，生活简朴，获得了"田豫俭素"的嘉评。尤其是他不贪占官位，知止而情安钟漏，得到了后人的高度评价。

田豫早年跟从刘备，后又跟随公孙瓒（zàn）。托身于刘备时，刘备非常看重他。刘备任豫州刺史后，田豫以母亲年老为由，请求回乡。临别之际，刘备流着泪说："恨不与君共成大事也。"

当时群雄并起，有位朋友不知依从谁好。田豫对他说："最终能够安定天下的，一定是曹操。应该赶紧投奔他，不要等着以后遭祸。"那位朋友听从田豫的建议，一起投向曹魏，受到了曹操的重用。

田豫常年镇守曹魏北疆，也曾参与对孙吴的作战，多有功勋。在诸多功勋中，镇守北疆、打击胡人，是田豫的突出之处。

建安二十三年（218）四月，代北乌桓反叛，曹彰率军征讨，以田豫为副手。军队进抵易水北岸，遭遇乌桓伏兵的偷袭，军队乱成一团，不知如何是好。田豫根据地形，用战车围成圆形战阵，弓弩手张弓搭箭，守在里面。胡人攻不进来，便溃散而去。大军乘势追击，大破乌桓军。田豫又挥军前进，击败前来支援乌桓的鲜卑军队，从而平定了代郡。

魏文帝初年，北方游牧部族强盛，时常侵扰边塞，朝廷任命田豫出守边郡。当时，数十个鲜卑部落分割地区、各自统领，却又一致对外、统一行动。他们立下盟誓，都不得把马卖给中原。于是，田豫设下离间之计，让他们自相仇视、互相攻杀。其中有个部落违反盟约，送给官府1000匹马，遭到别的部落的攻击，向田豫求援。田豫率领一队精兵，深入敌后，征服了那里的胡人。

后来,田豫升任中郎将,加官振威将军,领并州刺史。境外胡人闻知田豫的威名,相继来朝贡献。田豫所管辖的并州界内,形势清静安宁,百姓安居乐业。

田豫一路升官,做到了卫尉(宫禁守卫官)。田豫却自甘引退,多次请求辞职让贤。太傅司马懿认为田豫年纪尚可,下书不予同意。田豫复信说:"年纪已经七十岁还占着官位,犹如滴漏已经漏尽,钟声已经响完,而黑夜却还没有结束,这是罪人啊。"于是坚决称病辞了职。

田豫克己为公,生活俭朴。朝廷给他的赏赐,他都分发给了部下将士;胡人送给他个人的礼品,他都一一登记,收入官府,从不拿回家里。也正因此,田豫家里很不宽裕,不时困窘(jiǒng)。唐朝李瀚编撰的《蒙求》中,有"田豫俭素"一句,简单的四个字,却是对田豫无上的认可和褒扬。

田豫虽然性情孤傲,很少与他人来往,但人们都很看重他的节操。他去世后,嘉平六年(254),朝廷下诏追思田豫等人,赐给钱粮,并布告天下。当时的曹魏君主齐王曹芳说:"故司空徐邈、征东将军胡质、卫尉田豫,皆服职前朝,历事四世,出统戎马,入赞庶政,忠清在公,忧国忘私,不营产业,身没之后,家无余财,朕甚嘉之。"

唐太宗李世民曾说:"冯异崇让,功披荆棘;田豫知止,情安钟漏。前史称其高致,昔贤以为美谈。"在官场上,"崇让"已属难能可贵,"知止"者就更是凤毛麟角了,毕竟哪个当官的不想坐到天上去,不想做完一辈子?然而,一个人能力有限,精力也有限,该让的时候就要让,该止的时候就要止,这样才能显出"高致",才能传为"美谈"。

宋弘官高不弃发妻

宋弘是东汉初期大臣,他极受光武帝刘秀的信任,在很短的时间内就由太中大夫升至大司空，并先后受封为枸邑侯、宣平侯。

官做大了，俸禄自然也增加了不少。然而，宋弘依然不改勤俭自律的习惯，所得俸禄全部用于接济生活无着的族人。

宋弘敢于进谏，发现君上有不对的地方，从不回护。有一次，宋弘进见光武帝，自己坐在画着女人像的新屏风之前，光武帝多次回头看屏风。宋弘见此情形，脸色凝重地

越剧《宋弘传奇》剧照

说："没有见过喜欢美德如喜欢美色的人。"光武帝听了，立即命人撤掉屏风，笑着对宋弘说："听到符合道义的话就服从，行吗？"宋弘回答说："陛下修养品德，我非常高兴。"

生活中的宋弘，也可谓不无遗憾：结发之妻一直未能生育。为此，亲朋好友纷纷劝他再娶一个，以免断了祖宗的香火。

宋弘听了亲友的好心相劝，总是摇头拒绝，并和他们讲述了妻子的种种好处。宋弘与妻子青梅竹马，两情相悦，结为夫妻。婚后，妻子宁可自己受苦，也要支持丈夫求取功名。因而，于情于理，宋弘都不愿，也不能忘恩负义，伤害妻子。

当时，光武帝的姐姐湖阳公主丈夫新故，她不想独守空房，很想再找个如意郎君。光武帝和姐姐感情深厚，他打算在文武大臣中为姐姐挑选意中人。湖阳公主经常在弟弟面前夸奖宋弘才貌双全，

人品高洁，朝中大臣无人能比。从这些言语中，光武帝猜出了姐姐的心意。于是，他选了一个良辰吉日，将宋弘招进宫中，还让姐姐藏在屏风后面听听宋弘说些什么。

宋弘来到宫中，光武帝并没有直截了当给姐姐说亲，而是说："俗话说，地位尊贵了就换朋友，家中有钱了就换妻子，这是人的本性吗？"宋弘回答说："我听说，贫贱之交不可忘，糟糠之妻不下堂。"

听了宋弘的话，光武帝也不好再张口为姐姐提亲了。宋弘走后，光武帝对湖阳公主说："宋弘的话，您都听见了。看来他是不会弃妻另娶了，姐姐还是另做考虑吧。"湖阳公主点点头，情不自禁地赞叹说："我没有看错，宋弘是个真正的君子啊！"

"喜新厌旧"是人性的弱点，它在每个人身上都或多或少地存在着。在人际关系中，不以新贵弃旧交，是古人坚守的交往原则。夫妻关系也是如此，婚姻的缔结就意味着一种承诺，曾经同甘苦、共患难的人始终相守，这也是一种守信。环顾我们的社会，"贵易交，富易妻"真是不少，这也可见宋弘的品德、精神，在今天仍然具有现实意义。

甄宇拣瘦弃肥

甄（zhēn）宇是东西汉之际的学者，以教授学生《春秋》为业。东汉初年，他被朝廷拜为博士，在京城洛阳的太学里任教，后来，他还担任过太子少傅（太子的老师之一）。

在太学任博士的时候，朝廷颁下诏书，说在腊月里，要赐给每位博士一只羊，好让大家欢欢喜喜过新年。

将近岁末，朝廷派人到太学来送羊。听说羊赶来了，甄宇急忙和同事们去看。只见那羊大小不等，肥瘦不均，只有几只羊又肥又

洛阳太学遗址

壮，大部分平平常常，有的则又瘦又小。

看到这些羊，博士们议论纷纷，有的埋怨太瘦了，简直是一把骨头；有的则建议，干脆卖掉分钱算了。

博士们意见不一，太学的长官祭酒也不知道如何是好。但羊既然赶来了，不分不行；分，又不知如何分法。想来想去，也不知怎么办才好。于是，祭酒让大家出主意。

博士们踊跃献计献策。有人建议把羊全宰了，按分量来分肉，自然比较公平。有人反驳，说这样费时间，不如抓阄（jiū）。但说来说去，抓阄的办法也被否决了。

大家七嘴八舌嚷了半天，仍然没能达成意见一致，祭酒越来越着急，担心难以交差。正在僵持不下时，甄宇说了一声："让我先挑吧！"此前，甄宇既反对杀羊分肉，也不同意抓阄分羊。

甄宇说着，便走向了羊群。大家生怕甄宇把又大又肥的羊挑走，所以目光齐刷刷地投了过去，看他究竟会挑个什么样的。只见甄宇在一只最瘦、最小、最不起眼的羊跟前停了下来，告诉祭酒说，他就挑这只。

博士们悬着的心都放下了,旋即大家的脸都羞红了。有个博士也学甄宇,从羊群中挑了一只瘦小的羊。其他博士见此情景,都纷纷奔向羊群,挑拣又小又瘦的羊,剩下又肥又大的那几只,谁也没有动。

事后,祭酒走到甄博士身边,问他为什么要挑最小最瘦的。甄博士笑了笑,说出了母亲经常教导他的一句话:"凡事不要只想到自己,要先考虑别人。"他还说,谦让是妥善处理问题的保证。

光武帝刘秀闻知此事,曾询问:"瘦羊博士安在?"这样,甄宇"瘦羊博士"的雅号传遍了京师。

利益面前,最能看出一个人的品节。莫说平常之人,就是太学里的博士——他们是封建时代最有学问的人,是为人师者,在一群羊的面前,也还是有些举措失宜。还好甄宇做了个榜样,而别人羞愧之心犹存,也能见好学好。人们德行的进益,正在于各自都有上进心,同时又有榜样的表率作用。我们建设社会主义核心价值观,也当如是。

孔融四岁让梨

"融四岁,能让梨",《三字经》里的这句话,讲的是一个故事,也是一番道理。

孔融出生在书香门第,他是孔子的第 20 代孙。圣人世家,自然很是注重礼教,因而孔融从小就受到父母的殷切教导。父母教育孩子待人接物应以礼行事,因此几个兄弟从来没发生过礼节方面的疏失。

关于孔融让梨的事情,历史记载无多,后人无妨给以生发。

孔融 4 岁那年,有位客人带了一筐又香又甜的梨,到他家来做客。年幼的孔融看着有这么多梨,心里十分高兴,盼望能大饱口福。

好不容易等到客人走了,父亲让长子挑了些大梨、好梨,送给年已古稀的爷爷奶奶,然后把其余的十多个梨都倒在几案之上,让众兄弟每人挑一个吃。当时,在场的兄弟中间孔融最小,所以哥哥们都让孔融先挑,大哥还劝他拿大的,可孔融偏偏挑了一个最小的。

父亲看着孔融挑了个小梨,疑惑地问他为何不挑个大的。孔融解释说:"年龄大的应该吃大梨,年龄最小应该吃小梨。"父亲见孔融说出这样的话来,心里十分高兴,连声夸奖他是个懂礼貌的好孩子。

孔融让梨的故事,最早见于《世说新语笺疏》注引《续汉书》。说的是孔融4岁时候,与兄弟一起吃梨,他一直是拿最小的梨吃,父亲奇怪地询问他,他回答说:"我是小孩子,按理应该拿小的。"小小年纪就有这样的认识,孔融的宗族因而对他很感惊奇。

孔融不仅有让梨之德,还有应对之才。这也有一个故事,说的是孔融十岁那年,随父亲到了京城洛阳。当时,名士李膺在洛阳任职,如果不是名士或者亲戚,门人一般不给通报。孔融想看

孔融让梨图

看究竟，遂登门拜访。到了李宅，他对守门人说："我是李君的亲戚。"

守门人通报后，李膺接见孔融，首先问道："请问你和我有什么亲戚关系呢？"孔融回答道："从前我的祖先孔子，和你家祖先老子有师友关系（孔子曾向老子请教过关于周礼的问题），因此，我和你也是世交呀！"当时在场宾客听了，无不为孔融的机智回答而大感惊奇。

太中大夫陈韪（wěi）不以为然，说道："小时候聪明，长大后就不一定了。"（"小时了了，大未必佳。"）孔融立即反唇相讥："那么您小时候一定很聪明吧？"问得陈韪哑口无言。李膺大笑，说："你这么聪明，将来肯定能成大器。"

后来，孔融用功读书，知识越来越渊博，成了东汉末年的著名文学家，名在"建安七子"之列，人称"孔北海"。汉献帝即位后，他曾任北海相（北海地区辅官），在任六年，修城邑，立学校，举贤才，表儒术，政绩不凡。之后，他还到中央朝廷担任过官职。但由于喜好议论时政，而且言辞激烈，后因触怒曹操而被杀。

"孔融让梨"的故事，被后人传为佳话，常常用来教育那些不懂事、贪嘴的孩子。而传统社会推崇孔融之"让"，显然意在教育人们从小养成涵养谦让的品德。这种品质，在我们当今的竞争社会，同样是需要的，和谐社会的建设，也需要每一个人慎取予、懂谦让。

刘备三顾茅庐

刘备是三国时期蜀汉政权的君主，曹操曾说"天下英雄，唯刘与曹"，可见他也算是一世英豪。可他虽说出身西汉宗室，是中山靖王刘胜（汉景帝之子）的后人，起初却是左投右靠，十分狼狈。后来之所以三分天下有其一，最主要的就在于他"得人"，而其中最突出的就是诸葛亮。

官渡大战之后，为躲避曹操追杀，刘备逃往荆州，投奔刘表。刘表出于怜悯，在新野给了刘备一块落脚之地，并为他扩充人马，派他在那里抵御曹军。

刘备却不安心于此，一心想建立自己的事业，恢复汉室江山。可自己身边虽有几个谋士，却都是平庸之辈，因此他希望广交天下英雄豪杰、贤能之士。

当时襄阳人司马徽，以善识人才、谙于时事而闻名荆州，刘备便亲自前去拜访，向他请教时事。司马徽向刘备推荐了两位贤士，一个是"卧龙"诸葛亮，一个是"凤雏"庞士元（庞统）。

恰巧徐庶来拜会时，也向刘备推荐了隐居隆中的诸葛亮，并建议刘备亲自前往拜访，以表示其诚意。于是，刘备立即同关羽、张飞骑马直奔隆中，前去拜请诸葛亮。

一行人翻山越岭，备尝辛苦，方才到达隆中，又经人指点，来到诸葛亮的茅屋前。刘备亲自叩响柴门，好一阵儿，里面走出一位小书童，告诉刘备，孔明先生一早出了门，不知什么时候才能回来。刘备一行落了空，只好请书童转告诸葛亮：刘玄德曾来隆中拜会。

回到新野，刘备派人打探诸葛亮的情况。没几天，有人回报说诸葛亮已回隆中。刘备立刻叫人备马，准备再度拜访。

此时大雪纷飞，地下冰冻三尺，张飞心下不快，不想去了。可刘备却说，诸葛亮是当今天下少有的贤能之士，一定要亲自去把他请来，以便辅佐自己。

于是他们又到了诸葛亮隐居之处。谁知，诸葛亮已早一步出门

三顾茅庐（民间版画）

去了，短期无法回来，刘备又扑了个空。无奈，刘备只得留下一封书信，信中表达了自己的敬仰之情，说改日再登门拜访。这时张飞、关羽都心生火气，刘备就用历史上周文王等求贤的典故来开导他们。

又过了些天，刘备命人打探诸葛亮确实在家中，就与张飞、关羽再赴隆中。为表敬意，在离诸葛亮茅屋还有250米远时，刘备就下马步行，这次终于见到了诸葛亮。

诸葛亮最终被刘备的诚心打动，同意为其效力。刘备三顾茅庐，终于请卧龙诸葛出了山。之后，诸葛亮利用自己的才干，为刘备胜赤壁、得荆州、取西川、建蜀汉、称帝王，开创了千秋伟业。

刘备之"得人"，在有诚心，在能信用。礼聘诸葛亮，充分表现了他的诚心；诸葛亮也正是被他的诚心所打动，才答应出山相助。其实，无论是成就大事业，还是经营小人生，总离不开与人相处，因而待人以诚就成为必要的素养。青少年无论是日常处世，还是希望成就一番事业，都必须做到诚挚待人，光明坦荡，宽人严己，严守信义。只有这样，才能赢得他人的信赖和支持，从而为人生、事业打下良好的基础。

诸葛亮谦恭听意见

在诸葛亮的辅佐下,刘备建立了蜀汉政权,但建国仅仅三年,刘备便去世了,传位给儿子刘禅。刘禅虽是蜀汉君主,却是一个"扶不起的阿斗",国家的大小政事均由丞相诸葛亮全权负责。

诸葛亮深知即使自己满腹经纶,单凭一人之力,也无法治理好国家。因此,他经常注意听取众人的意见,汲取众人的智慧,以完善自己的思路和策略。

诸葛亮初占益州时,董和曾协助他处理日常军政要务。董和为人直率,在处理日常公务时,常抱着知无不言的态度,每次遇到与诸葛亮有不同意见,总是开诚布公地提出来,一点都不介意旁人对自己的闲言碎语。

位于湖北省襄阳市的诸葛草庐

一次，董和为坚持自己的观点，竟与诸葛亮激烈争辩起来，人们都替直言不讳的董和捏了一把汗。然而，诸葛亮不仅没有责备董和，反而赞扬他做事认真，一丝不苟；同时，诸葛亮还告诉身边的人，做事就要像董和那样，要敢于表达自己的意见，提出自己的想法。

诸葛亮对蜀汉政务事必躬亲的景况，令丞相府掌管文书的主簿官杨颙（yǒng）有了意见。杨颙认为，诸葛亮什么事都要亲自过问，一是会分散治理军政大事的心思，二是会限制别人的思路。杨颙还说，处理政事应该有不同的分工，这样既可以节省时间，又能汇聚众人的才智。

诸葛亮听了杨颙的建议，立即实施，效果果然不错，他非常高兴。为鼓励下属继续参与政事，诸葛亮还写了一篇《教与军师长史参军掾属》的文告，号召大家主动发表政见。诸葛亮提出：丞相府里让大家都来参与议论国家大事，是为了集中众人的智慧和意见，广泛听取各方面有益的建议，从而取得更好的效果。

荀子曾说："非我而当者，吾师也；是我而当者，吾友也；谄谀（chǎnyú）我者，吾贼也。"在荀子看来，要把自己修养成为有道德的人，就应该虚心听取别人的意见，尤其是批评——恰当的批评，荀子视其为"老师"，而阿谀奉承的人，则是自己的敌人。集思广益的美德，是开启成功之门的金钥匙。集天下智慧于一身的奇才诸葛亮，尚能如此谦恭地听取别人的意见，又何况我们这些普通人呢？

陆逊隐忍待时机

陆逊是三国时期吴国的著名将领，曾任荆州牧、丞相等职。在周瑜去世之后，他成了孙吴政权举足轻重的人物。

219年，孙权率军攻打荆州，大获全胜，驻守荆州的关羽兵败被杀。221年，刘备为了从孙权手中夺回荆州这块战略要地，为结拜兄弟关羽报仇，不听诸葛亮的劝阻，亲自率领大军进攻东吴。

战争刚开始，蜀军就攻克了吴郡，自此声势浩大。从巫峡到夷陵有300多千米，江岸两侧高山峻岭连绵不绝，刘备在江岸南侧沿路扎营，树立木栅，又命令水军登陆，也在山林中扎营，从此拉开了号称"七百里连营"的漫长战线。

刘备大军一路势如破竹，东吴深受震动。在阚（kàn）泽的举荐下，孙权任命年轻的陆逊为大都督，统率大军前去应战。

位于湖北省赤壁市的陆逊雕像

由于陆逊在吴国将领中资历较浅，而这次归他指挥的将领中有很多是已经跟随孙权征战多年的老将，有的甚至还是皇亲国戚，所以，他们在陆逊面前总是傲慢十足，对年轻书生陆逊能当上大都督十分不服，根本不把他这个统率放在眼里。

陆逊虽然年轻，却深谙兵法，老成持重。考虑到蜀军来势凶猛、士气高涨，陆逊决定以逸待劳，在远离蜀军的地方安营扎寨。他命令手下诸将，不许他们出战，要等蜀军松懈了，再发起猛攻。原本就瞧不起陆逊的将领，马上表示不满，对陆逊以逸待劳的策略议论纷纷，有的甚至不服从命令，不愿配合作战。

陆逊早就预料到会发生这样的事情，但他依然镇静自若地实施着自己的部署，按兵不动，和蜀军相持着。

一天，陆逊召集众将领，手按宝剑，厉声说道："刘备是天下有名的战略家，连曹操都要怕他三分。现在，他已率大军气势汹汹而来，准备攻打吴地。他是我们的强敌，我们绝不能有半点轻视他的心思。希望众位将军以大局为重，同心协力，共同消灭敌人。我虽然只是一名书生，但主上委以重任，使大家屈居为我的部下，肯定是因为我有些可取之处，我一定不负所望，挑起这个重担。从今以后，有令必行，违令者斩！"

在两军相持的漫长时间里，陆逊背负着巨大压力，但他信念坚定，忍辱负重，任凭诸将议论纷纷，蜀军多次挑战辱骂，就是坚兵不出。时间久了，蜀军斗志涣散，刘备本人也放松了警惕。222年，陆逊终于出兵了，他命令吴军用火攻，火烧七百里连营。当时正值暑天，气温极高，蜀营多依林木而建，大火一烧，蔓延开来，难以扑灭。就这样，蜀军惨败，刘备仓皇逃走。吴军大捷——这是陆逊以坚韧换来的巨大胜利。

兵法讲究时机，时机不成熟即轻举妄动，必败无疑。做其他事情，有时候也往往如此。为成大事而有所隐忍，为待时机而暂时蛰伏，对于别人来说，有时不免被误解，从而给自己造成巨大的压力，甚至于屈辱。因此，有时候，战胜自己比战胜敌人困难得多，也可以说，战胜自己往往就能战胜敌人。

陶侃信守母亲遗训

陶侃（kǎn）是东晋时期的大将军，曾率军平定苏峻之乱等，为稳定东晋政权立下了赫赫战功，他还勤于吏职，治理荆州成效卓著,史称"路不拾遗"。在生活习惯方面,陶侃也颇多优长,诸如珍惜光阴、综理细密,以及不喜饮酒、赌博等,为时人所称道。

陶母教子塑像

陶侃生性聪慧敏捷,为人谨慎,为官勤恳。军中、府中的事情,他都自上而下去管理检查,从不遗漏。招待或送行,有条不紊,门前既无停留之人,也无等待之客。他常对人说:"大禹是圣人,尚且十分珍惜时间;至于普通人,就更应该珍惜分分秒秒了,怎么能够游乐纵酒呢?活着的时候对人没有益处,死了也不被后人记起,这是自己毁灭自己啊!"

造船的时候,自然会留下许多木屑和竹头,别人不以为意,陶侃却命人认真登记,然后全部收藏起来。当时,人们都不明白其中道理。后来,有一次元旦(旧历新年)聚会,地面积雪,又潮又滑,木屑便派上了用场。而桓温伐蜀时造船,陶侃保存的竹头,又都做成了竹钉,丝毫不曾浪费。

陶侃担任荆州刺史时,曾在武昌宴请殷浩、庾(yú)翼等几位名士,吟诗作赋,谈论学问。大家意气相投,相谈甚欢,陶侃也饮了两杯酒。这时,殷浩举杯,说是为陶侃平定叛乱敬酒。陶侃答谢后,又将杯酒一饮而尽。

随后,庾翼也举杯,为陶侃平定苏峻之乱敬酒。这次平叛,陶侃临危受命,擒杀了叛将苏峻,解救了皇帝,是其一生中最为卓著的功劳。按理说,庾翼祝酒时,陶侃应该开怀畅饮才是,不料陶侃声称自己酒已足,不能再饮。

殷浩不肯放弃,劝道:"今天大家高兴,将军应开怀畅饮!"没想到驰骋疆场的大将,却一下子泪流满面。众人不解,陶侃哽咽地说出了母亲生前的规定：每次饮酒，三杯为限，并说自己不能违背母亲的禁约。

接着，陶侃回忆了早年的一段往事：陶侃的父亲本是三国时孙吴的名将，但不幸早逝。陶侃小时候家境贫困，全靠母亲纺纱织布维持生计。陶侃成人后，当上了浔阳县城小小的"鱼梁吏"。

母亲对陶侃家教极严。有一次，陶侃为了孝顺母亲，托人捎了几条咸鱼回家。不料陶母原封不动地退了回来，还附了一封口气严厉的信，责骂陶侃不该拿人家的东西。还有一次，浔阳县衙举行宴会，陶侃喝得酩酊大醉。酒醒后，母亲一边垂泪，一边责备他饮酒无度，无法为国家建功立业，并要求他保证：从此严于律己，饮酒不过三杯。

陶侃讲完往事，接着说苏峻之乱虽然已经平定，但南北尚未统一，男儿报效国家的路还很长，他不能违背亡母遗训。殷浩、庾翼等听完，对陶侃信守母训的行为深感佩服。

陶侃在母亲去世多年后，依然谨遵母训，这是他自律意识最切实的体现。自制自律是一切美德的基石，如果一个人任由冲动和激情支配，而不用理智制约自己，那他就完全放弃了道德约束，总有一天会为激情冲动付出代价，更遑（huáng）论为社会做出什么贡献了。相反，如果像陶侃那样，谨遵前辈遗训，严格自制自律，个人修养和社会贡献就会相映生辉。

王僧儒礼貌待人

王僧儒是南北朝时期梁朝的一位学者。他出生在山东郯（tán）城一个没落的官宦家庭，家境贫寒，连一日三餐都不能保证。但王僧儒十分好学，家里无钱供他读书，他就把家中原有的一些残书、破书收集起来，请母亲订好，走到哪里就带到哪里，随时随地阅读。

从书籍的阅读之中，王僧儒学到了知识，懂得了礼节，加上父母的严格管教，他从小就养成了谦恭达理的品质。

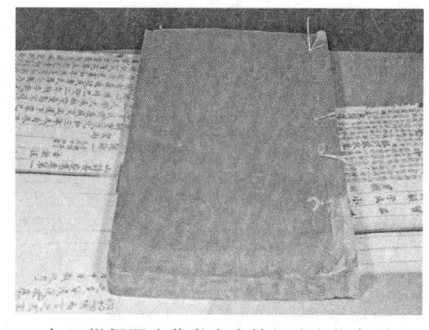

与王僧儒同为藏书大家的任昉文集书影

王僧儒5岁时候的一天，父亲的一位朋友，提着一篮水果前来拜访。可巧那天父亲外出不在家，王僧儒就跟母亲一起接待客人，他谦恭礼貌地招呼客人，言行举止就像一个大人。

那位客人见王僧儒小小年纪，说话十分得体，长得也很是可爱，打心眼里有几分喜欢他，便问他是否进了学堂。王僧儒回答说：因家中贫寒，只是随父亲在家认了几个字。

客人觉得王僧儒说的话很有分寸，又问他在家读些什么书。王僧儒告诉客人，只是读些残破的诸子百家，还说了些具体书名。

客人不禁对小小的王僧儒刮目相看，因为这些书连学塾里读书的少年读起来都很费劲，没想到王僧儒竟如此聪慧。客人越发喜欢这孩子了，于是顺手从水果筐里拿出一个桃子给他吃。没想到，王僧儒连连摆手，不肯接过桃子来，并说客人没吃不敢先尝。

母亲与客人闲谈时，王僧儒就在一旁恭听。谈到与自己有关的事，或者自己知道的事，他从不乱插嘴，也不打断客人的谈话。客人见王僧儒如此谦恭达理，更是对他赞不绝口。

王僧儒听了客人的赞赏，读书更加发奋了。6岁的时候，他就能诵读整篇文章，也能写一些短文了。全村的人都夸他是一个聪明好学、谦恭达理的小才子。

长大成人后,王僧儒更加喜欢读书、藏书,成了家藏万卷书、博学多才的大学者。它是当时与沈约、任昉齐名的三大藏书家之一,还担任过尚书左丞、御史中丞等官职。

俗语有云:"知书达礼"。尽管礼貌的养成、家教等也非常重要,但读书确实是一个重要途径。王僧儒酷爱读书,读书陶冶了他的情操,同时也使他明晓事理,礼貌待人。可见,读书并不只是为了应付考试,也不仅是为了增长知识,它还有更为广泛的功用。青少年正处于长身体和长知识的大好时光,应积极吸纳广博的知识,将知识转化为素质,做一个"知书"而"达礼"的人。

高允诚实不欺

高允是北魏太武帝拓跋焘(tāo)时的一位大臣。他是景穆太子的老师,同时又奉皇上之命,协助另一位大臣崔浩编撰北魏的史书《国记》。

有一年夏天,景穆太子骑着快马,仓皇来见高允。高允见太子神色紧张,连忙询问有何要事。太子告诉高允,他的父皇把崔浩抓了起来。

高允询问是何原因,太子答说,因为崔浩不听先生劝阻,将《国记》刻在了石碑上,竖在都城大街两边,泄露了国家机密,并说此事恐怕要牵连到先生,所以急急来报,希望早早考虑对策。

高允感慨地说:"崔浩一意孤行,今日之祸,在所难免。"正说着,圣旨已经传来,皇帝召高允进宫。

景穆太子一路陪伴老师,来到宫门口,告诉老师在皇上面前保持沉默,由他来回答问话。

进入宫中,一等太武帝问完话,景穆太子便抢先答话说:"父皇，高允是儿臣的先生，为人一向小心谨慎。《国记》摆到大街上，绝非他的主意，是崔浩想向国人示范写史要用直笔。高允先生是反对摆到大街上的，我恳求父皇赦免先生！"

太武帝听了太子的话，便不再追问此事，转而问高允，《国记》是否都是崔浩一人撰写。高允回答说，书是他和崔浩共同撰写的，而且自己执笔的部分比崔浩要多。太武帝听闻，勃然大怒。

景穆太子一听，赶忙为高允开脱罪责。高允不顾太子为自己开脱，反而立即下跪，声称自己的罪过确实比崔浩大。

太武帝对高允说："你能一事当前，敢于对寡人说老实话，办老实事，是诚实无欺的态度，还算是忠贞的大臣。现在，由你替我起草一道诏令：将崔浩全家一律处死。"

谁知高允却不是见好就收，他觉得自己不能见死不救，便赶忙为崔浩求情，说崔浩曾为本朝立过大功，不应该因一次错误而处斩。太武帝大怒，命人将高允也关押了起来。

景穆太子见此，十分着急，又恳切地说："父皇啊！高允诚实不欺，您英明地赦免了他，现在高允坚持事实，仍然是诚实不欺，您为何扣押他呢？"

太武帝反复考虑，觉得太子所言有理，最终赦免了高允，让他继续做太子的老师。

诚实不欺，是做人的起码要求。但说来容易做来难，日常小事，尚且未必人人能够诚实不欺；事关身家性命，实事求是就更是难能可贵了。面对这样的人生"考验"，高允可谓交出了百

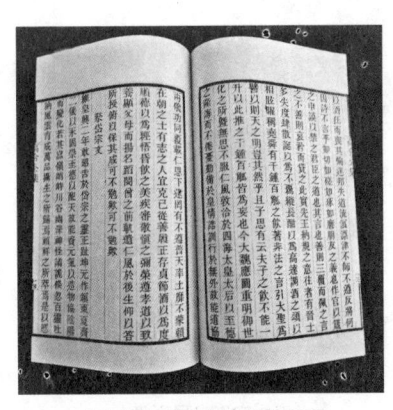

高允著作《高令公集》书影

分百的答卷。

说起来,诚实可谓中华民族的传统美德,也是一切美德中最基本的品德。然而,当今社会,诚信缺失,人们面对任何人、事都变得疑虑重重,这真是人类最大的悲哀。我们应该从自我做起,从现在做起,将中华民族的诚实美德传承下去。

唐太宗纳谏求真

唐太宗李世民是一代明君,在他当政的20多年里,政治开明,国力强盛,百姓过着安定殷实的生活。这也就是史上所谓的"贞观之治"。

唐太宗李世民画像

唐太宗之所以能把国家治理好,除了用人注重德才兼备、自身颇有雄才大略,最为重要的一点就是善于纳谏,并由此获得了中国历史上"最善于纳谏的皇帝"之美誉。

由于唐太宗鼓励进谏,并强调谏者无罪,因而朝廷中出现了一大批直言敢谏的大臣:贞观前期著名者如魏徵、杜如晦、房玄龄等,后期著名者有马周、刘洎(jì)、褚遂良等。在众大臣中,最有代表性的就是魏徵,他总是不断地向唐太宗进谏,而且经常据理力争,毫不相让。唐太宗对他特别敬重,经常把他召进宫中，单独听取他的意见。

那时，朝中一位大臣有个才貌双全的女儿，唐太宗一心想把她选入宫中，并已登记入册。可是，这位姑娘已与人订婚，有了婆家，但也没法，既然被选入皇宫，谁敢说个不字？魏徵闻知此事后，急忙劝谏唐太宗："皇上身边嫔妃成群、美女如云，应该想想平民百姓是否都有个家。"

唐太宗一时没听明白，好奇地问道："你到底想说什么啊？"

魏徵这才挑明用意，说："人家的姑娘已经许了婆家，皇上却要夺为己有，这岂是一个英明的君主所能做的事？"

唐太宗听了魏徵的话，自认不是，并立即下诏，从嫔妃名册中划掉了那个姑娘的名字。

有一次上朝，魏徵因为一件事情与唐太宗争辩起来，弄得唐太宗面红耳赤。回到后宫，唐太宗十分生气，真想一声令下，将魏徵推出去斩了。长孙皇后知道后，不声不响地走进内室，换了一套朝见皇帝的正规礼服，走到唐太宗面前，恭恭敬敬地行跪拜大礼。唐太宗被弄糊涂了，问她这是干什么。

长孙皇后说："恭喜皇上！我听说有英明的君主，就有敢于直谏的大臣。如今魏徵犯颜直谏，正说明了皇上的英明。所以特以此礼，向皇上表示祝贺。"

唐太宗听了长孙皇后的一席话，立即转怒为喜，也明白了皇后的良苦用心，对魏徵更加敬重了。他常常在大臣面前夸奖魏徵："人家都说魏徵性情暴躁，举止粗鲁，我看这正是他忠厚可爱的地方。"

后来，魏徵病重，唐太宗每天都派人去看望他，还随时就国事向他征询意见。不久，魏徵去世，唐太宗亲自前去吊唁。过后，唐太宗在百官面前哀叹道："以铜为镜，可以照见衣帽是否端正；以史为镜,可以知道国家是否兴衰;以人为镜,可以知道自己行事是否正确。如今魏徵去世,使我少了一面明察得失的镜子。"

一个善于治理国家的君主,首先应是一个善于纳谏的明君。唐太宗深谙其中道理,才使其大唐王朝变得强盛、繁荣,出现了"贞观之治"的清明盛世。在生活中,如果有人给我们指出缺点、错误之处,我们也应该像唐太宗一样诚恳接受,勇于改正。虚心听取意见,是每个人应该具备的美德,也是纠正错误、克服缺点、取得成绩的基础。

王旦大度感寇准

王旦是北宋真宗朝的大臣,他与寇准同科进士,朝廷分别委任他们主持中书省和枢密院。两人学识和才气不分上下,只是寇准常常在宋真宗面前说王旦的不是,而王旦则常常在皇上面前夸赞寇准。

一次,王旦主持的中书省签署的一份公文严重违背了宋真宗的旨意,主持枢密院的寇准抓住这个把柄,他把公文中的错误之处毫无保留地报告了皇上。宋真宗对此事极为震怒,严厉责罚了王旦和他的属下。

王旦画像

事有凑巧,不久,枢密院在一份给中书省的公文中也违背了宋真宗的旨意。中书省的官员都希望王旦能借此机会狠狠告寇准一状,以报被罚之仇。

然而,事情却出乎属员们的意料,王旦既没有幸灾乐祸,更没有借机报复,而是亲自把公文中的错误之处一一指明，并吩咐属员把文件返还给枢密院，请他们改正后尽快递送过来，以免误了国家大事。

寇准收到退回的文书后，很是感动。他按照王旦所指出的错处，亲自认真修改，恭恭敬敬地交给来人带走。寇准认为，王旦不计个人恩怨，从大局出发，表现得十分大度。

送走王旦的信使后，寇准越想越不是滋味，于是立刻乘了轿子，亲自来到王旦的府第登门致谢，并旧事重提，说上次自己小肚鸡肠，才使王旦受到了责罚，而今王旦不计前嫌，宽容大度，是真正的君子。寇准说着，对王旦拜了又拜，深表忏悔和谢意。

王旦扶起寇准，令家人上茶，并淡淡地说："我们都是奉旨行事，谁也免不了偶有疏忽。况且，即使稍有疏忽，也绝不是故意的。只要凡事以大局为重，在有可能挽救的时候，尽可能纠正过来就行了。"这一天，两人促膝长谈了很久。

从那以后，王旦和寇准团结共事，一心一意辅佐朝政，成了北宋时期两位著名的大臣。

王旦用自己的宽容大度感动了寇准，从而赢得了他的信任和友谊。由此可见，忍让和宽容绝非怯懦胆小，而是关怀体谅，是和谐共处，自然也是人生的一种智慧。我们在生活和工作中遇事，绝不能一味苛求、一味较真，而是要顾全大局，互相体谅，互相提携，让自己宽容的暖流去融化别人心中的坚冰，让人生更壮丽、更精彩。

许衡拒食"无主梨"

宋元更替之际，各地战争不断，到处兵荒马乱。著名学者许衡，便是在这样的环境下成长起来的。

许衡雕像

有一年,许衡和几位朋友一起外出,途经刚刚经过战争洗劫的豫北,由于百姓大都离乡逃难,田地一片荒芜。当时正值炎热的三伏天,大家顶着火热的太阳赶路,个个汗出如浆,口干舌燥。走了很长一段路,也没找到水来解渴。

就在这时,一个同行的朋友连喊带叫地向前飞跑而去。原来,在前面不远的路旁,挺立着一棵高大的梨树,树上挂满了黄澄澄的大梨。大家一哄而上,争先恐后地摘梨,只有许衡坐在树荫下,好像没看见那些大梨似的。

有位朋友走过来,一边大口吃梨,一边把一颗梨送给许衡,并不解地问他怎么不去摘几个梨来解渴。

许衡接过梨来,连连称赞"好梨",并问多少钱一个。朋友回答:"是野梨,不要钱。"

许衡争辩说:"野梨不会长这么大,这么好。"他反复看着梨树,很肯定地说:"这肯定是农夫种的梨树,是有主人的。"

有人说:"这兵荒马乱的年月,还讲究什么家梨、野梨?吃了解渴就行。"

许衡反驳说:"这梨树的主人肯定逃难去了,我们没有征得主人的同意,随便摘人家的梨吃,是不道德的。"

随后,他又用手指了指自己的胸口,诚恳地对大家说:"梨是无主的,可是每个人的心里是有主的。不是自己的东西,是不能拿来吃的。"说着就制止伙伴们不要摘了。

听了许衡的一番说辞，众人都嘲笑他太过迂腐。许衡听了别人的讥笑，并不生气。他看了看那位朋友，表示自己宁愿口渴，绝不随便吃别人的梨。

重大问题的抉择，与一个人的意志品质密切相关；日常处事的态度，也是意志修炼的战场。许衡宁渴不吃"无主梨"，算不上什么大事，但无疑彰显了他的高尚品质。人们往往习惯于被人监督，没有人监督的时候便不再约束自己，这说明其人还没有进入自主自律的境界。因此，许衡的作为，在今天也仍然具有普遍意义，也应该是现代青少年需要深思和效法的。

苏东坡教训中学会尊重他人

苏轼号东坡居士，是北宋文学家，"唐宋八大家"之一。他熟读诗书，博览经史，才华过人，诗文都极为出色，深得历代名家赞许。同时，苏轼也喜欢佛教，与当时名僧多有交往，并有不少故事传世。这些故事所述未必实有其事，却也不无教益。

苏轼与佛印禅师交往最多，经常一起谈禅。有一天，苏轼觉得自己修持有得，便写了一首诗，派书童过江去送给佛印禅师印证，诗云：

稽首天中天　毫光照大千。
八风吹不动　端坐紫金莲。

所谓"八风"，指我们生活中遇到的"称、讥、毁、誉、利、衰、苦、乐"等八种境遇，它们影响人的情绪，故以"风"来形容。苏轼在诗中自诩修持有得，定力出色。

苏轼（左二）与佛印、苏小妹、黄庭坚（清·改琦绘）

佛印禅师看诗之后，提笔批了两个字，叫书童带了回去。苏东坡以为禅师一定会赞赏自己修行的境界，急忙打开来看，只见上面写着"放屁"两字，不禁无名火起，便乘船过江找禅师理论。

苏轼一见佛印禅师，就气呼呼地说："禅师！我们是至交，我的诗，我的修行，你不赞赏也就罢了，怎可骂人呢？"禅师若无其事地说："骂你什么呀？"

苏轼把诗上批的"放屁"拿给禅师看，禅师哈哈大笑说："八风吹不动，一屁打过江。"苏轼听了，惭愧不已，原来自己的修行还很不在行呀！

佛印禅师精通佛理，一起谈禅时，每次总占上风，苏轼不甘屈居下风，但又无计可施。

有一次，苏轼又去拜访佛印，禅师带他一同到佛堂参禅打坐。苏轼静坐一阵，脑中突然灵光闪动，决意与佛印禅师再争高下，于是转身问道："你现在看我是什么？"佛印禅师淡然一笑，说："你还是先说说，你看到的我是什么吧！"

苏轼得意扬扬地说："用我的天眼看，大师是团牛粪。"佛印禅师没有恼怒，而是一如既往平静地说："用我的天眼看，先生你是如来。"

苏轼内心窃喜，觉得这回算是赢了。他兴冲冲地回到家里，得意地把这件事告诉了妹妹苏小妹，并声言今天终于让佛印落了下风。

美德故事 —— 288

苏小妹天资聪颖,才学不在苏轼之下,她听后不由失笑,说:"哥哥,这回你可输惨了!"苏轼一时不解,忙问所以。苏小妹说:"修行得道的人,诸般外物皆为内心之投射。内心是牛粪的人,看别人是牛粪;内心是如来的人,看别人才是如来。"苏轼听罢,恍然大悟,内心深觉惭愧,也更加佩服佛印禅师。

无疑,这是一则带有传说性质的故事。因为以东坡居士的修为,不会不懂得苏小妹所说的那番道理。人与人之间相处,关键是要推己及人、将心比心,这样就会少一些误会、多一些理解。有道是:"你敬人一尺,人敬你一丈。"尊重别人,首先要有"平等心",刊除"凌慢心"。故事里的苏轼,总是想着胜人一头,这就是佛家所谓的"凌慢心"了。有了这种心思,自然难以平等待人。如今的一些人,总是想高人一头,压过别人;一旦失势,别人就会把他得势时的恶再还给他。这以及苏轼的故事,都应该给我们一些启迪和警醒。

宋濂少年守诚信

宋濂(lián)是元末明初人,在史学、文学方面都有杰出成就,明太祖朱元璋则誉之为"开国文臣之首"。他诚实守信、廉洁自律,赋性谨慎、实事求是,堪称一代楷模。

宋濂自幼多病,且家境贫寒,但他聪敏好学,进步神速。6岁入塾读书时,他一天便读完了唐人李瀚编著的《蒙求》,之后每天背诵两千多字。9岁即能写诗,人称"神童"。15岁时,有位叫张继之的,听说宋濂善记,便请他到自己家中,问多少天可以通背四书经传,宋濂说

宋濂画像

只需一周。张继之不信,随机抽取杂书、稗记等五百字,要他背诵,宋濂很快就一字不漏背了下来。张继之大为惊异,对宋濂的父亲说:"这个孩子天分非凡,应当让他随名师学习。"

宋濂喜欢读书,但家里很穷,没钱买书。怎么办呢?好在家乡人文荟萃,颇有藏书之家,宋濂便借书来读。每次借书,他都要讲好期限,按时还书,从不违约,因而人们都乐意借书给他。

有一次,宋濂借到一本书,越读越来劲,实在爱不释手,便决定把它抄下来。还书期限紧迫,宋濂只好连夜抄书。时值隆冬,滴水成冰,母亲说:"孩子,都半夜了,天这么冷,天亮再抄吧,人家又不是等着这书看。"宋濂说:"不管人家是否等着看,到期限就要还。这是个信用问题,也是对别人的尊重。如果说话做事不讲信用,失信于人,又怎么可能得到别人的尊重呢?"

又有一次,宋濂约好见面日期,要去远方向一位著名学者请教。谁料出发那天,竟然下起了鹅毛大雪。宋濂挑起行李准备上路,母亲惊讶地说:"这样的天气,怎能出远门呀?再说,老师那里早已大雪封山了。你这一件旧棉袄,也抵御不住深山的严寒啊!"宋濂说:"今天不出发,就会误了拜师的日期。爽约,就是对老师不尊重啊。风雪再大,我都得上路。"宋濂到达时,那位学者由衷称赞道:"年轻人,守信好学,将来必有出息!"

长大以后,宋濂成了一代硕学。元朝末年,因人举荐,元顺帝召宋濂做翰林编修,但他以奉养父母为由,推辞不就。明朝建立之初,在李善长的推荐下,明太祖朱元璋礼聘宋濂,尊其为"五经"师,给太子朱标讲经,而且当时朝廷的礼仪,也多为宋濂制定。后来,宋濂又先后奉命修撰起居注、主修《元史》。宋濂告老还乡时,朱元璋亲自为他送行。再后来,因为长孙牵连到胡惟庸案,宋濂被流放茂州,中途病逝。

朱元璋是个猜忌心很重的君主，开国功臣几乎让他砍杀殆尽。宋濂赋性谨慎，总算还能保全首领。在宫中与皇上的问对之话，宋濂绝对不会告诉别人。应制的作品，草稿一律删毁。在皇上面前陈说事情，宋濂也是质朴无隐，就算是家事，只要有问，他就必答。宋濂曾与客人饮酒，朱元璋派人暗中侦查。第二天，朱元璋问起情由，宋濂一一如实回答，与侦查所得丝毫不差。

有时候，朱元璋问起大臣的好坏，宋濂只说好的大臣。朱元璋有些不解，问他原因，宋濂答道："好的大臣和我交朋友，所以我了解他们；那些不好的，我不和他们交往，所以也就不会了解，说不出什么来。"

担任主事的官员茹太素，曾上了一份一万多字的奏章。朱元璋看后，询问朝中的臣子。有人吹毛求疵，说茹太素的奏章"这里不敬，那里的批评不合规制"。朱元璋询问宋濂，宋濂回答说："他只是对陛下尽忠罢了。陛下正广开言路，怎么能够重责他呢？"不久，朱元璋查看茹太素的奏章，发现确实有值得采纳的内容。于是，他招来朝臣予以斥责，叫着宋濂的字说："如果没有景濂，朕几乎要错误地怪罪进谏之人了。"

宋濂也非常廉洁，有"身不怀币，口不论钱"之说。读书的时候，同学有的衣锦披绣、佩玉簪缨，宋濂则"缊袍敝衣处其间，略无慕艳意"（参见《美德诗文》）。做官之后，对那些假公济私的权贵们，宋濂避之唯恐不及，从不交往。还有一次，日本使臣奉旨向宋濂求文章，并以一百两黄金为献，宋濂推辞不受。朱元璋问起这事来，宋濂回答说："天朝的侍臣却接受蛮夷小国的金钱，不是维护国体的做法。"

宋濂从小就奠定了诚实守信的品格，之后坚守终生。少年时代的那些事情，看起来不算大，但小事是大事的基础，小事尚且不能做到，遇到大事就更难说了。我们应该从小养成良好的习性，长大了才能做好人、做好事，有益于国家和社会。一个诚信的人，才是有前途的；一个诚信的社会，才是可持续的。

彭德怀躲镜头

彭德怀是新中国的开国元勋之一，战功赫赫。毛泽东曾写诗盛赞他："山高路险沟深，大军纵横驰骋，谁敢横刀立马，唯我彭大将军。"但是彭德怀从不居功自傲。

解放战争时期，彭德怀担任司令员，率领西北野战军在西北战场上连挫敌军。这期间，宣传干事小罗带着国际友人伊文思赠送的摄影机，随军转战各地，在战火纷飞的艰苦环境里，拍下了许多宝贵的镜头。

新中国成立后，北京电影制片厂将这些镜头剪辑成了《红旗漫卷西风》的纪实电影。这部影片生动地记录了彭德怀率部解放大西北的真实场景。

然而，在放映样片时，无论是解放军中身经百战的将军和其他军队干部，还是文化宣传部门的领导同志和电影工作者，都觉得在影片中有关彭德怀的镜头实在太少了。于是纷纷去责问小罗。小罗面对大家的责难，无从解释，心里感到十分委屈。电影演完后，他找到有关领导，反复说自己也很想多拍点彭德怀，但他一直躲着镜头，总让他拍摄战士……

原来，彭德怀总在躲镜头。在西北战场上，要拍彭德怀的镜头非常困难，而且其中有三组关键镜头，都让彭德怀故意回避了。

第一次是在榆林战斗打响前。彭德怀正在前沿阵地仔细观察地形，小罗抓住这一时机，准备拍摄。就在小罗端起摄影机准备拍摄的时候，彭德怀却将脸扭向一旁，躲开了镜头，并教训小罗不要把镜头总是对着他,应该深入到连队去,多拍一些战士和下边的同志,多拍一些战斗的场面,仗是靠大家打的,战士们才是主角。小罗只好去拍战士。

第二次是在沙家店战斗前夕,小罗又来到彭德怀身边。他正要举机拍摄,可彭德怀又躲开了。

第三次是在宜川县瓦子街。当时彭德怀正在地形险要的两山之间布置全歼敌人的"口袋阵",

彭德怀在前线(徐肖冰摄)

准备派出一支小部队去吸引敌人上钩。看着彭德怀指挥若定、胜算在握的大将气度,小罗是多么想把这个历史的瞬间拍摄下来啊!彭德怀却笑吟吟地命令小罗,赶快把摄影机的镜头对准前面挖工事的那些战士,并说他们是决定此次战斗胜负的关键。

老一辈革命家彭德怀在镜头面前躲避,在荣耀面前躲避,他把镜头和荣誉让给了他的千军万马。在他看来:功劳是大家的,不是他一个人的。彭德怀这种不显摆、不居功的品质,对当今那些下基层却摆拍的干部,真可令其愧死。彭德怀的朴实、谦逊,深深地影响了一代又一代的人,我们在为他的高尚品质感慨的同时,也应该以他为榜样,养成自己的良好品质。

宋庆龄不失信于孩子

宋庆龄是中国现代史上的杰出女性之一,她早年追随孙中山从事革命工作,后来又致力于民权保障运动,新中国成立后曾任中央人民政府副主席。

宋庆龄一生没有生育,但她非常喜欢孩子,新中国成立后,她把大部分精力用在了发展儿童保健事业和福利事业方面。在北京和上海居住期间,只要有空闲,她就要去幼儿园、少年宫或者小学校参观和视察,生怕孩子们生活得不好,玩得不开心。

有一次,宋庆龄和一家幼儿园约好,要去看望那里的孩子。幼儿园为此做了许多准备,孩子们也都对可亲可敬的宋奶奶望眼欲穿。但是约定的那天天气突变,狂风大作,风沙弥漫,树木被刮得东倒西歪,使得宋庆龄难以上路。

这时,幼儿园的老师们议论开了:有的说天气这样恶劣,宋庆龄也许不会来了;有的猜测可能风停了才会动身;也有人建议去个电话问问。

众人议论纷纷,坐立不安。忽然门外传来了汽车的喇叭声。原来是宋庆龄顶着漫天的风沙风尘仆仆地赶来了。

宋庆龄慈祥地看着孩子们在垒积木、画图画。一些大一点的孩子亲切地喊着宋奶奶,宋庆龄也笑吟吟地问孩子们好,还不时地抚摸着孩子们的头和小脸蛋。

幼儿园的园长陪着宋庆龄参观,向她介绍幼儿园的情况,同时充满歉意地说她可以改个天气好些的日子再来。

这时,宋庆龄却认真地说:"不,我不能失信,尤其是对孩子们,更应该信守诺言。"

信守诺言是宋庆龄的一贯作风。她深知以身作则,不失信于孩子,是一种无声的教育。她严格信守诺言的故事,也被传为佳话,闻知者无不对她敬佩有加。

中华民族是一个讲求诚信的民族,古代就有曾子杀猪的故事广为流传,他为了不失信于自己的儿子,竟宰了自家的大猪。这个故事的警示意义,显然是巨大的。我们一定要牢记"人无信不立"的古训,将信守承诺的优良传统发扬光大,匡正时弊,铸造未来。

卖彩票的诚信故事

各种彩票的发售,是这些年来我国的新鲜事。由于这种业务社会影响极大,工作中是否诚信就成为凸显的社会问题。其中,也曾有"西安宝马彩票案"等事件闹得沸沸扬扬,但更多的是人们诚实守信的动人故事。

2002年8月初的一个下午,刚开奖的第81期体彩汕头市一等奖百万得主王先生,来到市体育彩票管理中心办理领奖手续。他告诉工作人员,这张中奖彩票是投注点主动"送还"的,此前,他一点也不知自己买的是什么号码。他感激地说,这个投注点经营者丝毫没有贪婪之心,真是诚信经营。

原来,王先生在7月25日午后路过体彩投注点,看到一些人在买彩票,便掏出身上仅剩的100元,随意机选了一组72元的复式票,并将彩票暂寄在投注点,之后便回去了。下午5点多,王先生来到投注点取回彩票时,经营者兴奋地告诉他:彩票中了189.5万元的巨奖。王先生以为是开玩笑,因为他根本就不知机选彩票的号码是什么,更没想到自己真的会中奖。

王先生所买彩票的投注点,经营者是年轻夫妇林派福和陈雪。原来,7月25日,有一位购彩顾客要随意机选一组复式票,并说"票打出来后暂时寄放在这里,待会过来拿",便开着摩托车走了。林派福心想,顾客信任我才委托我帮他机选,我得认真按中奖号码走势图来筛选。于是,他一连选了11次号码组,并最后选定了这一组。

可是，直到下午5点，购彩顾客还没有来拿彩票。下午5点10分，林派福突然接到汕头市体育彩票管理中心的报喜电话，称该投注点有一组彩票中了大奖。林派福马上拿出寄存在该点的彩票一对，真的中了巨奖。下午约5点30分，王先生前来取票，林派福夫妇立即告知他这一喜讯，并将中奖的彩票还给王先生。

在寄存彩票的王先生完全不知号码和已经中奖的情况下，假如林派福心生贪念，完全有办法"吞掉这一巨奖"。但他为何不为所动？林派福坦率地说："我也喜欢大奖。但这组彩票是顾客寄放的，我们必须诚实守信。我更希望有更多的人能够在这里中到巨奖。"

无独有偶，广东省化州市的彩票经营者林海燕，也曾将500万大奖归还买主。

吴先生是广东化州一个体彩投注站的老顾客，2002年8月，吴先生因临时出差，便电话委托投注站老板林海燕代购了700元彩票，彩票号码是林海燕帮他选的。没承想，这700元彩票竟中了500万大奖！而直到此时，吴先生仍出差在外，而且尚未向投注站交钱。众所周知，彩票最大的规矩是不记名、不挂失，在谁手里，谁就有权去领取，这是受法律保护的。林海燕完全可以将大奖据为己有，但她毫不犹豫地通知了吴先生。

像上述这样的彩票经营者的诚信故事，全国各地还有好多，他们被称为"当代的诚信童话"。尽管仍旧是"童话"，但这也折射出了我们社会诚信的逐渐回归。

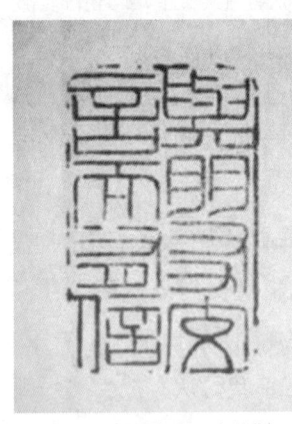

篆刻"与朋友言而有信"

诚信是立身之本、立国之本，自然也是商家的经营之本。现代诚信，要超越传统意义上"朋友有信"的狭隘范围，形成维系市场秩序的经济伦理，成为维系社会公共秩序的公民道德。诚信待人，别人大多也会以诚信待你，因此诚信可谓一种双赢策略，对个人如此，对社会、对国家也是如此。

【陆】

仁爱为先
克己容人

舜性至孝，克己容人

舜（shùn）是上古"五帝"之一，因此也称帝舜。他姓姚，名叫重华（因为两眼都是双瞳仁），字都君，"舜"是他的谥号。因其国名为"虞"（yú），所以又称"虞舜""有虞氏"。他是帝颛顼（zhuānxū）的六世孙，父亲是瞽（gǔ）叟，母亲为握登氏。

舜的先祖曾经做过帝王，但从五世祖穷蝉开始，就都是平民。到父亲瞽叟的时候，由于家境清贫，舜如同后来的孔子一样——"多能鄙事"，从事各种体力劳动。

史籍记载，舜曾经在历山（今山东省鄄城县历山，或说今济南市千佛山）辛勤耕稼，在雷泽（今属山东省菏泽市）打鱼射猎，在黄河之滨制作陶器，在寿丘（今山东省曲阜市）制作日用杂品，在顿丘（今河南省浚县）、负夏（今山东省兖州区）一带经商做生意。

无论是在哪里，舜都能以自己的德行感染周围的人，使那里的社会风气变好。"舜耕历山，历山之人皆让畔（田地的界限）；渔雷泽，雷泽上人皆让居（住宅的地界）"，只要是他劳作的地方，便会兴起礼让的风尚。"陶河滨，河滨器皆不苦窳（kǔyǔ，粗制滥造、质量低劣）"——舜在黄河之滨制作陶器，带动周围的人认真从事，精益求精，杜绝了粗制滥造的现象。

不仅如此，舜还以孝友知名。史籍记载，舜"性至孝"，家人却

虞舜孝行感天（二十四孝之一）

是"父顽，母嚚，弟象傲"，即父亲顽固，后母跋扈，弟弟狂傲。舜的父亲瞽叟，偏爱小儿子，即舜的异母弟象，而象也心术不正，因此父子两个总想谋害舜，尤其是在舜得到尧奖赏的财物之后。

有一次，父亲叫舜修补粮仓，舜在仓顶忙着修理时，象却偷偷拿走了梯子，并放了一把火，想把舜烧死。舜一见起火，想下去又没梯子，只好拿着自己预备好的两顶斗笠，纵身跳了下来，所幸没有受伤。

父亲和象见舜没死，又心生一计，要舜去掏井。舜下到井底劳作时，两人却连忙往井里填土填石，想活埋了舜。这一次，舜又是早有准备，通过井壁上挖出的洞，逃过了一劫。

舜早就知道父亲和弟弟想暗害自己，却从未在言行上表现出不满来，也没有说破其中关节，尽管两人多次实施谋害，但舜还是像以前那样孝顺父亲，关心弟弟。舜的行为，终于打动了父亲和弟弟，从此，他们再也不想加害舜了。

舜在 20 岁的时候，就因为品德高尚，深受众望，有了很大的名气。尤其是他的孝行，受到人们的普遍赞扬。因此，到他 30 岁的时候，尧向臣下征询继任人选，四岳（四方诸侯之长）就推荐了舜。

忙忙碌碌的舜，到了 30 岁还没有娶妻，于是尧就把自己的女儿娥皇、女英一起嫁给了他，同时也作为对他的考验。舜不以两个妻子的出身为意，细心教导他们，与她们一起劳动，一起持家，一起孝敬父母。

接着，尧又派舜到各地，同百姓一起干活，看他如何处理面临的问题。结果，舜以自己的德行感染、带动了人们，无论他走到哪里，人们都愿意追随，因而他所到之处，"一年而所居成聚（村落），二年成邑（城邑），三年成都（四县为都）"。就是说，凡是舜劳作、生活过的地方，都会很快发展起来，成为一个百姓富庶、风气良好的地方。

后来，尧又让舜参与政事，管理百官，接待宾客，经受各种磨炼。舜不但将政事处理得井井有条，而且在用人方面有所改进。尧未能起用的"八元""八恺"，早有贤名，舜让"八元"管土地，让"八恺"管教化。还有"四凶"，即浑敦、穷奇、梼杌（táowù）、饕餮（tāotiè），这几个家伙出身显贵，虽然恶名昭彰，但尧未能处置，舜则将"四凶"一起流放到了边远荒蛮的地方。这些措施的落实，显示出了舜的治国方略和政治才干。

经过多方考验，舜终于得到尧的认可，继位称帝。即位当年，舜就到各地巡守，祭祀名山，召见诸侯，考察民情，还规定以后五年巡守一次，考察诸侯的政绩，明定赏罚。舜还采取了一系列的重大举措，显出一派励精图治的气象。传说中舜的治国方略，有一项是"象以典刑，流宥五刑"，就是在器物上画出五种刑罚的形状，起警诫作用；用流放的办法代替肉刑，以示宽大。

按照《史记》所载传说，舜摄政28年，尧才去世。舜在三年的丧事完毕之后，便让位给尧的儿子丹朱，自己引退到外地。但是，天下诸侯都去朝见舜而不理会丹朱，打官司的人也都到舜那里告状。民间还编了许多歌谣颂扬舜，却不把丹朱放在眼里。舜觉得人心所向、天意所归，无法推卸，就又回到都城继续履职。

尧去世以后，舜在政治上又有一番大的革兴。原已举用的大禹、皋陶（gāoyáo）、契（xiè）、弃、伯夷、夔（kuí）、龙、垂、益等人，职责都不明确，此时舜命禹担任司空，治理水土；命弃担任"后稷"，掌管农业；命契担任司徒，推行教化；命皋陶担任"士"，执掌刑法；命垂担任"共工"，掌管百工；命益担任"虞"，掌管山林；命伯夷担任"秩宗"，主持礼仪；命夔担任乐官，掌管音乐和教育；命龙担任"纳言"，负责发布命令、收集意见。还规定三年考察一次政绩，由考察三次的结果决定提升或罢免。通过这样的整顿，"庶绩咸熙"，各项工作都出现了新面貌。

在上述工作中，各人都建树了辉煌的业绩，而其中禹的成就最大。也正因此，舜在年老的时候，因为儿子商均不肖，便效法帝尧，确定威望最高的大禹为继任者，并让他摄行政事。舜在位39年去世，大禹继位为帝。

舜历来以坚守孝道知名，"二十四孝"中就有他的故事。但从历史记载可知，舜的贡献绝不仅仅是孝友，他的治政方略尤其是分官任职，可谓奠定了后世治国理政的基础。当然，对于普通人尤其是青少年来说，我们要学习的，除了舜的孝顺父母、友于兄弟、克己容人，还有他无论干什么、在哪里，都能以身作则、率先垂范，以自己的德行团结人、带动人。所谓"团队精神"，其源泉恐怕正在这里。

姜子牙平易近人

商朝末年,周武王的弟弟周公姬旦,与姜尚(字子牙)等人辅佐武王伐纣,建立了周王朝,被封为鲁公。后来,武王去世,由于成王年幼,周公担心天下大乱,便暂时"居摄"——代成王处理国事。

周公一心一意辅佐成王,从来不顾流言蜚语。一天,周公让儿子伯禽代替自己到鲁国去处理事务,临行前,他再三告诫伯禽:"我是文王的儿子,武王的弟弟,成王的叔叔,对于整个天下来说,我的地位已经不低了。但是,我常常在洗头时三次捋起头发,吃饭时三次吐出口中的食物,匆忙赶去礼待贤士,唯恐错过天下英才。你到鲁国后,千万小心,不要以拥有鲁国而以傲慢的态度对人。"

过了三年,伯禽才回来向父亲报告鲁国的情况。周公很不高兴,质问儿子为何过了这么久才汇报。伯禽回答说,他致力于改革鲁国

位于江苏省常熟市的姜太公雕像

的生活习惯和礼法，用了三年的时间才得以完成。

与此同时，姜子牙也从齐国赶来，向周公报告那里的情况。姜子牙受封于齐国，只有五个月的时间就回来报告，周公有点不大相信，甚至怀疑他没有认真调查就匆匆赶来汇报，于是惊讶地问道："你怎么这么快就回来报告了？难道齐国有什么事情难以办妥？"

姜子牙回答道："不是。是你交代的事我已经办妥，特意赶来向你汇报的。"

周公难以置信。可姜子牙却很肯定地告诉他："是真的，子牙不敢欺骗你。之所以这么快就完成任务，是因为我简化了君臣之间的礼仪，政事也顺从了民间的习俗，所以很快就治理好了。"

周公一听，默然不语。沉思片刻后，他才自言自语地说："唉，照这样下去，鲁国一定治理不好。把君臣之间的礼仪搞得那么复杂、繁琐，百姓无法接近，他们就会离你越来越远。如果对老百姓的态度谦和一些，不摆官架子，平易近人，百姓就会归顺于你。"于是，他让伯禽照着姜子牙治理齐国的方法，前去治理鲁国。伯禽返回鲁国后，采取平易近人的措施，很快就把很多政事处理好了。

姜子牙治理齐国事半功倍，是因为他不摆架子，谦逊和蔼，使人容易接受。这里的平易近人，并不仅仅是待人的态度，而是指政策制度平实、简易，接近于老百姓。用现代的话来说，也就是政策的制定基于国情、民情，而不是师心自用的"长官意志"。一般来说，平易近人针对的是各种类型的领导人物，或者说是"在上位者"。其实，扩而广之于待人接物领域，普通人也是适用的。在平时的学习、生活和工作中，我们都应该平易近人，以亲和的态度与周围的人友好相处，只有这样，才能团结人，才能打造出一个亲切平和的自我形象，更多地获得别人的支持与合作，才能有更多的成功机会。

鲍叔牙推贤荐管仲

管仲与鲍（bào）叔牙都是春秋时期的齐国人，他们早年缔交，不论处于何种境地、出现何种状况，他们的友谊始终如一，留下了"管鲍之交"的佳话。

早年间，管、鲍二人曾结伴而行，到外地做生意。当时鲍叔牙家境宽裕，而管仲家境贫寒，因此在经商分利的时候，管仲经常占鲍叔牙的便宜。鲍叔牙心胸豁达，对管仲的私心从不斤斤计较，二人始终和睦相处。

后来，管仲与鲍叔牙都弃商从政，却有着不同的政治选择。管仲做了公子纠的师傅，鲍叔牙做了公子小白的师傅，两人随着主人各奔东西。

齐国内乱之时，公子小白与公子纠的斗争异常激烈，管仲也因曾谋刺公子小白而与之结怨极深。可这一切并未影响鲍叔牙与管仲的关系，二人依旧情深意厚。

后来，公子小白成了齐国的国君，也就是齐桓公。他命人送管仲回国，并打算将其杀死。鲍叔牙得知，立即进宫劝谏，并请齐桓公重用管仲。他说："齐国要想强盛，桓公要想称霸天下，非管仲不可。"随后，鲍叔牙又静下心来，向齐桓公详细介绍了管仲的才干和抱负。齐桓公是个大度的国君，听了鲍叔牙一番劝告，他也就不计前嫌，请回管仲，委以重任，并给以丰厚的礼待。

管仲回到齐国后，果然没有让推荐他的鲍叔牙及重用他的齐桓公失望。他在齐国实施了一系列的内政改革，使齐国国内政治、经济得到稳步发展，之后，又辅佐齐桓公"九合诸族，一匡天下"，顺利登上春秋列国第一霸主之位。就这样，齐桓公对管仲更加信任和

山东省莱芜区红石公园内的管鲍论金塑像

器重,委以重任,并不断予以奖赏提拔。

自己推荐的管仲地位日渐高过自己,但鲍叔牙无怨无悔,只是一心从旁出谋献策。对此,管仲心中无限感激,他曾对人说:"吾始困时,尝与鲍叔贾(gǔ,做买卖),分财利多自与,鲍叔不以我为贪,知我贫也。吾尝为鲍叔谋事而更穷困,鲍叔不以我为愚,知时有利有不利也。吾尝三仕三见逐于君,鲍叔不以我为不肖,知我不遭时也。吾尝三战三走,鲍叔不以我为怯,知我有老母也。公子纠败,召忽死之,吾幽囚受辱,鲍叔不以我为耻,知我不羞小节而耻功名不显于天下也。生我者父母,知我者鲍子也!"可以说,在管仲与鲍叔牙的友情中,鲍叔牙的宽厚仁和起到了至关重要的作用,正是因为鲍叔牙的谦和忍让,才使他与管仲的友谊无比持久、无比牢固。

人们常说只有永恒的利益,没有永恒的友谊。确实,很多友谊在面对利益纷争时,往往就灰飞烟灭了。可鲍叔牙的宽容之心,却使他与管仲的友谊经受住了名与利的双重考验,缔造了难得的友情佳话。因此，在营建友谊的进程中，只要保持一颗仁和、宽容之心，就会使友谊终究战胜利益而成为永恒。

对于涉世未深的青少年来说，没有什么比朋友更重要的了。因此我们要切记，做任何事都不能以牺牲友谊为代价，只有烂漫的友谊之花，才能结出丰硕的成功之果。

俞伯牙摔琴谢子期

春秋时期，楚国有个善于弹琴的人，名叫俞伯牙。据说，俞伯牙弹琴技艺高深莫测，他弹出的琴声，连马也会停下吃草料，仰头凝神谛听。《荀子·劝学篇》中的"伯牙鼓琴，而六马仰秣（mò，草料）"之句，就是对这种情形的描述。

俞伯牙喜爱游历山水，经常外出民间采风。一次，他乘船出行，途中遇到大风，不能过河，只好将船停在汉阳。

汉阳有一位隐士钟子期，与俞伯牙偶然相遇，言谈交往之中，二人深觉志趣相投，心中都把对方视作知己。

有一天，钟子期听俞伯牙弹琴，俞伯牙试弹一曲，意在高山，钟子期在默默欣赏中忍不住高声赞叹："好啊！令我仿佛登上了巍巍高山。"俞伯牙心中一阵快慰，深感知己莫若子期。接着，他又弹奏一曲，意在千里江河奔腾滚滚，钟子期不禁和曲而舞，告诉俞伯牙自己仿佛置身浩荡江河，触摸到了那一泻千里的磅礴气势。从此，俞伯牙、钟子期成了莫逆之交，两人谈天说地，饮酒赏乐，形影不离。

后来，钟子期辞世，俞伯牙感到心中空荡荡的。知音已逝，再也没人能听懂自己的乐曲了，要这琴还有什么意义？于是，为了报谢知音，俞伯牙举起他那曾经视如生命的琴，摔了个粉碎，并发誓

伯牙鼓琴图（元·王振鹏绘）

永不弹琴。没过几年，俞伯牙便在郁闷中去世了。

人们被俞伯牙、钟子期的深厚情谊所打动，在汉阳月湖的湖畔建了伯牙琴台，又称"古琴台"，并写了两副对联，以此怀念二人：

志在高山，志在流水；
一客荷樵，一客听琴。

绿树成阴，芳草为积，登临贵在得趣时耳；
水仙已去，樵子不来，先生何以移我情乎。

鲁迅先生曾说："人生得一知己足矣，斯世当以同怀视之。"（参见《美德箴言》）俞伯牙和钟子期的相交，正是如此。在生活中，情趣相投的朋友可以给我们带来快乐；在工作中，志同道合的朋友可以为我们带来帮助。这些，较之于钱财和学识，显得更为重要。如果你拥有真诚对待每一位朋友的品德,你便会发现友谊不只能带给你快乐,而且还会从旁敦促你成为一个更优秀的人。

栾书从善如流

春秋时期,郑国夹在楚国和晋国两个大国之间,处境尴尬,常常因得罪一方而引发战争。公元前585年,楚国就因不满郑国参加以晋国为首的联盟,对郑国发起了攻击。

郑国力量弱小,抵挡不住,便派人到晋国去求援。晋国派大臣栾(luán)书为主帅,率军前往援郑。栾书的军队进入郑国不久,即与楚军相遇。楚军见晋军来势凶猛,没敢进攻,就不战而退了。

栾书不甘就此收兵,转而去攻打与楚国同盟的蔡国。蔡国国小力薄,又去求助楚国,楚国无奈,只得调动附近公子申和公子息的军队出战。

对楚军去而复返,这一局面要怎样应对,晋国军中产生了分歧。大将军赵同和赵括向栾书请战,获得批准。但另三位将领知庄子、范文子、韩献子坚决反对,他们的理由是:楚国原本已经退兵,晋国也理应退兵;可晋国却又侵略蔡国,这是晋国的耻辱。现在楚国派了两个县的军队支持蔡国,晋国又要去攻打这些弱小的对手,那就是耻辱之极了。

栾书听了三人一席肺腑之言,决定收兵回国。可那些主战的将领大为不服,他们对栾书说:"现在

战国栾书缶

美德故事 —— 310

正是进攻取胜的好时机,而您却要放弃,实在令人不甘心。再说,自古以来,圣人的观点都是和大众相同的,所以才能成就一番事业。您是军中主帅,理应听从大众的意见。此时,辅佐您的十一人中仅有三个不同意出战,其余全部蓄势待发,您为什么不能听取大多数人的意见呢?"

栾书不愠(yùn)不火,非常镇定地回答说:"只有正确的意见才能代表大多数。知庄子、范文子、韩献子三人,虽然人数不占多数,但他们都是晋国的贤德之人,他们提出的意见也非常合理。我一向只听从正确的意见,这难道有什么不妥吗?"众人一时哑口无言。于是,栾书下令撤兵回国。

又过了两年,栾书攻下蔡国,又想攻打楚国。这一回,知庄子、范文子、韩献子三人又提出异议。他们分析了当时的情况,建议栾书暂停攻楚,转而侵沈,栾书听取他们的意见,调兵侵袭沈国,取得了胜利。

《左传》一书,热情赞扬了栾书这种虚心听教的品德,称赞他:"从善如流,宜哉!"后世"从善如流"的成语,也正来源于此。

听取别人的意见,并不是一件容易的事情,尤其是那些身居高位者,而在众说纷纭中,舍弃多数人的观点,而采取少数人的意见,更是难能可贵。"从善如流",首先要能准确判断何为善、何为不善,这本身需要智慧,却并非不可企及。难的是,有些人并不是不懂道理,而是为一己私利、一己私心所囿,不肯从善。就此而言,栾书的所作所为,以及《左传》的赞赏,对我们大有启发意义。

孔夫子宽以待人

春秋时期,鲁国有孟孙氏、叔孙氏、季孙氏三大家族,他们都

孔子画像

是前朝国君桓公的后裔,而且世代为官,在鲁国的权势很大,几乎操纵了整个国家的政权。鲁国的国君鲁哀公对此极为不满,却又无可奈何。

渐渐地,这种权力斗争的矛盾发展壮大,变得尖锐起来。鲁哀公一直想削弱三大家族的势力,夺回国家大权。他听人说有个叫宰我的人,是孔圣人的弟子,继承了孔子的仁义道德,而且智慧过人,于是就前往拜访。

鲁哀公见到宰我后,用极为含蓄的言语向他请教道:"你知道制作土地神的神主,民间一般用什么样的木料呢?"

宰我回答说:"据我所知,夏人用松木,殷人用柏木,到了周朝,人们就用栗木来制作。用栗木的意思,是要使人民害怕得有如战栗。"

宰我此时用栗木引申到人民战栗,是想婉转地劝告鲁哀公,要他采取果断措施,使对手胆战心惊,不敢继续横行。

孔子听说宰我的回答后,非常生气,他知道孟孙氏、叔孙氏、季孙氏这三大家族专权的局面并非一朝一夕形成,而是有着深远的历史背景。这样牢固的权力集团,并非单单用威慑或简单措施就可以歼灭的。

孔子觉得,宰我的想法实在过于单纯、片面。但他并没有责备宰我,只是宽容地说:"已经做过的事就不用再解释,已经完成的事就不要再规劝,已经过去的事就更不必再追究了。"

这个故事出自《论语·八佾(yì)》,孔子的原话是这样的:

"子闻之,曰:成事不说,遂事不谏,既往不咎。"我们日常所用的成语"既往不咎",就出自孔子的这句话。

古人云:"君子不责人所不及,不强人所不能,不苦人所不好。"孔子就是这样一个具有宽厚胸襟和博大心怀的圣人。其实,人的一生,谁都不免碰到个人利益受到他人有意无意的侵害,这时就要勇于接受忍让和宽容的考验,宽容待人。让我们牢记这句箴言:"用争夺的方法,我们永远得不到满足,但用谦让的方法,我们可能得到比我们期望的更多。"

子墨子兼爱非攻

墨子名翟(dí),"子墨子"是《墨子》一书中弟子对他的称呼。他是春秋战国之际的宋国人,墨家学派创始人。墨家曾是与儒家齐名的"显学",当时影响极大。与儒家主张人有等差并以礼乐节制不同的是,墨家反对爱有等差,主张"兼相爱,交相利",以及"节葬""非乐",其思想精神至今仍有积极意义和借鉴价值。

墨子出身低贱,一生中除著书立说和教授门徒外,还参加过一些政治活动。他曾仕于宋,为大夫,还到过卫、齐、楚、越诸国。墨子的门徒,也都出身低微。因此,墨家被认

墨子塑像

为是手工业者的代表。

墨家的主张,最为人熟知的,是"兼爱""非攻"。此外,还有"尚贤""尚同",即崇尚举贤任能、崇尚和同合作;节葬、节用,即节约用度、节俭办丧事。墨家还"非乐",反对儒家各种活动中的"音乐",因为太过耗费人力、物力、财力,得不偿失。

墨家反对儒家强调的社会等级观念,认为天下人都是平等的,应该"兼以易别",而社会上强执弱、富侮贫、贵傲贱的现象,原因就在于是天下人互不相爱。因此,墨家提倡"兼相爱,交相利""爱人若爱其身",即破除等级、地位、家族、地域种种阈限,大家都要彼此相亲相爱,爱护别人如同爱护自己。

墨家主张"非攻",竭力反对当时的兼并战争。为此,墨子严格训练自己的门徒,要求他们学会守城作战的本领,以便帮助遭到攻击的国家坚守城池。墨子还以实际行动,制止了楚国对宋国即将发动的一次战争。

公元前488年,楚昭王去世,楚惠王继位,国力渐强,遂打算向中原扩张。为了加强进攻力量,楚惠王特地请来鲁国的能工巧匠公输般,请他帮助制造了一种新的攻城器械——云梯。墨子得知此事,日夜兼程,从宋国赶到了楚国。在一番唇枪舌剑之后,楚惠王执迷不悟,仗着有云梯,坚持要去攻打宋国。见此情形,墨子只好给他泼冷水,指出云梯并不是万能的。接着,墨子和公输般当场演习,比试攻防技术。结果,公输般换了九次攻城方法,墨子都设法守住了。"公输般之攻械尽,子墨子之守圉有余"(公输般攻城器械的各种机巧都用尽了,墨子守城的办法还没有用完),公输般只得认输。这样,楚惠王也只好打消了攻打宋国的念头。

墨子与自己的门徒,不管是当了官的,还是致了富的,都和普通劳动者一样,穿粗布短衣和草鞋,以粗粮为食。为了实践自己"兴天下之利，除天下之害"的主张，墨家师徒积极行动，吃苦耐劳，表现出极大的牺牲精神。他们"摩顶放（fǎng，至）踵（zhǒng）（磨秃头顶、走破脚跟，指舍己救世、不辞劳苦），利天下，为之"（《孟子·尽心上》），"日夜不休，以自苦为极"，甚至"赴汤蹈刃，死不旋踵（至死也不掉转脚跟后退）"。

　　作为先秦时代的显学，墨学在后代几乎消失了。但近代以来，无论是政治家还是学者，诸如孙中山、梁启超等人，都认为救中国的只能是墨子，即便是今天，也还有人持这样的观点。因为墨家学派的哲学里，有天下平等、互爱互利的思想理念，还有严密的组织、团队的合作，更有积极用世、艰苦卓绝的实践精神。某种程度上，这些无疑是我们社会长期缺乏的。如果说"救中国的只能是墨子"的说法有些过头，那我们也要说，墨学的"兼爱非攻"等思想精华，"摩顶放踵"的实践精神，是我们今天应该，也必须承继和发扬的。

宽容忍让将相和

　　战国时期，在秦、赵争夺和氏璧、渑（miǎn）池之会两次重大的外交斗争中，赵国的蔺相如临危不惧，不惜生命保全了赵国的尊严，立了大功。赵王大喜，拜蔺相如为相国，位在老将廉颇之上。

　　对于蔺相如位在自己之上，廉颇很不服气，到处对人说："我身为赵将，有攻城略地之大功，蔺相如只凭口舌之利而位居我上，况且他出身卑贱，我怎能忍得了在他之下！"不仅如此，廉颇还打算找机会羞辱蔺相如一番。

　　蔺相如得知廉颇的所言所行，便处处躲着这位老将。有时候，为了避免两人相见出现尴尬局面，蔺相如甚至还称病不肯上朝。

京剧《将相和》剧照

有一天,蔺相如带着门客出去,恰好廉颇的车迎面而来。蔺相如赶忙命家丁将自己的车退进小巷里,让道给廉颇先行。蔺相如的门客、从人觉得憋气,忍不住埋怨他:"我们不远千里到此投奔您,就是因为仰慕您的为人和才识。如今,您功成名就,官位比廉将军还高,却如此惧怕他。您这样的懦弱胆小,我们很失望,觉得真是错投此处了。"

蔺相如听后,并未生气,他笑笑说:"各位说说,廉将军与秦王比,哪个势力更大?"众人都奇怪地说:"当然是秦王了,秦王乃一国之主,而廉颇不过是我国一个将军呀。"

蔺相如又说:"这就对了。秦王强大,令天下诸侯都惧让三分,我却敢当面责备他,这说明我并不是惧怕廉将军。只是我想,强大的秦国之所以不敢侵犯赵国,就是因为有我和廉将军二人同在,倘若我们二人不和,就会给秦国以可乘之机。个人荣辱事小,国家安危事大,我情愿忍让廉将军。"

后来,蔺相如的话传到了廉颇耳朵里,他非常惭愧。廉颇是个正直坦诚的人，一旦悔悟，就会立刻改正。于是第二天，廉颇便动身前往蔺相如府上请罪。蔺相如得知廉颇到府，忙出门迎接。廉颇光着脊梁，背上绑了一根荆条，一见到蔺相如便单膝跪地，说道："我是个心胸狭窄之人，却没想到您能宽恕我，请相国责罚我吧！"

蔺相如见廉颇用古人最隆重的方式向自己"负荆请罪"，十分感动，忙双手搀扶廉颇，说："你我二人都是赵国的大臣，将军能知我一番心意，我已感激不尽，何必行此大礼。"

从此，廉颇与蔺相如结为莫逆之交，互相尊重，互相理解，共同为赵国尽心尽力，使秦国十几年不敢侵犯赵国。

宽容忍让是一种修养，一种博大的胸怀，一种超然洒脱的态度，也是一种优秀的品德，一种人生的卓越境界。一个人经历一次忍让，就会获得一次人生的壮丽；经历一次宽容，就会打开一道希望的大门。宽容所至，干戈化玉帛，仇恨的乌云也会被一片祥和之光所驱散。我们不妨切记：惟宽可以容人、用人。

丙吉功高不念赏

丙吉是汉武帝时期的廷尉监。汉武帝在位末期，长安的郡邸狱关押了一批钦犯，丙吉奉诏前来看管这座监狱里的犯人。

丙吉清查犯人，发现其中竟然有一个尚在襁褓中的婴儿。这婴儿不是别人，正是汉武帝的嫡亲曾（zēng）孙刘询。望着这个因饥饿而啼哭的婴儿，丙吉心生怜爱。他立即指定一个忠厚可靠的侍女，专门照顾刘询。

有一次，小刘询生了重病，丙吉及时请大夫进行治疗，才保住了小刘询的性命。刘询从小体弱多病，需要多吃些有营养的食物，于是丙吉就常常拿钱给那个侍女，让她去给刘询买些好吃的。

一天，有个术士告诉汉武帝，说他夜观天象，看到长安的郡邸狱中有一股天子气。年迈多病的汉武帝本来就常常无端生疑，唯恐别人篡夺了自己的帝位，加上术士这么一说，更是疑上加疑。

汉武帝越想越不安，于是传下圣旨，立即派人去郡邸狱，把关押在那里的犯人，无论罪行轻重，统统杀死。宦官郭穰（ráng）领旨后，趁夜赶到郡邸狱，声称奉皇帝的圣旨，前来处决所有的犯人。

按照当时的法律，普通人犯了死罪，都得经过审判之后才能行刑，更别说这个监狱里面还关押着当今圣上的嫡亲曾孙。丙吉坚决不执行圣旨，便和郭穰争辩起来，两人谁也不肯相让，直到天亮，丙吉也没放郭穰进去。郭穰无计可施，只好无奈地回皇宫复命去了。

汉武帝听了郭穰的报告，觉得丙吉的做法确实有道理。他终于觉悟过来，不仅没治丙吉的罪，而且还大赦天下。

后来，刘询当了皇帝（即汉宣帝），丙吉却从不提起先前照顾和保护他的往事，朝廷也没有表彰丙吉的功勋。有一次，一个原比丙吉官职低的人，在上奏皇帝的奏折中提到了当年丙吉关心照顾当今皇上的往事。丙吉知道后，却把这个情节给删掉了。

有一个当年不好好服侍刘询的人，在其即位后却冒充功臣，请求封赏，并说丙吉知道情况。汉宣帝这才从当年丙吉的属下那里了解到丙吉对自己曾有救命之恩。

汉宣帝有些责怪地问丙吉，为何不早些告诉自己。丙吉却只是淡淡地说，那些过去的事不值一提。后来，汉宣帝想封丙吉为博阳侯，被他断然拒绝了。

我们的历史上，有太多因为"拥立"皇帝而得到封赏的人，他们高官显爵、厚禄崇封，犹自不感满足；他们自吹自擂，夸大其词，唯恐别人不知道自己的"拥立"之功。像丙吉这样不居功、不显扬的人，可谓凤毛麟角。在功名利禄的诱惑面前，我们应该学习丙吉，甘于淡泊，泰然处之。一个人，如果能够甘于淡泊，心底必然无私，胸襟必然宽广，言语不涉鄙陋，行动不为物役，学则高，行则远。

刘秀推心置腹

　　东汉王朝开国君主刘秀，是汉高祖的第九代孙。24年，铜马爆发了大规模的农民起义，并很快发展成一支强大的起义队伍，西汉王朝的统治因此受到了很大的威胁。当时的皇帝刘玄，遂命萧王刘秀率兵前去征讨。

　　刘秀能征善战，足智多谋，很快击溃了铜马农民军。铜马义军战败后归降汉军，刘秀征得刘玄的同意后，把归降的义军全部收编到自己的队伍里，大大充实了自己军队的力量，增强了战斗力。刘秀还奏请刘玄准允，代表皇帝把铜马农民军的首领、部将都封了侯爵。

　　铜马农民军将帅被封侯爵后，由于人数众多，刘秀的部将担心这些人串通起来发动大规模的反叛，都不敢相信他们，常常避之唯恐不及，很少和他们交往，有的人潜意识中甚至仍把他们当作敌人，处处提防，时时小心，老想着自己随时会被他们攻击。

汉光武帝刘秀画像

与此同时，这些归降的将帅也终日惶恐不安，因为他们也意识到对方怀疑自己的诚意，以至担心自己某一天会被刘秀铲除。其中有一位降将，向来以直言著称，肚里有委屈从来装不住。一天，他单独进见刘秀，把自己心中的担忧和盘托出。

刘秀得知此事，并未向这位敢于直言的降将说什么，而是立即把降将按他们原来的职位予以安排，并从自己手下部将的军队里抽回这些降将原来的兵马，让他们直接统率。随后，刘秀在巡视各部时，只带少数卫士，从来不对各位降将及其部下士卒加以戒备。

刘秀的诚意之举，让手下的将领备受感染和鼓舞，他们开始与降将士卒友好往来。降将士卒更为刘秀的诚意感动不已，心中的恐慌和顾虑不仅完全消除，对刘秀以及汉王朝也更加忠诚了。他们在私底下说："萧王都把自己的心放在别人腹中了，我们还有什么可担心的呢？我们应当心悦诚服地为他效劳，才能真正表示我们的诚意和感激之情。"后来，这些降将果然率领手下十万大军，在帮助刘秀建立东汉王朝的过程中做出了重大贡献。

光武帝刘秀，相较乃祖汉高祖刘邦，知名度似乎有些逊色。其实，仔细寻绎史事，我们会发现刘秀在诸多方面有着超出历代许多皇帝的特质。比如在待人方面，刘秀就比刘邦多一些诚恳，少一些奸诈，对跟随他起家立业的开国元勋也多能善始善终。"推心置腹"，这绝妙的形容，道尽了诚恳待人的真谛，无疑也带给我们一些思索和启迪。

淳于恭仁爱礼让

淳于恭是东汉初年的文人，字孟孙，北海淳于（今山东省潍坊市安丘）人。他以仁爱为先，闻名乡里，带动了当地的良好风气；

他清静自守，不慕荣名，去世后不仅获得朝廷旌表，还在《后汉书》里留下了记载。

淳于恭早期生活的年代，正是王莽当政末年。这个时期，各地军阀拥兵自重，战乱不止；地方官府形同虚设，盗贼四起，再加上灾荒连年，百姓生计十分艰难。

刚开始受到盗贼侵扰的时候，许多村民觉得朝不保夕，便放弃了农桑。淳于恭却一如既往，耕耘不辍。见淳于恭常常一人耕田，乡人劝阻道："时势大乱，死生尚且不得而知，何必白白劳动自讨苦吃呢？"淳于恭说："纵我不得，他人何伤！"意思是说："就是自己遇到了不测，得不到收获，留给别人享用，那又有什么关系呢！"便继续耕种不止。村民们受他的感染和引导，也都抛弃了原来不愿耕种的情绪。

强盗抓了淳于恭的兄长淳于崇，要烹而食之。淳于恭得知，连忙请求代替。强盗见淳于恭这样仗义、友爱，便把兄弟两人都放了。后来淳于崇去世，淳于恭养孤抚幼，辛勤教诲侄子们学习、上进。孩子们有不如法的地方，他就用木杖敲打自己，以此使之感悟。孩子们领会了叔父的良苦用心，都能惭愧而改过。

由于闹饥荒，经常有人"光顾"淳于恭家的山田果树，偷摘果实，偷割稻子。对于这些村民，淳于恭一概以仁人之心待之。看到有人偷摘果实，他就去安慰，并帮着采摘，让他们把采摘的果子都带走；看到有人偷割庄稼，担心其人会感到羞愧，他就趴伏在草丛里，等割庄稼的人从容离去再出来。淳于恭的高尚行为，使村里的人深受感化，后来，偷盗的事情也就很少见了。

淳于恭家有一口井，在院门之外，井台上放着盆子，方便村人来饮。邻里牧童争着饮水，十分吵闹，淳于恭便多放了几个盆子，还汲满了水。牧童们还是争抢，淳于恭就分别告诉他们的父母，父母们加以严厉禁止,村里再也没有争争抢抢的事情了。

淳于恭的仁爱行为得到了乡里的尊重,也获得了地方官的认可。但州郡连续征召,淳于恭都不应召。建武年间,郡里举他做孝廉,司空提拔他,他都推辞了。

建初元年(76),汉章帝特下诏书,称赞淳于恭平日的品行,通知郡里赐给他绸帛20匹,还派遣公车接他入朝,拜为议郎。此后,他所推荐的名贤,朝廷无不征用;他在朝廷对皇上所陈政事,都是以道德为本,皇上和他对话,没有一次不说好的。

淳于恭病逝之后,朝廷颁发诏书褒奖赞叹,赐谷千斛(hú);还在家乡给他立碑,进行表彰。

淳于恭的包容礼让,可以说是达到了一个很高的境界,而之所以如此,则在于他有一颗仁爱之心。而所谓"仁爱",也不过是同情同理,推己及人。今天我们要建设和谐社会,社区邻里之间,就需要像淳于恭这样的榜样。有了这样的仁爱之人,就会带出一群仁爱之人,形成一方清风正气。

诸葛亮誓娶丑妻

诸葛亮年幼时,父母就相继去世,他们兄妹四人只好跟着叔叔过活。大姐、二姐出嫁后,叔叔也离开了人世,无奈之下,诸葛亮和弟弟在隆中盖了几间草屋,兄弟二人相依为命,艰难度日。

在这段躬耕和隐居的日子里,诸葛亮丝毫不忘关注国家命运和百姓安危。为了将来报效国家,他博览群书,师友切磋,不断增长自己的学识和才干。几年后,他已经成为一个洞察天下势态、满腹经纶的年轻人,人称"卧龙"。

诸葛亮23岁那年,上门提亲的人络绎不绝,有的介绍闭花羞月

武侯高卧图（明·朱瞻基绘）

的富家小姐，有的说合西施一般的官宦人家女儿，但都被诸葛亮婉言谢绝了。这么一来，可就急坏了大姐和二姐。她们希望诸葛亮早点成家，也好把小弟诸葛均照料起来。

诸葛亮心想：娶妻成家固然重要，但绝不能影响自己的志向和抱负。因此，他对两位姐姐的好意总是推三阻四，一点也没有焦急的意思。见此情景，两位姐姐只好左右托人，给诸葛亮做媒找媳妇。

恰在这时，河南名士黄承彦，也来给诸葛亮提亲。他介绍的也是名门闺秀，但诸葛亮还是不同意。

黄承彦疑惑地问诸葛亮，到底要找什么样的姑娘为妻。诸葛亮这才说出了自己的标准：不求漂亮，只求能同甘共苦，事业上能助其一臂之力。

黄承彦一听，觉得自己的女儿阿丑最合适，她不仅温柔善良、心灵手巧，而且自幼博览群书，知书达理，聪明可爱，可就是身材矮小，皮肤粗黑。诸葛亮当即表示愿娶阿丑为妻，并发誓善待她一辈子。

阿丑对诸葛亮的才华仰慕已久，知道此事后，乐不可支，两人情投意合，很快结成了夫妻。

婚后，阿丑对诸葛亮体贴入微，对小叔诸葛均也很关照。她勤

诸葛亮"隆中对"的地方

劳能干,以俭持家,把家里的事处理得井井有条。夫妻二人还经常交流读书心得,畅谈时局世事。

就这样过了四年,刘备三顾茅庐请诸葛亮去做了军师,后来又当了蜀汉的丞相。在此后的28年中,诸葛亮身负重任操劳国事,家中的事情都由阿丑一人打理,他毫无后顾之忧。在蜀汉建国之初,诸葛亮提倡发展蜀锦织造,阿丑就亲自绘图并改造操作技术,使蜀锦远销江东和北方广大地区。后来,诸葛亮北伐曹魏,制造出运送军粮的木牛流马,据说,这还是在阿丑制作木人磨面的基础上发展起来的。

诸葛亮在择取配偶时,不追求外表的美艳,只追求内在的美,当今社会有几个人能像他这样呢?很多人在择偶时,只追求华而不实的东西,把相貌、钱财、地位作为爱情、婚姻的砝码,可他们忘了,华丽的外表固然重要,而内心的美丽才是重中之重。当代青少年应该以诸葛亮为榜样,摒弃以相貌、以财势取人的做法,真正做到以德取人。

石勒不念旧恶

石勒是南北朝时期赵国(史称"后赵")的开国君主,羯(jié)族人。他曾经被卖给别人做过奴隶,因此是中国历史上唯一的奴隶君主。

石勒小的时候,家乡武乡(今属山西省长治市)一带,家家户户都种麻织布。把麻织成布,工序繁杂。首先得把拔起来的整麻,用麻剑削去枝叶,然后把麻秆放到沤麻的池子里沤,沤过之后的麻秆才容易剥下麻皮来。

石勒家和邻居李阳家共用一个沤麻池,一到夏末秋初成熟时节,两家人都争着使用这个沤麻池,年年都会为此发生口角甚至争斗。

有一次,争执中,身强力壮的李阳把石勒打了个鼻青脸肿,石勒也毫不客气地在李阳的头上打了个大包,从此两人断绝了交往,成了仇人。

石勒雕像

几年后,石勒被官府抓去做了壮丁,家里的老父老母无人照看。见此情形,李阳便主动承担起照顾老人的责任,常常帮助他们干些重活,从来都不怕脏、不怕累。

因为作战机灵、勇敢,善于运用计谋,石勒很得长官的赏识,也受到了士兵们的拥护。就这样,他步步高升,后来竟然建立了赵国,成了一国之君。

石勒衣锦还乡,谁知父母却早已亡故。见了久别的乡亲,石勒嘘寒问暖。得知父母这么多年来多亏李阳照顾,石勒左看右看,却怎么也找不到李阳的影子。石勒急忙询问乡亲,大家你看我、我看你,谁也不肯说话,其中一人壮着胆说出了原因:"李阳小时候曾经和你打过架,生怕大王记恨,就躲起来了。"

听完乡亲们的叙述,石勒禁不住哈哈大笑,说自己之所以能成为一国之君,就是因为气量宽宏,没有凡夫俗子那么小肚鸡肠。打架的事,也不全是李阳的错,而且自己离家之后,李阳照顾自己父母,这让他感激不尽。

石勒急忙派人去请李阳。李阳到来后,石勒与他开怀畅饮,玩笑戏谑,十分开心。他对李阳说:"孤往日厌卿老拳,卿亦饱孤毒手。"("孤王当年饱尝你的老拳,你也饱尝了孤王的辣手呀。")两人冰释前嫌,石勒还在国都赐给李阳一处宅邸,任命他为参军都尉。

石勒不仅不念旧恶,还能勇于纳谏。有一次,石勒曾准备到都城近郊去打猎,主簿程琅劝他不要去,还举孙策行猎遇刺的例子为戒,并说即使枯木朽株,也能为害。石勒认为这是书生之言,不听也罢。谁知行猎时,石勒所骑的马触木而毙,他自己也几乎丧命。石勒懊悔没听忠臣谏言,便立即封程琅为关内侯,赐予朝服、锦绢等物。由此,一时间"朝臣谒见,忠言竞进"。石勒还要求刺史、太守向属下宣告:"凡有意见要说的,不要隐讳不说,朝廷希望听到忠言谠论如饥似渴。"

人生免不了磕磕绊绊,免不了有意无意间和别人结下"梁子"。老是记着这些事情,它们就会成为一种包袱,成为前行的负担,负面影响是不容置疑的。如果希望轻装上阵、奋勇致远,就一定要不念旧恶,放下"梁子"。没有容人的胸怀,心里头总是装着仇恨,甚至是鸡毛蒜皮的小小恩怨,也就放不进去别的东西,怎么还会有远大抱负呢?

张公艺百忍治家

张公艺是唐朝的普通平民,他之所以享有大名,是因他治家有方,九世同居,和睦相处。他是郓(yùn)州寿张人。张公艺出生在南北朝时期,得寿99岁,故历经北齐、北周、隋、唐四个朝代。

《张公艺传并赞卷》（元·李衎）

　　相传张公艺家九世同居，阖家九百人，吃住在一起，而且十分和睦。我国传统上崇尚大家庭，一个家庭过早地分产析居，是不上台面的事情。尽管如此，历史上，五世同居的家庭已经算是凤毛麟角，何况九世同居！

　　对于张公艺九世同居，有着清楚的历史记载。《旧唐书·孝友传》云：

　　　　郓州寿张人张公艺，九代同居。北齐时，东安王高永乐诣宅慰抚旌表焉。隋开皇中，大使、邵阳公梁子恭亦亲慰抚，重表其门。贞观中，特敕吏加旌表。麟德中，高宗有事泰山，路过郓州，亲幸其宅，问其义由。其人请纸笔，但书百余"忍"字。高宗为之流涕，赐以缣帛。

　　这是说，九世同居的张公艺家，在北齐的时候，就有皇室成员到家里慰问、旌表。隋朝文帝时，朝廷也有派人慰问、旌表过。唐朝贞观年间，唐太宗也曾命官吏去给予旌表。麟德年间，唐高宗去泰山封禅，路过寿张，亲自前往其家，并问为何能够如此。张公艺没说什么，而是让人取来纸笔，一连写了一百个"忍"字。唐高宗深受感动，赏赐了一些布料。

唐高宗亲幸张宅，还有更具体的记载。随从有文武大臣、宫妃命妇，这是自然，不必说它，唐高宗问道"何能九世同居"，张公艺有几句话，却是不该忽略。张公艺说："老夫自幼接受家训，慈爱宽仁，无殊能，仅诚意待人，一'忍'字而已。"然后是"请纸笔，书百'忍'字以进"。

民间传说自然不肯放过如此好的题材，因而唐高宗"亲幸"就成了"私访"：相传唐高宗听说张公艺九世同居，家大业大，怕他造反，就假托封泰山，特意去私访。他扮作道人，来到张公艺家，要见当家人。这时走出来个十二三岁的男孩，自称是当家人。这孩子便是张公艺。"道人"感到很奇怪，问他家里为何让少年当家。张公艺答道："这是张家祖传的治家办法。年轻人尚未成婚，没有私心，办事公道。"随后，他领着"道人"参观了这个大家庭。只见他家建有食堂，听钟声集体吃饭；有裁缝房，全家人的衣服、鞋袜统一制作和分配；孩子统一看管，有出门探亲的妇女，无论谁的孩子，抱起一个就走（和自己的孩子一样）。"道人"看到一家人如此和睦，赞不绝口。

另有记载则说："公艺自幼有成德之望，正德修身，礼让齐家，立义和广堂。制典则，设条教以戒子侄，是以父慈子孝，兄友弟和，夫正妇顺，姑婉媳听，九代同居，合家九百人，每日鸣鼓会食。养犬百只，亦效家同，缺一不食。"

张公艺家大业大，骡马成群，但又仗义疏财，经常周济贫困。许多远亲近邻，时常登门求助，有的借粮，有的借钱，有的借用农具和牲畜。讲信用的到时归还，也有些人借去不还，甚至将农具和牲口转卖。天长日久，家人有的愤愤不平，提出今后绝不再借，但张公艺不同意。就这样,一家上下都以助人为乐。

张公艺是我国历史上治家有方的典范,他家九世同居,和睦相处,千年以来,早已传为美谈。如今,几代人共产同居已经不是人们的追求,但家庭成员之间的和睦相处,仍旧是人们追求和崇尚的。今天,也许有人会说不应该糊里糊涂地忍让,这固然不错,但世事总归会是非分明,忍让一些又有何不可?公道自在,谁占便宜谁吃亏,旁观者眼睛雪亮,当事人也心里明白。

狄仁杰忠君孝亲

狄仁杰是唐高宗时期的名臣、武则天时期的名相,为人刚直不阿,不畏权贵,秉公执法,直言敢谏,很受人们的敬重。

狄仁杰小时候,家里曾有门人被害。县吏前来查问,众人都争相申辩,只有狄仁杰自顾看书,不理不睬。面对县吏的责问,他回答说:"我正在与黄卷之中的圣贤对话,哪有时间理你们这些世俗的官吏。"

早年间,狄仁杰曾被小吏诬告。工部尚书阎立本,时任河南道黜陟(chùzhì)使(朝廷派往各地巡视的大臣),在审案时发现狄仁杰是个德才兼备的人才,称赞道:"孔子说:'观过知仁矣。'你真可以说是沧海遗珠啊。"后来,人们就用"沧海遗珠"比喻埋没人才或被埋没了的人才。

在并州(治今山西省太原市)担任都

狄仁杰像

督府法曹（掌管司法）的时候，有一天，狄仁杰与同僚结伴同登太行山。这时，狄仁杰回首南望，见天际一片白云飘飞，顿时想到了位于白云之下的故乡——河阳（治今河南省孟州市），以及故乡的父母和其他亲人，思念之情油然而生，便对同行的人说："白云亲舍啊！我的故乡就在那片白云之下，那里住着我的父母双亲！"他伫立怅望良久，直到白云散去方才离开。后世遂用"白云亲舍""白云孤飞"等作为客居他乡、思念父母之辞。

狄仁杰不仅自己孝亲，并能推己及人。担任并州法曹时，同僚郑崇质要到很远的地方公干，而他的母亲却年老多病。狄仁杰主动对郑崇质说："你母亲病重，你却要出远门，怎么能让亲人对远在万里之外的你担心呢？"随即，他去见并州长史蔺仁基，请求代替郑崇质远行。蔺仁基非常感动，联想到自己与司马李孝廉之间的不和，深感惭愧，主动与其和解。他还经常对人称赞狄仁杰，说："狄公之贤，北斗以南，一人而已。"

在狄仁杰担任大理寺（掌管司法）的时候，曾发生过这样一件事：武卫大将军权善才等，误砍了昭陵（唐太宗陵墓）的柏树。此事论罪应该免职，可是唐高宗盛怒之下，却要处死他们。狄仁杰上奏辩护，认为二人罪不至死。唐高宗看了奏折，非常恼怒，说："他们砍伐昭陵柏树，置我于不孝之地，罪该万死！"狄仁杰直言道："汉文帝时，有人盗窃高庙（汉高祖刘邦陵庙）里的玉环，汉文帝打算将其灭族。张释之当廷谏诤道：'假如盗取长陵一抔土，又将如何治罪？'最后，汉文帝只杀了盗窃者一人。陛下的律法悬在宫外阙上，罪不至死却要处死，如何取信于天下？现在只因误砍一棵柏树，便要杀掉两位大臣，后世又将如何看待陛下？"高宗怒气稍解，免去了二人的死罪。

在则天武后当政时期，狄仁杰两度担任宰相，直言敢谏，匡正朝政，深得武则天的信赖。一次，太学生要求谒见皇帝，武则天予以批准，狄仁杰认为君主只有生杀权柄不能假手于人，其他的都应当交付给相关部门处理。武则天欣然采纳。武则天晚年崇信佛教，曾经答应胡僧去参观埋葬佛舍利，狄仁杰跪在马前劝谏，最终武则天中途折返。武则天要铸造巨型佛像，狄仁杰认为，铸造佛像既费库财，又耗人力，而有些地方若是真的发生灾难却可能因此没法救济。武则天听后，遂下令作罢。狄仁杰去世后，武则天痛哭道："朝堂空矣！"此后朝廷每有大事不能决断，武则天都会想起狄仁杰，叹道："老天为什么要这么早夺走我的国老！"

狄仁杰既是刚正不阿、忠于君主的朝臣，又是充满仁爱、心系双亲的孝子，其一生可谓忠孝两全。

古语云："百善孝为先。"前人这样的经验性提炼，确实有其道理。因为一个人如果连自己的父母都不能孝敬，别的事情也就不能指望了。像狄仁杰那样，从小处着眼，孝敬父母，对其他长者也就不会怠慢；大而言之，对君上也就会忠心耿耿。现代社会，孝亲一如既往，应是我们每个人所应具备的德行；忠于祖国，同样也是每一个人所应具有的操守。

郭子仪以德报怨

郭子仪和李光弼（bì）都是唐朝中叶的名将，"安史之乱"之前，两人同在朔方节度使手下任职，但一向不和，即使同坐一条板凳开会，也从不交谈。

李光弼心直口快，他常和别人抱怨说："让我和郭子仪位列一起，我真感到耻辱，他不过是个有名无实的家伙罢了。"郭子仪每每听罢，并不深究，只是一笑了之。两人就这样尴尬地一起共事。

郭子仪收服回纥

安史之乱爆发，朔方节度使奉调回了京城，职位空了出来，而郭子仪、李光弼都是最有可能升任这个职位的人。果然，军令传来，郭子仪被任命为朔方节度使。

得知朝廷的任命，自己从此位居郭子仪之下，李光弼深感恐惧，后悔当初不该与郭子仪结怨。左思右想，为免遭迫害，保全家人，李光弼决定当面向郭子仪谢罪，求得新节度使的原谅和宽宥。

一天，李光弼面见郭子仪，他跪拜谢罪说："郭将军大人大量，我是个山野粗人，先前多有得罪，死不足惜，但愿郭将军能放过我的一家老小。"

郭子仪大惊，忙上前双手搀扶李光弼，拉着他的手说："李将军多虑了，你当我郭某是何等人？如今国家尚处危难之中，你我二人理当携手报效国家，共击叛贼，我哪能做那种公报私怨，亲者痛、仇者快的蠢事呢？"两人从此言归于好，全力共讨安史叛军。

肃宗至德元年（756），李光弼的大军被史思明围困于嘉山，危在旦夕。李光弼为此寝食难安，因为如果强突重围，官兵肯定死伤惨重。而此时，唯一能够救援的军队，只有远在几百千米外的郭子仪大军，却是路途艰险，遥不可及，况且自己又得罪过郭子仪，人家未必肯劳师远途来救，看来这次要全军覆没了。

令李光弼没有想到的是，郭子仪竟亲率大军，日夜兼程，火速赶来营救。两支队伍里应外合，胜利会师。经此一战，李光弼心中已没有一丝嫌隙，从此，他随着郭子仪转战南北，共同进退，平定了"安史之乱",建立了不朽功勋。

郭子仪以其坦荡无私、以德报怨的襟怀,赢得了世人的赞叹和支持。正是这种品德,使一大批杰出的将才紧密团结在他周围,为保卫国家做出了应有的贡献。

在历来的官场里,总是以怨报怨多一些,以德报怨、以直报怨则并不多见。因为不多见,所以可贵,所以以德报怨就成为人们赞美的优秀品质。这种品质,虽然润物无声,却能对他人的心灵起到潜移默化的作用,能溶化千年冰雪,暖透心房,赢得他人的尊敬、信任和协助。青少年应该以郭子仪为榜样,将以德报怨的品德深植心灵,为将来的工作、生活造就一片湛蓝的天空。

王安石"宰相肚里能撑船"

宋朝的王安石,曾两度出任宰相,在神宗朝推行变法,以图强国富民,尽管当时及后世对此评价不一,但其中部分变革也确有成效。同时,王安石还是文章大家,其人品也颇有令人钦佩之处。

有一个民间传说,说的是俗语"宰相肚里能撑船"的由来,主人公就是王安石。

话说王安石中年丧妻,年近花甲之时,又续娶一妾——年仅18岁的姣娘。王安石政务繁忙,整天在朝中做事,经常不回家。姣娘年轻貌美,不甘独守空房,便跟宰相府里的年轻仆人偷起情来。

一天,王安石得空回家,走到内屋门口,忽然听见屋中姣娘与仆人调情,一股无名之火涌上心头,伸手便欲推门捉奸。就在伸手推门的瞬间,王安石生出个念头:堂堂宰相,家丑不可外扬。于是他放弃捉奸,转身就走。不料,没留神撞上了院里的大树,抬头见树上有个乌鸦窝,王安石便灵机一动,随手抄起一根竹竿,捅了几

"宰相肚里能撑船"

下乌鸦窝,乌鸦惊叫着四下飞散。一听屋外有动静,仆人慌忙跳窗逃走。对于此事,王安石佯装不知,从未提及。

过了几天,恰逢中秋节,姣娘陪王安石在院中赏月。王安石想借此机会好好规劝姣娘,于是开口道:

日出东来还转东,乌鸦不叫竹竿捅。
鲜花搂着棉蚕睡,撇下干姜门外听。

姣娘聪慧,她听出王安石已经知晓自己与仆人的事情,心中惭愧,红着脸跪倒在王安石面前,也吟道:

日出东来转正南,你说此事已一年。
大人莫见小人怪,宰相肚里能撑船。

姣娘巧言相对王安石,又极力恭维,王安石怒气全消。仔细一想,自己年已花甲,姣娘青春年华,偷情之事不能全怪她,还是来个两全其美吧。

过了中秋节,王安石厚赠姣娘银两,让她跟那个仆人成亲,一起生活,远赴他乡。这事很快就传了出去,人们对王安石的宽宏大量深感敬佩,"宰相肚里能撑船"这句话也就成了宽宏大量的代名词。

据正史记载，王安石一生娶过两房妻子，彭氏一生未育，吴氏育有一子二女，且在王安石之后去世。野史记载，彭氏曾给王安石买过一个妾，王安石拒纳，便赠予银两打发走了。可见，娇娘的事情，确实是出于传说。不过，民众把这样的事情安在王安石头上，意在传扬一种精神——宽宏大量，大度容人。

宽容，可以说是一种豁达和挚爱，它如同一泓清泉，能够浇灭怨艾、嫉妒、焦虑之火；如同一缕彩云，能够化冲突为祥和，化干戈为玉帛。尤其是在人际交往中，宽容是不可多得的润滑剂，可以减少摩擦，缓和紧张的关系。人同此心，心同此理，成人之美，才能美美与共。

王华拾金不昧

王华是明朝英宗朝的状元，大书法家王羲之的后代，他不仅才学出众，品格也堪称楷模。

六岁那年，王华和一群小伙伴在小河边游泳戏耍。这时，有一个喝得醉醺醺的人，提着一个提兜摇摇晃晃地来到河边。他坐到河沿上，开始慢腾腾地洗起脚来，嘴里还不停地嘟哝着什么。王华觉得这个人很有趣，就一边玩耍一边注意着他。

洗好脚后，那人就跌跌撞撞地走了。王华来到那人坐过的地方，忽然发现他的提兜还放在原处，忘记带走了。王华起身寻找那人，却已不见了踪影。

王华想，说不定这提兜没用了，是人家故意丢弃不要的，就走过去打开来看。这一看，可把王华惊呆了，里面竟然有几十两银子。这么多的银子，肯定是那人一时疏忽，起身离开时给忘了。

想到这些，王华估计那人酒醒后会跑回来寻找，于是就守在提

状元、榜眼、探花匾额

兜旁边等那人回来。

不过,王华还是不放心。要是有人看到这个提兜后拼命来抢,甚至谋财害命,那怎么办?后来,他想出了一个办法,把提兜扔进了水里,这样就没有人看得见了,自己则依然坐在河边耐心等待。

过了好一会儿,小伙伴们玩累了,都互相吆喝着回去了,只有小王华还一个人坐在河边,等那个忘记带走提兜的人。

小伙伴们走后,那个人果然哭丧着脸回来了。小王华问明情况后,跳到水里,把提兜拿出来递给了他。

那个人打开提兜一看,发现银子还在里面,忙顺手摸出一锭递给王华,想表示感谢。王华却摇着头说:"这么多银子我都不要,我为什么会要您的一锭银子?"

那人知道他小看了眼前的这个小孩子,赶忙带着歉意再三道谢。随后,硬跟着小王华去到他家里,向王华的家人一一拜谢,然后含泪而去。

在《老子》所描绘的"小国寡民"社会里,人们不以钱财为意,所以路不拾遗是平常的事情,根本不值一提。后世不同,人人以利为尚,"天下熙熙,皆为利来;天下攘攘,皆为利往",拾金不昧就成了值得崇尚的品格。面对金钱,得失取予之间,往往能见出一个人的品格、德操,实际上还连带着一个人能否快乐和幸福。因此,像王华那样,不贪图钱财,又肯为别人着想的人,外而会获得别人的称赞，内而会获得心灵的安宁，岂不快乐幸福！

让他三尺又何妨

六尺巷，位于安徽桐城市西南一隅。这条小巷，全长不过100米，宽仅2米（六尺），既短又窄，可是却大名鼎鼎，有不少人慕名而来，其中不乏各界知名人士，而到过那里的人，无不感慨而去，心灵受到一番洗礼。

一条小巷，为何有如此魅力？原来，这小巷源自一段历史佳话，传神地体现了中华民族礼让的美德。

清康熙年间，桐城的这条小巷两边，分别住着张家和吴家。张家家世显赫，尤其是张英，康熙六年（1667）中进士，选庶吉士，累官至文华殿大学士兼礼部尚书。张英深受康熙帝的青睐，曾在南书房供职，做过太子胤礽的师傅，并奉敕先后充任纂修《国史》《一统志》《渊鉴类函》等书总裁官。

张英在京任职期间，有一年，吴家要建新房，两家在宅基问题上发生了争执。由于两家宅邸都是祖上传下来的基业，时间久远，对于宅界问题，谁也不肯相让。双方争执不下，就把官司打到了当地县衙。县官考虑到两家都是名门望族，也不敢轻易了断。

这时，张家人想到朝中有人，一气之下，就写了封信，派人加

六尺巷

急送给张英，要他出面解决。张英接到信后，并没有按照家人想的去办。他认为，邻里之间应该谦逊礼让、和睦相处，于是，在家里的来信上，张英批了一首诗，并让来人带回。诗云：

千里来书只为墙，让他三尺又何妨？
万里长城今犹在，不见当年秦始皇。

（"千里来书"，一作"一纸来书"）。

家人看了张英在家信上批的诗，豁然开朗，主动让出三尺空地。吴家见状，深受感动，也主动让出三尺房基地，从而形成了一条六尺宽的巷子。"六尺巷"就是由此而得名。

张英字敦复，又字梦敦，号乐圃，又号倦圃翁，谥"文端"，故人称"张文端公"。关于他玉成"六尺巷"，有史料这样记载："张文瑞公居宅旁有隙地，与吴氏邻，吴氏越用之。家人驰书于都，公批书于后寄归。家人得书，遂撤让三尺，故六尺巷遂以为名焉。"

张英还有一个节俭济贫的事迹：张英60岁大寿时，夫人计划专门雇个戏班子，唱一场"堂会"，并设宴款待前来贺寿的亲朋好友。张英得知后，坚决不同意，劝说夫人放弃这个计划，并用这笔钱做了100件丝绵衣裤，施舍给了路上的穷人们。

如今的"六尺巷"，是当地的文物保护单位，巷道两端立有石牌坊，牌坊上刻着"礼让"（东）和"懿德流芳"（西）。2006年11月，时任国务委员唐家璇参观"六尺巷"后说："六尺巷里曾诞生过一个真实的历史故事，它昭示中国人民追求和谐的传统美德，闪耀着超越时空的思想光辉。"并题词："桐城六尺巷，和谐名城扬。"2008年2月，时任国务院副总理吴仪视察桐城，参观"六尺巷"后说："六尺巷的故事告诉世人，大度做人，克己处事。"

《人民日报》曾刊文论述"六尺巷",颇能给人启迪,不妨引来作结:"'六尺巷'是一把人生的尺子,值得我们经常拿出来量一量;更是一种人生修养境地的隐喻,值得我们经常去走一走。常走'六尺巷',修行正己,就会走出人生天地宽,走出人生的高天白云,走出无愧后人的历史评说。"

蔡元培营救爱国学生

五四运动是中国现代史上伟大的爱国运动,影响深远,它所体现的精神,早已成为中华民族精神的一部分。五四运动的主角是爱国学生,但在他们背后的是全国人民,是广大的爱国民主人士,如蔡元培、鲁迅等。

蔡元培时任北京大学(下文称北大)校长,他在得悉政府已密电准许出席巴黎和会的代表在丧权辱国的《巴黎和约》上签字后,义愤填膺。他无法压抑心中的怒火,就把这个消息告诉了北大的学生和教职员代表,还以欧美同学会总干事的身份,致电出席巴黎和会的中国首席代表陆征祥,劝告他不要在和约上签字。

1919年5月3日晚,蔡元培得知北大学生已决定联合其他各校学生,利用5月4日是星期日的机会,要齐集天安门,举行爱国大示威,便通过学生会干事狄福鼎告诉大家:他是支持学生爱国行动的,希望学生的示威游行要有领导、有纪律地进行。5月4日那天,北京的三千余名大专学生整队游行示威。此时国务院召开会议,议决由教育部责令蔡元培召回北大学生,不准学生干涉政治。

教育部长傅增湘遵命给蔡元培打电话,让他到部里商讨善后事项。蔡元培在电话中表示学生的游行示威属爱国行动,他是不忍心制止的。他挂断电话,拒绝去教育部商议对策。这一天,他一直坐

五四运动被捕学生返校时，受到英雄般的欢迎

在北大的校长办公室，等待着学生上街游行示威的消息，连中午饭都没有心思吃。

北大学生在游行示威中出于爱国义愤，火烧了卖国贼曹汝霖在赵家楼的住宅，痛打了卖国贼章宗祥。军警逮捕了在场的学生和市民32人，其中包括北大学生许德珩、潘菽、杨振声、易克嶷（yí）等20人。蔡元培闻讯，立即主动参加学生代表会议，商议营救被捕学生。在会上，他从容镇定地表示对学生的爱国行动深表赞赏与同情，最后保证一定尽自己最大的努力，营救被捕学生安全归来。

当时，蔡元培的处境也很艰难。因为许多反动分子都在制造"此次学生捣乱，全由蔡元培庇护而起"的舆论。曹汝霖和章宗祥甚至扬言，他们要采取报复行动，用300万元雇人刺杀蔡元培。还有一个带兵的将军也说，他要用非常手段处置蔡元培。教育部则明确表示要让蔡元培辞职，离开北大。因为作为校长，他对学生滋事不加干涉是失职。

然而，就在这种情况下，蔡元培仍然很镇定地组织和参加各种营救被捕学生的活动。为了营救被捕学生，他不顾个人安危，四处奔走。他请来北京13所大专院校的校长，组成了以他自己为团长的"校长团"，先后到警察厅、教育部、国务院和总统府，提出了立即释放被捕学生的要求。蔡元培知道当时政府的实权掌握在"参战督办"段祺瑞的手里，于是深夜造访段祺瑞最敬仰的一个头面人物，请他转告段祺瑞一定要释放被捕学生。在这个人家中，蔡元培从晚上9点一直坐到过了12点，等到有了结果才告辞回家。

经过十分紧张的三个日夜，直到5月7日，被捕学生全部获释。蔡元培和北大的全体师生在红楼门口，列队迎回被捕学生，并表示了亲切的慰问。次日，蔡元培就向大总统和教育部递交了辞呈，怀着已经完成营救被捕学生这个神圣使命的心情，悄然离开了北京。

为了国家，他支持学生游行示威；为了学生，他将自己的安危置之脑后。蔡元培，他是我国迄今最出色的大学校长之一，又是一个伸张正义、爱护学生的校长，一个伟大的爱国者。他的精神，鼓舞着我们一代又一代的青少年，竭尽全力维护祖国的尊严和荣誉。他那仁爱为先、不惜牺牲的高尚品格，也是值得我们学习的。

陶行知解囊救学生

陶行知是我国现代著名的教育家，曾先后创办晓庄学校等教育机构。陶行知教育思想的理论核心是生活教育理论，他提出的"生活即教育""社会即学校""教学做合一"三大主张都具有很大影响。

1932年，陶行知为推行"乡村教育运动"成立的晓庄学校，在

陶行知（中）与小学生们在一起

被国民党政府关闭后重获新生，他又在晓庄成立了一所儿童自助学校。这可真是一所名副其实的"自助"学校：学校的教员不是"老师"，而是由陶行知委派的年龄略大、识字稍多的小学生自己担任；校长也是孩子自己，聪明好学的孩子胡同炳，被陶行知特别委任为校长。

胡同炳当校长后，不但自己学习努力，而且把整个学校也管理得井井有条。陶行知得知这些情况，非常高兴。

1936年，陶行知出国，正当他为宣传抗日救国而到处奔波的时候，胡同炳得了脊椎炎。家里为了给他治病，卖了耕牛，卖了粮食，把良田也典了出去，但胡同炳的病始终不见好转，而且在日益加重。

当时的农村，封建迷信严重。为给胡同炳治病，家里人请来了巫婆。巫婆说是冲撞了野鬼，必须用火在屋里的各个角落里炙烤，把鬼赶走。于是巫婆口中念念有词，怪模怪样地边唱边跳。黑烟把胡同炳熏得咳嗽不止，得知这是巫婆在"驱鬼"，他记起了陶行知在灭蝗时讲的破除迷信、提倡科学的道理，于是强打精神，用手指着那个巫婆，愤怒地让她滚出去。

胡同炳的妈妈赶忙制止，以免得罪大神。胡同炳责怪妈妈搞封建迷信，由于过度生气，一阵疼痛，晕了过去。见此情形，巫婆更加起劲地喧闹开了。胡同炳苏醒过来，举起枕头砸向巫婆，大声地吼着让巫婆滚出去。

妈妈这时也回忆起那年闹蝗虫的情景。那时，蝗虫铺天盖地而来，村里人求神拜佛都不管用，是陶行知带领大家扑打，才消灭了蝗虫。

巫婆被赶走后，胡同炳又疼又累，躺在床上一直喘着粗气。全家人束手无策，守在床前不知该怎么办才好。

就在这时，邮差送来了一封信。原来，在国外的陶行知，从晓庄学校的学生来信中得知胡同炳的病情，就立即以"何日平"的化名来信，让胡同炳赶快到上海中山医院骨科治病，所有治疗费用由他来承担。

此时，陶行知家里还有个四岁的孩子需要照顾，而他自己在国外也需要用钱。但是，为了给胡同炳这个普通的农民孩子求医治病，他不仅联系了医院，而且还要负担费用。胡同炳一家为此感动不已。

胡同炳共在医院住了两年，终于得以痊愈。住院期间，陶行知还委托在上海的熟人，经常代他去探望胡同炳，并送去各种生活用品。陶行知在国外也经常给胡同炳写信，鼓励他与疾病进行斗争。胡同炳病愈出院时，陶行知为他付清了全部治疗费用，还送了他一些钱，让他多买一些营养品。

对于品德修养等来说，"生活即教育"，有其颠扑不破的真理意义。陶行知的所言所行，实践了他的这一教育理念；他的言行，就是最好的教育。曾经有教师写诗，说是不要做"蜡烛""人类灵魂工程师"等，听起来让人不解。作为普通人，不想做"蜡烛""人类灵魂工程师"，没什么不可以的，但作为教师，回答不仅是"应该"而且也是"必须"。职业分工不同,每一种职业都有其社会角色期望,教师就应该力争做"蜡烛""人类灵魂的工程师";不愿意做的人,尽可以从事别的职业去。相信每一个家长都希望孩子遇到陶行知这样的好老师。

徐特立先人后己

徐特立是老一辈无产阶级革命家,也是现代著名教育家,曾经做过毛泽东、田汉等名人的老师。党中央曾评价他:"对自己是学而不厌,对别人诲人不倦",是"中国杰出的革命教育家"。

早年在长沙办学期间,为了节省开支,徐特立特意把家安置在了乡下;为了节省路费,他常常步行往返于学校和家之间,一来一回的路程加起来足有几十千米。

徐特立厉行节俭,对自己苛刻极了,从不多花一分钱,但是对于学生,特别是那些家境贫寒的农家子弟,他却很大方。

后来的著名戏剧家田汉,当时就在徐特立办的学校里读书。徐

徐特立在讲述他的"群众本位"论

特立发现酷爱读书的田汉买不起书,常常利用节假日跑到图书馆,一看就是一整天,中午也不吃饭。徐特立心疼这个懂事、好学的孩子,于是就把自己的存折交给田汉,让他买些喜爱的书和食物。

夏天,湖南经常阴雨连绵,蚊子特别多。田汉因为没有蚊帐,被蚊子咬得睡不着,只得蒙着被子睡觉。徐特立得知这个情况,就送给他一顶新蚊帐,并让他一有困难就告诉自己。而在徐特立家里,他自己的蚊帐已经破旧不堪,为了孩子不被蚊子咬,能够睡得安稳些,他的妻子每到夏天就要缝补一次旧蚊帐。

后来,徐特立参加了万里长征,当时他已经57岁。中央领导同志照顾他年老体弱,特意送给他一匹好马。可是徐特立很少骑马,总是把马让给伤病员骑,自己则拄着一根竹杖艰难地和大部队同行。当有人劝他骑马时,他总是说自己的身体很硬朗,走得并不比年轻人慢,谁骑都一样。长征两万五千里,他骑马的路程不超过两千里(1000千米)。

这里的故事,仅仅反映了徐特立品格的一个侧面,而他的勤劳俭朴、终身好学等,都堪称榜样。毛泽东十分赞赏徐特立事事先为他人想的精神,指出他是"一切革命党人和全体人民的模范"(参见《美德诗文》)。

徐特立是走进新中国的革命老人之一,可谓品德高尚的模范。在这些革命老人的身上,发奋学习、勤俭节约、先人后己、助人为乐、以身作则等优秀品质,十分突出。无疑,这些品质的养成,既是革命者的情怀,又有着传统道德因素的影响。近代以来,西方文化强势入侵,传统道德修养的一些方面受到了冲击。其实,我们传统的"己所不欲,勿施于人","老吾老以及人之老,幼吾幼以及人之幼",在今天的社会仍然有其积极意义,我们绝不应该忘记、抛弃。

陈毅"受怨"豁达大度

陈毅是新中国的"十大元帅"之一，能武能文，堪称"儒将"。他性格开朗，豁达大度，机智幽默，流传下来不少佳话。

国共两党第二次合作时期，陈毅任中共苏区分局委员、苏区办事处主任。为了向在江南各地坚持革命斗争的红军游击队传达中央关于建立抗日民族统一战线的决定，将游击队经过统一整编后开赴抗日前线，陈毅奉命到湘赣边区游击队工作。这些游击队的负责人，大都是陈毅的老部下、老熟人，所以陈毅没有开具正式介绍信便出发了。

然而，由于湘赣边区的游击队长期战斗在偏僻的山区，对日军大举进攻中国之后的国内形势很不了解，所以听到陈毅说中共中央

陈毅（左一）在皖南云岭新四军军部（1939）

已经做出决定,要把红军改编为国民革命军,与国民党合作抗日时,游击队的干部、战士谁也不肯相信。游击队负责人甚至认为,陈毅是来劝他们投降的"叛徒",于是命令部下将陈毅捆了起来,准备杀掉。

面对掉头的危险,陈毅毫不畏惧。他一面反复强调自己是来传达中央决定的党的负责人,一面耐心讲解当前的斗争形势和斗争策略,宣传党的抗日民族统一战线方针,整整讲了一天一夜。游击队负责人觉得陈毅讲得很有道理,为了核实情况,决定立即派人下山向自己的直接上级请示;与此同时,他也毫不放松警惕,陈毅仍被捆得结结实实。

三天之后,派下山去的人回来说:抗日民族统一战线的方针,确实是中共中央在瓦窑堡会议上提出来的。现在长征到达陕北的红军,已经改编为国民革命军第八路军(八路军)了,根据中央的意见,江南的红军游击队也要改编为国民革命军。

游击队负责人这才知道闹了一场大误会。他马上给陈毅松了绑,十分沉痛地作了检讨,并且难过得大哭起来。陈毅见他哭了,急忙微笑着劝慰他,并表扬他对革命坚定、忠诚,警惕性高。陈毅还主动说明,是自己没有带正式介绍信,才造成了这场误会。

最后,在游击队的干部会议上,陈毅又检讨了自己没有带正式介绍信的错误,还表扬了游击队的干部和战士,而对把自己捆了四天四夜的事情,陈毅没有丝毫怨怪的意思。陈毅这种宽容大度的精神,使在场的干部战士为之感动不已。

在陈毅的领导下,这支游击队迅速进行了改编,成为国民革命军新编第四军(新四军)的组成部分,并立即开赴抗日前线。而那位游击队负责人,也成了驰骋在抗日战场上的一员猛将,为抗日立下不少战功。

对待自己"受怨",没有丝毫怨怪;对"伤害"自己的人,又是安慰,又是表扬,显示了陈毅豁达大度的胸襟。陈毅之外,从古至今,我国历史上许多受人尊敬的政治家、思想家、文学家,无不胸怀宽广、豁达大度。他们的宽容忍让精神,一直被后人真诚信服和广为称颂,也为人们所广泛学习和效法。

邓小平忍饥受寒过大年

众所周知,邓小平是我国改革开放的总设计师,对新时期中国富起来做出了贡献。而在革命战争年代,邓小平也是刘邓大军的指挥员之一,同样贡献卓著。

解放战争时期,刘邓大军奉命挺进大别山。千里行军到达大别山之后,国民党的几十万军队很快就凶猛围攻过来。为了保存实力、站稳脚跟,1947年12月10日,司令员刘伯承率领主力跳出包围圈,而政委邓小平则带着少量部队,仍然留在大别山区。

为了生存,留在大别山的部队不得不与敌人展开周旋,时而穿梭在山野林莽,时而奔走于雨水泥泞。当时正值严冬腊月,部队缺衣少食,邓小平和同志们只好忍饥受寒。

旧历年就要到了,邓小平率前方指挥所的同志来到了安徽金寨县。金寨县是革命老区,全县许多青壮年都参加了红军,离乡背井,转战南北。新中国成立后,金寨县内被授予少将军衔的人很多,故有"将军县"之称。但在那时,当地群众的生活十分困难,因而邓小平宁肯挨冻,也不让警卫员烧百姓的稻草给自己取暖。

到了除夕这天,金寨县的地方干部拿着老百姓送的麻糖、花生、羊肉等,手提一只鸡,代表全县人民来看望邓小平,并请他收下本县老区人民的一点微薄心意。

邓小平看着这些礼品，想一口回绝，又怕伤了乡亲们的感情，只好热情地接待了县里的同志。大家一起闲聊了很久，邓小平乐观地分析了当时的形势，说困难是暂时的，胜利是毫无疑问的。说到这里，他话锋一转，指着县里同志拿来的东西，问他们是从哪搜罗来这么多好东西的。

县里的同志连忙回答说："今天是除夕，这是乡亲们对你的一片心意。"邓小平说什么也不肯要群众的东西。县里的同志见邓小平态度坚决，有些急了。万般无奈的情况下，县里的同志建议把东西留下，折价还给群众。邓小平还是不同意，说现在群众也要过年，他们更需要这些东西。无奈，县里的同志只好把东西原封不动带了回去。

县里的同志走了，警卫员却在一旁噘着嘴生闷气。警卫员是个小同志，嫌过年没东西吃不开心。邓小平耐心劝慰，并拿出吃剩的几块麦饼和几个干枣，作为年夜饭。就这样，邓小平和警卫员嚼着麦饼，吃着红枣，忍饥受寒过了个大年。

邓小平不要慰劳品，嚼着干麦饼过年这件事，很快就在大别山区传开了。广大干部和群众听了，心里都是热乎乎的，对革命的胜利充满了希望。

艰苦奋斗是中华民族的传统美德。老一辈无产阶级革命家，用他们的实际行动实践着这一传统美德，鼓舞着后来者。如今，生活在老一辈用鲜血和生命换来的和平年代里，我们的大年夜从物质到精神丰富多彩，绝不会再忍饥受寒，但是，艰苦奋斗的优良传统不能丢，关心民生疾苦的精神不能忘——战争年代需要它们，和平年代同样需要它们。

"春蕾奶奶"姜丽娟

20世纪90年代以来,有关部门推动的"希望工程"等助学行动,打动了全国人民乃至海外华人侨胞的心,人们纷纷伸出援助之手,感人事迹数也数不清。而在宁夏,每当谈起"希望工程""春蕾计划",人们都会提到"春蕾奶奶"姜丽娟和她的感人事迹。

姜丽娟热心公益活动,尽己所能为社会做点事,是她的最大心愿。1979年,姜丽娟从银川橡胶厂退休,来到城区街道居委会,从事社区工作,为的就是要多发挥一分光热。

1994年,姜丽娟在电视上看到国家实施"希望工程",了解到贫困山区有很多孩子因交不起学费而辍学。黑乎乎的窑洞教室,残缺不全的桌椅板凳,孩子们没有笔和本,就拿着树枝在地上写字,这一幕幕的艰苦景象,让姜丽娟受到了强烈的震撼。老人心里非常难受,下定决心要为山里的孩子做点事。

那时,姜丽娟担任着城区西关居委会主任、军民共建领导小组组长。她向辖区驻军和军民共建单位发出了救助孩子的公开信,并召开军民共建领导小组会议,介绍固原县(今原州区)黄铎堡乡甘沟村小学的情况。姜丽娟的建议得到了热情支持,经过两个月的奔忙,银川军分区和21个共建单位共捐款4万元,为甘沟村小学购置桌凳100套,修缮校舍用砖1.6万块,还有录音机、扩音机等教学器材。

为了把"希望工程"长期坚持下去,姜丽娟组织共建单位与甘沟村小学签订了"军民共建希望小学协议书",成立了辖区"希望工程领导小组",并设立了"园丁奖"和"成才奖",激励了希望小学的教师和学生,使捐助"希望工程"的活动不断深入、扩大。同时,

姜丽娟和孩子们在一起

她还促使辖区内的银川第二回民小学，与甘沟村小学开展了"城乡小学心连心、山川儿童手拉手"活动。

1995年，姜丽娟偶然看到自治区妇联关于"春蕾计划"的倡议书，得知固原地区有1.7万名女童，因交不起一年80元的学费而辍学。姜丽娟又一次被深深触动，难以入眠。为了扩大宣传，她怀揣倡议书，随身带着一张张失学女童的照片，奔波于辖区单位、各大机关、军民共建单位和居民家庭，动员社会各界伸出援助之手。在姜丽娟的努力下，为女童捐款的人络绎不绝。

每到一个地方，姜丽娟都会留心那里有没有失学女童用得上的东西。1998年11月的一天，到银川市委办事的姜丽娟发现，楼道里有一些旧桌椅。她马上询问市委领导，不用的桌椅是否可以捐给失学女童？市委领导非常感动，又让工作人员从各部门搜集，凑够了一个班的桌椅。姜丽娟又请警卫连的战士，将这些桌椅送往盐池县高沙窝乡的一个"春蕾"女童班。

姜丽娟深知，重返校园的女童最缺的是精神营养，而她们手中仅有的课本是远远不够的。于是，她发动人们捐助书籍、学习用品等。在她的带动下,《少年读者》杂志社分别向西吉县新营乡、盐池县惠安堡乡的"春蕾班"捐献了价值两万多元的杂志、书籍和120件衣服。虽然山区路途遥远,但姜丽娟还是一趟又一趟地赶往那里,把她的一腔热情带给了孩子们。每年"六一"前夕,她都要给孩子们送去学习用品和生活用品。

姜丽娟患有高血压、心脏病、糖尿病等多种疾病,但为了"春蕾"事业,她没有顾虑。她常说:"只要我还有一口气,就要把这项工作干到底。"1996年6月,她到医院做胆囊切除手术,在上手术台前,还嘱咐女儿:"还有几个孩子的经费没有落实,你给我操点心。"当年9月,身体尚未完全恢复,姜丽娟又与妇联的同志一同驱车到固原看望女童。

姜丽娟的爱心行动,得到了社会的高度赞誉。1999年,全国老龄委等四部委为她颁发了"老有所为奉献奖";2000年,国务院妇女儿童工作委员会和全国关心下一代工作委员会授予她"全国优秀儿童工作者"和"关心下一代先进个人"荣誉称号。她还多次被自治区评为"优秀共产党员""三八红旗手""双拥模范"。

当今社会,早已经不只是英雄撑天下的时代,国家的发展、社会的和谐、人民美好生活的实现,需要每一个人做出自己的贡献。无论你是什么人,从事什么职业,取得了多大成绩,如果不能在志愿服务、慈善捐助方面有所贡献,那你的形象就会黯然失色。在志愿工作、慈善事业成为时尚的今天,青少年也应该尽己所能,积极投入。

濮存昕关注艾滋孤儿

濮存昕是北京人民艺术剧院演员,饰演过的许多舞台形象广受好评,同时,他还有另一个社会身份,那就是防治艾滋病的形象大使。作为德艺双馨的艺术家,濮存昕不仅在艺术舞台上,而且在现实生活中都高举着爱的火炬。

濮存昕的公益性兼职很多,他先后受聘担任中国预防艾滋病义务宣传员、北京市禁毒义务宣传员,为推动艾滋病预防、禁毒以及无偿献血工作和社会公益事业奉献了爱心。

濮存昕曾经和中央电视台记者一起,前往山西拍摄与艾滋病病毒感染者生活一天的专题片。那一次,在一个黑暗的窑洞里,他见到了染病的男主人,万幸的是女主人和两个孩子都很健康。一个原本快乐的四口之家,终日笼罩在艾滋病的阴影里。濮存昕和他们一起包饺子,一起聊天,并把他夫人宛萍买的一包生活用品和学习用具作为礼物送给他们。

看到两个孩子的高兴劲儿,濮存昕想到了自己的女儿。看到北京孩子优越的生活环境与这里差别是如此之大,他心里酸酸的。告别的时候,濮存昕得知那户人家只剩下40余千克粮食,便把身上带的1700元钱连同手机号码都留了下来。他告诉染病的男主人,他会一直资助这两个孩子读书,并对他们负责到底。从男主人激动的眼神和说不完的话语中,濮存昕深深体会到,这个特殊的群体是多么渴望人间真情。

让"艾滋孤儿"走进自己家里来,不仅需要有一种境界,也需要时间,需要勇气。有一年夏末,一批艾滋病致孤儿童到北京参加夏令营。一天下午,15个孩子来到濮存昕家做客。

孩子们到来之后,受到了濮存昕一家三口的热情招待。濮存昕笑着介绍自己的三口之家,又扭头让女儿把准备好的礼物,一一送到小客人的手上——里面有濮存昕签名的明信片、防治艾滋病的光盘、笔记本和笔。13岁的张兴(化名)来自山西芮城,他告诉濮存昕自己的理想:"我想踢球!"濮存昕转身到卧室找了一套红色运动服,送给张兴说:"这是我的运动服,你将来长大了穿!"

妻子宛萍过来招呼孩子们吃饭。餐桌上摆满了三明治、西瓜、牛肉、凉菜、蛋糕、苹果、香蕉和糖果,女主人还熬了一锅绿豆粥。一个叫朱想来的孩子懂事地过去帮忙分发碗筷。"大家自己动手啊,自助!自助!"濮存昕热情地招呼着孩子们。

濮存昕刚从希腊传递奥运圣火回到北京,他还和每个孩子一起在珍藏的火炬前留影。孩子们在濮存昕家待了一天,离别时依依不舍。濮存昕对他们说:"以后只要你们有机会到北京来,我这里就是你们的家,随时欢迎你们来玩!"

在这些"艾滋孤儿"的眼中,舞台、荧屏上的濮存昕是一个令他们感兴趣的演员,而生活中的濮存昕则像是一位慈爱的父亲。濮存昕身兼北京人艺领导职务,戏约不断,但他放弃了一些戏约,把更多的时间和精力花在了公益事业上。

作为普通人,我们或许没有濮存昕那样显赫的声名,但为国家、为社会、为人民尽到自己的一份责任和义务,却是每个人都能做到的。濮存昕曾说:"如何做一些对社会有用的事、公益的事,这也可以归纳为一个概念——'回报社会'。比如,你挣了钱,就应该主动上税;你富足了,就应该认识到你是在社会这个大环境中成功的,你是在这个环境的允许下才可能成功的。"

"当代雷锋"郭明义

郭明义是鞍钢矿业公司齐大山铁矿采场公路管理员,他在做好本职工作的同时,积极投身社会、服务他人,起到了楷模作用,成为全国道德模范,并被誉"当代雷锋""雷锋精神的优秀传承者"。

郭明义于1977年参军,1980年入党,在部队期间曾被评为"学雷锋标兵"。1982年复员后,郭明义来到鞍钢齐大山铁矿工作,历任矿用大型生产汽车驾驶员、车间团支部书记、矿党委宣传部干事、车间统计员兼人事员、矿扩建工程办公室英文翻译等。1996年之后,他一直担任齐大山铁矿生产技术室采场公路管理员。

入党30多年来,郭明义时时处处发挥先锋模范作用,在每个工作岗位上都取得了突出成绩。从1996年开始担任采场公路管理员以来,他每天都提前两个小时上班,15年中,累计献工15000多小时,相当于多干了五年的工作量。

郭明义不仅是工作骨干,他还是工友的贴心人。2006年夏,郭明义听说两位工友的孩子得了白血病,立刻到医院去探望,还留下了一些医药费。接着,为获得配型适合的造血干细胞,在矿工会的支持下,郭明义写了一份充满感情的倡议书,走进全矿机关科室和70多个班组朗读,随后又找到鞍山市广播电台交通台,直播有关情况,向全市征寻造血干细胞。在郭明义的带动下,相继有1300多人签字并捐献了造血干细胞样本。

1990年,齐大山铁矿号召职工义务献血,郭明义立刻报了名。从此,他年年坚持无偿献血,有时一年两次,20多年从未间断。据统计,到2010年上半年,郭明义累计献血6万毫升,相当于他身体全部血液量的10倍多。2008年,鞍山市第一支"无偿献血志愿者服务队"成立,郭明义被推选为队长。当年12月,郭明义获得国家卫生部颁发的"全国无偿献血奉献奖金奖"。

1994年,郭明义看了鞍山团市委"希望工程"办公室号召向濒临失学儿童捐资助学的电视短片,深受触动。第二天,他向岫岩县山区的一名失学儿童捐款200元;十几天后,又给这孩子寄去200元。一个月的时间里,郭明义捐助了400元,而那时他的工资还不

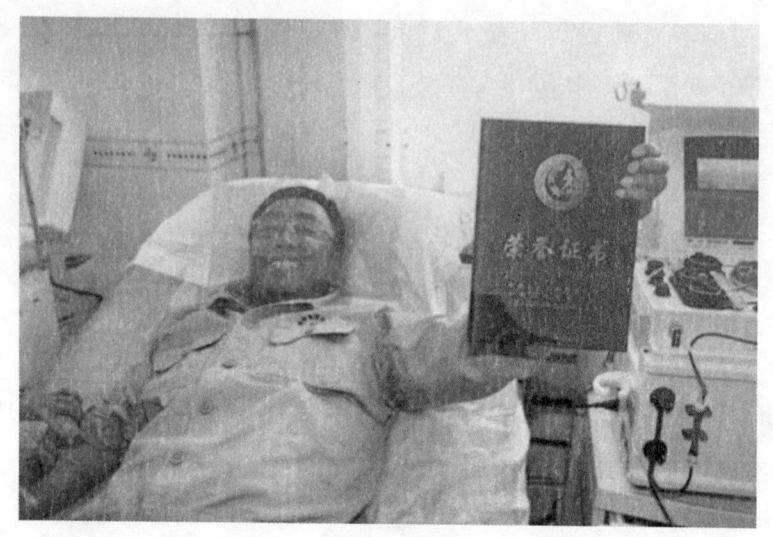

郭明义无偿献血

到 600 元。

在资助贫困学生的过程中，郭明义不仅捐助资金，还想尽办法为孩子们提供别的帮助。休息时间，他参加市里组织的"圆梦行动"，为孩子送去 300 多本图书及学习工具；得知一名贫困小学生需要骑自行车上学，他立刻把自己的自行车擦得锃亮，捐给了孩子；快过年了，他把崭新的衬衣连同 200 元，送到了一名贫困学生手里。

收入微薄的郭明义，共资助了 100 多个孩子。可他知道，还有很多孩子需要帮助。于是，2008 年 3 月 4 日，他发起成立了以捐资助学为主要活动的"郭明义爱心联队"，仅一年半的时间，"爱心联队"的成员就从开始的 12 人发展到 30 人，资助了 120 多名贫困学生。

对郭明义的行为，开始好多人不理解，甚至有人送了他一个绰号："郭傻子"。可是，随着人们的了解，工友们开始称郭明义是

"郭菩萨""活雷锋";矿业公司领导认为,郭明义使整个"矿山人"的精神得到了升华。齐大山铁矿有职工2000多人,参加郭明义各种爱心组织的超过1000人,几乎占到全部职工总量的50%;参加这些组织活动的,还有个体户、与铁矿有业务联系的私企老板……

在30多年的日子里,郭明义用一个个荣誉,书写着他在一个个平凡岗位上创造的辉煌。2012年3月,中央文明委授予郭明义"当代雷锋"荣誉称号。2013年10月,郭明义当选中华全国总工会兼职副主席。2019年改革开放40周年之际,郭明义成为百名"改革先锋"之一,被誉为"雷锋精神的优秀传承者"。

郭明义曾说:"从小到大,雷锋一直是我的榜样。做雷锋传人,就要立足本职、奉献岗位,在爱一行、钻一行、精一行中收获幸福。……有人说我是'越干越基层、越干越辛苦',但是我没有感觉到苦,而是越干越起劲,在适合自己的岗位上做一些力所能及的事情,我觉得非常快乐。"

曾几何时,雷锋不受人待见,"过时论"甚嚣尘上。因此,对于郭明义的所作所为,也有很多人不理解,甚至有所怀疑。这也难怪,卑琐的灵魂是难以理解高尚的。其实,"雷锋精神"也就是中华民族传统美德"助人为乐"的当代体现。之所以有些人始终索取,且所获丰厚,却总是找不到快乐,就是因为他们心中只有一己小我。领会郭明义的幸福观、快乐观,并去努力实践,快乐和幸福就会接踵而来。